U0147555

石泉（1918—2005），原名刘适，安徽贵池人。1918年出生于北京。1938年入北平燕京大学历史系，1944年考入成都燕京大学研究院，师从陈寅恪教授，并兼任研究助理。1954年后，长期在武汉大学任教，教授，历史地理所所长。开创荆楚历史地理与楚国历史文化研究。

　　主要著作有《甲午战争前后之晚清政局》《古代荆楚地理新探》《古云梦泽研究》《古代荆楚地理新探·续集》等，主编《楚国历史文化辞典》。

当代学术

甲午战争前后之
晚清政局

石　泉　著

生活·讀書·新知三联书店

Copyright © 2023 by SDX Joint Publishing Company.
All Rights Reserved.
本作品版权由生活·读书·新知三联书店所有。
未经许可，不得翻印。

图书在版编目（CIP）数据

甲午战争前后之晚清政局／石泉著．—北京：生活·读书·新知三联书店，2023.1
（当代学术）
ISBN 978-7-108-07307-5

Ⅰ．①甲…　Ⅱ．①石…　Ⅲ．①中国历史－研究－清后期
Ⅳ．① K252.07

中国版本图书馆 CIP 数据核字（2021）第 232114 号

特约编辑	孙晓林
责任编辑	冯金红
装帧设计	宁成春
责任校对	常高峰
责任印制	宋　家
出版发行	**生活·讀書·新知** 三联书店
	（北京市东城区美术馆东街 22 号　100010）
网　　址	www.sdxjpc.com
经　　销	新华书店
印　　刷	鑫艺佳利（天津）印刷有限公司
版　　次	2023 年 1 月北京第 1 版
	2023 年 1 月北京第 1 次印刷
开　　本	635 毫米×965 毫米　1/16　印张 16.5
字　　数	212 千字　图 12 幅
印　　数	0,001-5,000 册
定　　价	89.00 元

（印装查询：01064002715；邮购查询：01084010542）

石 泉

（1918—2005）

写作论文时（1947—1948），
约 30 岁（左）

1948 年春，新婚不久的石泉、李涵，
摄于北平海甸成府（下）

新林院 52 号是陈寅恪先生一家抗战复员后回到清华的
住宅。当年，作者在此接受恩师指导学位论文的撰写。
1997 年重访时留影。

燕京大學歷史學研究所畢業論文

中日甲午戰爭前後之中國政局

評閱者歷史學研究所 主任

研究所委員會主任委員

劉適 學號 四四五〇三

民國三十七年八月

齊思和

燕京大学历史学研究所毕业论文封面

82461

中日甲午戰爭前後之中國政局　目錄

東京大學

中日甲午戰爭前後之中國政局

提要

本文目的，在觀察甲午戰爭前後中國內部情勢演變之過程，明其所以為近代史上一轉捩點之故，以求與遠東國際局勢之演變相表裡。

甲午戰爭中國之所以失敗，其內政上之基因在於前此三十年間自強運動之未能大規模積極進行，推究其所以然之故，可得三大線索其一則由於一般認識之不足，致使求自強之「洋務」

燕京大學

一

第三章　戰爭初期——一意作戰時期

第一節　主戰派之政治攻勢

自宣戰至八月中旬（陽曆九月）平壤黃海之敗，可稱為戰爭初期，此五十日間，為清廷一意作戰之時，在此期間主戰派日益活躍，一方面对李鴻章及其屬下之親信人物大肆攻擊，同時則竭力拉攏淮軍以外之疆臣將帥，尤其是湘軍將領翁同龢李鴻藻等則在樞近中力为軍機諸臣单，以求貫澈主戰派之企岳。

一主戰派以清流為中心，而用時期亦願放藉此一戰以轉移政局，挽回十年認識之不足，而用外則李鴻章擁重兵在北洋向持和局內則樞朱清流之厄運，（二二）

第三節　李鴻章与淮軍之失勢

自平壤敗後，以至馬關議和半年之間，朝中和戰兩派爭持無已，主戰派無力阻和遂尤集矢於李鴻章以為奉敵側攣之計，妖改魏派屬生不電，而德宗与翁同龢等又主持之柔上於是前敵敗，又受重譴，李氏本人，雖積太后之維持終獲保全，前敵統帥与後方調度之大权东漸次分割於

翁同龢李鴻藻首先創議處分李鴻章与軍机，此発生卓章執筆同龢日記記之旦，目三先在支那朝序与高陽說之此八（三）辰初

湘帅，此外惟骆秉章、顺宗室义、沈葆桢三人，然亦皆文与湘军关系者，陈世
对目同治八年左宗棠沈任以汶，直至光绪六年始御历时十三年以汶
对杨昌濬曾国藩钟麟先汶沈任皆是湘人也。参看清史稿卷三

(14) 见庸盦笔记卷四，溏目要图
一五二三，溏目要图

(15) 见曾文正公文集卷二八，叶八下，绫案沈汶王，并参看卷三三，叶三上，绫为军营

(16) 曾文正年谱卷四，叶三上，发院沙军更以汶

(17) 曾国藩年谱卷二八，叶八上

(18) 杨昌濬调直督抚湖，役有国收，曾国藩谓之三大系直属以汶

(19) 见王闿运湘军志，卷二上

(20) 曾国藩年谱卷二八

(21) 曾国藩十馀年，参看清史稿，卷四八一二八五二

参考书目

大清历朝实录附宣统政纪 大清历朝实录总目 共四十四百八
十五卷，伪满康德四年(1937)伪满洲国务院影印本
索文主要引用德宗景皇帝实录(共五百九十七卷卷首四卷)
世续陈宝琛等纂修...宝鋆沈桂芬等纂修
四卷卷首四卷
清光绪朝中日交涉史料八十八卷，民国廿一年(1932)北平故宫
博物院编
军机处奏折北平故宫博物院文献馆藏据馆中人云：为军机处
档案中遗落出者(档案现在南京，未获参阅)此部奏折中甲午
熊京大学

二九五

当代学术

总　序

　　生活·读书·新知三联书店从 1986 年恢复独立建制以来，就与当代中国知识界同感共生，全力参与当代学术思想传统的重建和发展。三十年来，我们一方面整理出版了陈寅恪、钱锺书等重要学者的代表性学术论著，强调学术传统的积累与传承；另一方面也积极出版当代中青年学人的原创、新锐之作，力求推动中国学术思想的创造发展。在知识界的大力支持下，通过多年的努力，我们已出版众多引领学术前沿、对知识界影响广泛的论著，形成了三联书店特有的当代学术出版风貌。

　　为了较为系统地呈现中国当代学术的发展和成果，我们以上世纪八十年代以来刊行的学术成果为主，遴选其中若干著作重予刊行，其中以人文学科为主，兼及社会科学；以国内学人的作品为主，兼及海外学人的论著。

　　我们相信，随着当代中国社会的繁荣发展，中国学术传统正逐渐走向成熟，从而为百余年来中国学人共同的目标——文化自主与学术独立，奠定坚实的基础。三联书店愿为此竭尽绵薄。谨序。

生活·读书·新知三联书店

2017 年 3 月

目　录

序

《甲午战争前后之晚清政局》是石泉教授受业于陈寅恪先生时所写的研究生论文，完成于1948年，至今已有半个世纪。在历经历史风雨尘埃的冲刷掩埋之后得以问世，是一件值得庆幸、令人欣慰的事。石泉教授命我赘序，非我学力所能胜任，但也不敢固辞，谨将读后之所感所得，述其概要，借以应命。不当之处，望石泉教授和读者指正。

据作者自序，这部书稿开始构思于1944年。这一年已是抗日战争的第七个年头。国民党政府在豫湘桂大溃退之后，日军兵临贵州独山，云南震撼，川康不保，作者仍力学不辍于炮火声中，所深入周密审视研析者，乃半世纪前如斯一段历史，而所欲探明者则是"何以中国与日本同于19世纪60年代起步仿效西方，而二十余年后，以甲午战争为标志，竟乃成败判然，国际形势、国内政局皆因之发生重大变化，下启我国此后更为动荡之历史新阶段"诸问题，作者对此"拟寻究其所以然之故"（引文见作者自序）。可见，在作者心目中，甲午一战不仅导致中国国内政局、国际环境发生重大变化，而且更为此后更大动荡之造因，是为中国近代史上之关键性事件。所以，要懂得当代中国，不可不于此着手。简言之，作者是为深入认识当时的现实而研析这一事件的，寻究其前因后果、表相底里，借以求得历史与现实相统一的通解通识，进而对当时的国情世态加深认识，知其然并知其所以然，知其源流、真况，而又明其发展趋势。从这里，我们看到，石泉教授在当时抓住这一课题孜孜以求，正是将民族命运、学术工作和个人人格心志三者合而为一，"述往事，思来者"（司马迁《史记·太史公自序》），"本董生国身通一之旨，慕伊尹天民先觉之任"（陈寅恪《读吴其昌撰〈梁启超传〉书后》），通过自己的研究工作，尽自己的职责。这种合"身""心""家""国"为一体，集"沉静学者"与"热血志士"两种身份于一身的学风，远承屈子"忧国问天"、史迁"疾世著述"的优良史学传统，近则直接得自寅恪先生的言传身教，其迹十分明显。下面谨举数例，阐明石泉教授对寅恪先生学术之薪火传继。

人所共知，寅恪先生早年以治唐史著称。所以如此，固自有受往日留学诸国（日、美、德等）汉学界学术风气影响一方面原因（这一点这里不能展开），然而更直接更重要的原因，则在于先生认为，近代中国国势与唐代极为相似，因而治唐史有助于了解近代中国这样一番道理。这一点，先生曾在1944年向学生讲授"隋唐史"课程时有所说明。当时听课学生李涵有记录云："应将唐代看作与近百年史同等重要的课题来研究。""中国之内政与社会受外力影响之巨，近百年来尤为显著"，而"唐代与外国、外族之交接最为频繁，不仅限于武力之征战与宗教之传播，唐代内政亦受外民族之决定性的影响"。又说："近百年来中国之变迁极速，有划时代的变动，而唐代的变动也极为剧烈迅疾，如天宝以前与天宝以后便大不相同。"（以上引文见石泉、李涵《听寅恪师唐史课笔记一则》，北京大学中国中古史研究中心编《纪念陈寅恪先生诞辰百年学术论文集》，第34页）唐代与近代这般相同的变动，又共同地为受外力及外部与内部相互影响所致，可见，寅恪先生攻研唐史与唐代之颇为相似于近代中国关联极为紧密，说先生为了进一步深入理解、认识近代与现代中国而研究唐史，应不是无稽之谈。石泉教授研究甲午战争前后之中国政局，与寅恪先生欣然同意指导此项研究，其间固皆有共同的内在学术思想渊源，而又共同地为现实感受所驱动，这也是十分明显的事。

抗日战争中期（1940 至 1942 年间），寅恪先生居香港。1941 年 12 月太平洋战争爆发后，香港被日军占领。先生困居于此，闭门读《建炎以来系年要录》，将港岛沦陷后之种种情状与书中所记汴京屈降后之各种异象，两相印证，忽觉自己过去读此书时"不甚可解者"，忽"豁然心通意会"。先生曾于《陈述〈辽史补注〉序》（载《金明馆丛稿二编》）一文中记其事云：

> 回忆前在绝岛、仓皇逃死之际，取一巾箱坊本《建炎以来系年要录》，抱持诵读。其汴京围困屈降诸卷，所述人事利害之回环，国论是非之纷错，殆极世态诡变之至奇，然其中颇复有不甚可解者，乃取当日身历目睹之事，以相印证，则忽豁然心通意会，平生读史四十年，似无此亲切有味之快感，而死亡饥饿之苦，遂亦置诸度量之外矣。

由此可见，先生之治史读史，无不时时立足于现实，着眼于现实，从现实的感受、现实的需要出发求对历史与现实的通观通解通识。"立足现实、回应现实"以治史，才能将世事与史籍两相会通，交融互释，得出深切之体认。细读先生的著作，便可看出，不仅对唐、宋史的研究如此，对魏晋清谈及其人物的评价研究，或是对陈端生、柳如是等杰出女子之着力表彰等，无不蕴含着对现实的感受和着眼于现实的求索。研究的题目与对象似乎远僻，其实都往往是由于对现实的深切感受所驱动，与实际生活贴联得十分紧密。对先生著作的这种深层内涵，季羡林先生在《回忆陈寅恪先生》一文中有极其透辟明快的论述：

> 寅恪先生决不是一个"闭门只读圣贤书"的书呆子。他继承了中国"士"的优良传统：天下兴亡，匹夫有责。他的著作中也可以看出，他非常关心政治。他研究隋唐史，表面上似乎是满篇

考证,骨子里谈的都是成败兴亡的政治问题,可惜难得解人。(《怀旧集》,第198—199页)

我认为,季先生此话为习读寅恪先生的著作提供了一把钥匙,同时也为我们今天阅读石泉教授的著作作了指引。

《甲午战争前后之晚清政局》一书,可与寅恪先生之《寒柳堂记梦未定稿》参阅并读,盖后书目前所残缺之篇章,如《自光绪十年三月至二十年十一月间清室中央政治之腐败》《孝钦后最恶清流》等,其基本内容,当可于前书中得其概貌。是故,此书亦可视为《寒柳堂记梦未定稿》一书之传承联袂之作。但此书作于半世纪以前,史料条件与认识水平都不免有时代的局限,论文衡事,岂得谓在在皆当,但可以断言的是,石泉教授这部少作、旧作,体现了中国良史之传统,其史学思想、史学方法与严谨的学风,都有其历史性的价值和切中时弊的现实意义。即以学风一端而言,本书对史料之搜集、考辨、研讨、分析,可谓详尽、透彻、深细。我相信,石泉教授这部著作的出版,必将多方面地有助于我国优秀史学传统之火继薪传,亦将有益于史学工作之后来人,职是之故,遂敢于且乐于勉力为是书赘此一"序"。

刘桂生
1997年6月12日于北京大学
历史系中国现代史教研室

自　序

　　本文写成于 1948 年夏，时就学于燕京大学研究院，是在　先师陈寅恪教授指导下所作的硕士论文《中日甲午战争前后之中国政局》。此亦当时　先师所指导学位论文中惟一属于中国近代史领域者。形成此一特例之原委，可追溯至 1944 年冬季。时　先师因目疾致盲，在成都存仁医院手术后，生活不能自理，夜间尤需人照料。作为入室弟子，我经常去值夜班。每当　先师中夜失眠，则陪侍闲叙，兴之所至，几于无所不谈。某夜，　先师问及毕业论文拟作何题？我率尔答称：对中国近代史感兴趣。近人王信忠先生已写成《中日甲午战争之外交背景》一书，私意颇欲就甲午战争中国惨败之内政背景进行探索：何以中国与日本同于 19 世纪 60 年代起步仿效西方，而二十余年后，以甲午战争为标志，竟乃成败判然，国际形势、国内政局皆因之发生重大变化，下启我国此后更为动荡之历史新阶段？拟寻究其所以然之故。当时虽有此愿望，实未敢信其必能实现，因　先师当时之主要研究领域乃魏晋南北朝至隋唐史。不料　先师竟予首肯，认为此题可作，并告知："其实我对晚清历史一直是很注意的，不过我自己不能作这方面的研究，认真作，就容易动感情，那样，看问题就不客观了，所以我不作。你想要作，我可以指导你。"聆听之下，不禁喜出望外，此后即逐步搜集史料，但由于种种原因，实际上直至 1947 年春，始正式撰写。历时年余，终于完成。

写作过程中，进行每一章之前，皆曾向　先师说明自己的初步看法，经首肯，并大致确定范围后，始着笔。每完成一大节或一小章（各章各节大小不等），则读与　先师听，详细讨论后定稿。　先师对史料之掌握，极为严格：首先，必须充分占有史料，凡当时闻悉并能见到者，皆须尽力设法搜集、查阅，不容有丝毫遗漏；而选用于学位论文时，则又尽量筛汰，力求精炼。其次，则尤注意于史料之核实，同一史事，尤其是关键性的记载，彼此有出入者，必须认真加以鉴定，确证其某一部分为史实后，始得引以为据。在观点方面，则持之尤慎，必以史实为立论之基础。论文中每有分析性之论点提出，　先师必从反面加以质询，要求一一作出解答，必至穷尽各种可能的歧见，皆予澄清以后，始同意此部分定稿。其高度谨严之科学精神，对我此后一生的治学态度、途径与方法，皆有深远影响。

此篇学位论文亦颇历沧桑。当年清缮方毕，未及最后校阅，即逢国民党政府之"8·19"点名拘捕，仓促脱身离校，进入华北解放区。清缮本虽得师友帮助，代为上交学校，但解放后经院系调整，久已不知下落。而本人身边之底稿，亦在"文革"中荡然无存！原以为从此消失于世，空存追忆而已；岂料1991年获悉，北京大学图书馆在接收燕大图书馆的资料中，竟存有此篇在，遂于1993年前往复印全文。失而复得，快何如之！不仅重获四十余年前的研究成果，尤要者，此乃　先师昔年精心指导，使我深受教益的物证，是弥足珍视的纪念品。

先师晚岁以口述方式，倩黄萱先生代笔，写成《寒柳堂记梦未定稿》，以记叙家世及父祖三代所经历之晚清政局，惜于"文革"浩劫中又复散佚，仅存残篇，经由复旦大学蒋天枢教授整理后，作为"附录"收入《寒柳堂集》中（见《陈寅恪文集》之一，上海古籍出版社1980年6月版，页163—182）。　先师于"弁言"中谈到写作此篇之心情与态度云：

今既届暮齿，若不于此时成之，则恐无及。因就咸同光宣以来之朝局，与寒家先世直接或间接有关者，证诸史料，参以平生耳目见闻，以阐明之……既不诬前人，亦免误来者。知我罪我，任之而已。（见《寒柳堂集》，页165—166）

又云：

清代季年，士大夫实有清流浊流之分。寅恪本人或以世交之谊，或以姻娅之亲，于此清浊两党，皆有关联，故能通知两党之情状并其所以分合错综之原委。因草此文，排除恩怨毁誉，务求一持平之论断。他日读者倘能详考而审查之，当信鄙言之非谬也。（《寒柳堂集》，页167）

又于"弁言"之末句云：

寅恪以家世之故，稍稍得识数十年间兴废盛衰之关键。今日述之，可谓家史而兼信史欤？（《寒柳堂集》，页168）

据上所引，可知 先师此时已改变往昔不研究晚清政局之初衷，决心在晚年亲自着手阐明所知晚清史事真相，自信已能"排除恩怨毁誉"，作出经得起审查之公正论述，以存信史而待后之识者。此亦足显示 师门三代人爱国之家风与史家的高度历史责任感！

追忆当年 先师指导写作本文时，亦持此种态度。在严师教诲下，自己一方面必须以认真审订的史实作为立论基础，不敢凭空臆测；另一方面则排除个人好恶等感情因素之干扰，力求对历史事件、历史人物作出公正客观之论述；由此确信，只有保持历史本来面目，认真从中汲取经验教训，始能对后人具有真正之借鉴意义。

1949 年以来，中国近代史在史学领域中颇受重视，成果迭出，远逾过去。而关于甲午战争前后之清廷内政背景方面，作过较全面系统研究，并提出相应看法者，似尚未多见。如能借本文抛砖引玉，有助于此课题之进一步探讨，则所深幸！至于文中之观点与见解，由于当时学术环境与自身思想认识之局限，衡以现今标准，必有疏失之处，幸祈读者不吝见教。私忖此文恐只能作为 40 年代，建国以前之产品看待，自不能与当前科研成果已达到之水平相提并论也。本人久已转事荆楚区域历史地理之研究，现今工作与社会活动已臻饱和，又年事已高，更无余力再就本课题作进一步探讨，如能以此作为后人研究本课题之一块踏脚石，于愿足矣。

全文共分六章：第一章为甲午战前三十年间政局概观。

第二章至第五章论述甲午战争期间清廷内部政局之变化。战争期间为时虽短，但因国内政治势力颇倚外患之日亟而乘机加强活动，通过谋划战局以兼遂其打击对手（实力派之李鸿章与淮军将领，中枢之孙毓汶等）之政治目的，终于随败局演变之同时，亦逐步形成朝局之重大变化，故以四章之篇幅，论述其迅速递嬗之迹，与夫转折之焦点所在。

第六章则概括论述战后政局新形势。

各章注释共 931 条，总计约二十余万字。此次公开发表，将题目改为"甲午战争前后之晚清政局"，以更求确切。

此文写于解放前 1948 年之北平，依当年母校风尚，行文例用文言，此次发表，除个别误字外，皆仍旧贯，借存原貌，以资纪念。

本篇之终能问世，得自内子李涵（缪希相）教授之督促鼓励，并承担了包括校改与联系出版等一切最繁杂的工作；在目前学术著作出版难的形势下，为了争取此书的及时出版，我们的一些至亲好友先后有王苗、刘阳、纪辛、孙晓林、刘涛、王蕾等同志为此竭心尽力，作出宝贵贡献；最后得到三联书店总编辑董秀玉、副总编辑周五一与责任编辑曾蕾诸位的鼎力支持、热情帮助，责编仔细审校全文，提出修改意见，在版式、装帧、图片、印刷质量等方面精益求精，方使本篇能以现在的面貌呈献于读者之前，谨在此一并表示衷心感谢！

石泉（刘适）
写于珞珈山武汉大学寓所
1997 年 2 月

内容提要

本文目的，在观察甲午战争前后，中国内部情势演变之过程，明其所以为近代史上一转捩点之故，以求与远东国际局势之演变相表里。

甲午战争中国之所以失败，其内政上之基因，在于前此三十年间自强运动之未能大规模积极进行。推究其所以然，可得三大线索：其一，则由于一般认识之不足，致使求自强之洋务工作，饱受牵制，而李鸿章尤成守旧士大夫之矢的；其二，则由太平天国起事后，汉人新兴势力之崛起，使满清帝国在事实上渐由中央集权，变为地方分权，以致不可能形成一领导全国之有力核心，遂使自强工作大受限制；其三，则北京满人统治集团内亦始终有矛盾，而汉人士大夫之门户党援又从而推波助澜，遂使中央政府以内亦日趋分化，而自强工作乃益难推进。有此三端，甲午一战遂终食其果，后此政局形势乃迥异于前。

甲午战争历时年余，其间政局变迁之大端有四：其一，则李鸿章与淮军在日本与清流主战派夹击之下，声名扫地，大为失势，其三十年来在中国之首要地位，从此沦落。其二，则受抑十年之清流势力，在战争期间又东山再起，翁同龢一系，尤为之重心。上结德宗，外联湘军，一方面猛烈打击李鸿章之主和，与淮军之战败；另一方面则力攻其十年来之政敌孙毓汶等，皆获相当成功。但其主战政策，则为太后所抑，亦由其惟事高论，无术挽败局也。其三，则经此一战，德宗与太后之见解益分歧，而宫廷内之矛盾亦愈演愈烈，"帝党""后党"

之对立，乃逐渐表面化。其四，则经此一战，中国军队之弱点毕露，于是北洋新军，遂于战争末期，创建于小站。

战争以后，外患日张，国势日颓，中国政局遂失其稳定性。李鸿章既去，北洋军权渐归荣禄，而袁世凯接统新军，大加整顿，亦渐露头角。中枢则翁同龢主政，而清流势力因康梁维新运动之大起，又趋分化，上与宫廷矛盾相结，于是帝后党争益烈，遂终爆发戊戌之变，大局从此益不可问。而革命势力，则始于甲午，乙未间萌芽海外，随时势之推移，逐渐孳长，遂终成倾覆满清帝国之先驱矣。

引 言

中日甲午战争（1894—1895，清光绪二十至二十一年，日本明治二十七至二十八年），无论就远东国际情势，或就中国国内局势言之，皆为近代史上划时代之大事。

就国际情势而言，中国之失败与日本之崛起，使英法联军以来所奠定之三十年间远东国际均势为之破坏。列强瓜分中国之议大起，而瓜分之形势亦日具。英俄争霸以求控制中国之活动，则尤激烈。乙未以后，十年之间（1895—1904）局势最为动荡，直至日俄战后，始再得十年之安定（1905—1914），而日本则已成为远东之重要强国，东亚大局为之丕变，以后日本之广泛侵略终于酿成太平洋大战，盖莫不肇端于此。

就中国国内局势言之，自同治中兴以至甲午，二三十年间大致可称稳定。在此期间，李鸿章身统海陆精锐，总绾北洋兵权，创行洋务，筹办海防，以肆应中外，当天下之冲，实为一时重心。而甲午惨败之后，精华略尽，淮军声势一落千丈，李氏本人退居闲散。京畿重地之政局形势，因亦随之巨变。乙未以后，北洋新军肇建，维新运动大起，革命运动亦萌芽海外，而戊戌、庚子之变，相继起于中枢。新政、新军渐次遍于各省，满汉种族之争，中央地方之争，政治派系之争，新旧思想之争，纷然日盛，遂以速清之亡，并成民国以后纷扰无宁日之局。凡此种种，溯其关键所在，亦莫不以甲午一战为其转捩点也。

关于国际情势之变迁，中外人士致力研究者，颇不乏人，脉络线索大致已明。而关于当时中国国内之局势，则尚未闻任何有系统之研讨，是以作者窃不自量，拟藉本文试作探索。以甲午战争为中心，观察当时国内政局，明其承先启后之迹，藉得与当时国际局势之变迁相表里，以求有助于深入了解此一段近代史实之真况焉。

第1章

甲午以前政局概观

　　甲午一战，所关系于中国之命运者极大。战争期间，中国内部之动态将于以后诸章详作论述。本章则拟先就甲午战前三十年之政局大势，略加分析，以见渊源之所自，与变迁之所由，借明后来动向之关键所在焉。

　　夫近百年来，贯穿于中国历史之一中心问题，为如何求自强以御外侮也。此一自强运动，实始于咸丰末年英法联军之役以后，而甲午一战，则为此初期三十年自强运动失败之总结也。

　　同时，则日本之明治维新亦于1868年（同治七年、明治元年）开始，经二十余年之努力，甲午一战，乃大败中国，一跃而为远东强国。夫两国当初之受国际侵凌同也，日本蕞尔岛国，地瘠民贫，较之中国，自然条件固犹远逊，而人则成就卓越，我则一败涂地，其故何也？盖内部政情有以使之然也。

　　中国自强运动之所以失败，析分言之，线索有三：其一，则洋务运动与守旧势力之冲突；其二，则满洲统治者对汉人新兴势力之猜防；其三，则宫廷矛盾与朝臣党争是也。三者更相错综，遂使局面益趋复杂。下迄甲午，乃成必战必败，以致丧权辱国，难以复振之局矣！

第一节 洋务运动与守旧势力之冲突

咸丰季年，英法联军起，中国一败再败，最后，首都且为人所据，终以屈辱成和。经此教训，有识之士，深受刺激。于是身历其境之大臣如恭亲王奕诉、侍郎文祥、宝鋆等，遂于创痛犹新之际，首先倡议讲求西法，取人之长，以固海防，求自强。同时，疆臣中如曾国藩、李鸿章、左宗棠等，于长江下游与太平军作战，亦得与西人多所接触，而深知其海陆军威力之可畏，与夫中国旧有武力之不足恃，于是内外同时开始在军事、外交上谋革新，以求追步泰西列强。而洋务运动，遂由此起矣。

所谓"洋务"，顾名思义，可知为一切与"洋人"交往之事务。其直接者，为外交上肆应外人所要求之通商、传教、遣使领、订条约等一应之交涉事务；其间接者，则中国仿效西法富强之术，以求日后捍御外侮之一切工作也。

同治中兴，全国复归一统，大局重获安定，而外人在华基础亦趋巩固，势力且渐次深入内地。于是中外之交涉愈繁，而洋务工作之需要亦愈增。中土人士之身当其冲者，愈与外人交往多，明其内情，即亦愈知人我实力之悬殊，而亟谋所以急起直追，以自卫自立之道。

李鸿章为甲午以前三十余年间倡行洋务之重心人物也。其于同治十三年上疏筹议海防时，即尝痛切言之曰：

> 臣查：各国条约已定，断难更改。江海各口，门户洞开，已为我与敌人公共之地。无事则同居异心，猜嫌既属难免，有警则我虞尔诈，措置更不易周。值此时局，似觉防无可防矣。惟交涉之事日繁，彼族恃强要挟，在在皆可生衅。自有洋务以来，叠次办结之案，无非委曲将就。——洋人论势不论理，彼以兵势相压，我第欲以笔舌胜之，此必不得之数也。……然则今日所急，惟在

力破成见，以求实际而已。何以言之？历代备边，多在西北。其强弱之势，客主之形，皆适相埒。且犹有中外界限。今则东南海疆万余里，各国通商传教，来往自如，麇集京师及各省腹地。阳托和好之名，阴怀吞噬之计，一国生事，诸国构煽，实为数千年来未有之变局。轮船、电报之速，瞬息千里；军器机事之精，工力百倍。炮弹所到，无坚不摧，水陆关隘不足限制。又为数千年来未有之强敌。……庚申以后，夷势骎骎内向。薄海冠带之伦，莫不发愤，慷慨争言驱逐。局外之訾议，既不悉局中之艰难，及询以自强何术？御侮何能？则茫然靡所依据。自古用兵，未有不知己知彼而能决胜者。若彼之所长，己之所短，尚未探讨明白，但欲逞意气于孤注之掷，岂非视国事如儿戏耶？！臣虽愚暗，从事军中十余年。向不敢畏缩自甘，贻忧君父。惟洋务涉历颇久，闻见稍广。于彼己长短相形之处，知之较深。而环顾当世，饷力人才实有未逮。又多拘于成法，牵于众议，虽欲振奋而末由。《易》曰："穷则变，变则通。"盖不变通，则战守皆不足恃，而和亦不可久也。……总之，居今日而欲整顿海防，舍变法与用人，别无下手之方。伏愿我皇上顾念社稷生民之重，时势艰危之极。常存欿然不自足之怀，节省冗费，讲求军实，造就人才，皆不必拘执常例。而尤以人才为亟要。使天下有志之士无不明于洋务，庶练兵、制器、造船各事，可期逐渐精强。积诚致行，尤需岁月迟久，乃能有济。目前固须力保和局，即将来器精防固，亦不宜自我开衅。彼族或以万分无礼相加，不得已而一应之耳……[1]

李鸿章此等见解，盖实可代表当时久经外事、通晓洋务人士之一般态度。彼辈深知中国实力之决不能敌外人。故每遇对外发生事故时，皆

---

[1]（凡所引书之作者与版本皆见参考书目中。其偶一征引，不列于书目中者，则随书注明版本。以后各节皆同。）见《李文忠公全集·奏稿》卷24，页10上—12下，《筹议海防折》。

力主持重，宁让步以成和局，而不欲轻开衅端，致大局难于收拾。而对内则尽其最大努力，以创行其所认为足以富国强兵之诸种西法建设与军事改革。三十年来，计其成就，亦颇有足述。举其大者：在外交方面，总理各国事务衙门（简称"总署"或"译署"）于咸丰十年年底创设于京师。由中枢简派大员数人兼理之[1]。从此，中国始有统筹对外交涉之中央机关。而后来有关洋务之事件，亦往往由总署倡议核定，因以施行。盖以其与外人接触多，见闻较广而新也。自成立至光绪十年，廿余载间，皆恭亲王以军机大臣兼主。恭王罢职之后，则庆郡王奕劻主之。下迄甲午开战之顷，同值总署者，枢臣中为孙毓汶、徐用仪，其他则大学士福锟、侍郎张荫桓、廖寿恒、崇礼等[2]。而孙、徐、张三人尤为得力。驻外使臣亦于光绪元年以后渐次遣派[3]。对于外国情形，因以益增了解。而使臣归国，往往亦见解一新，颇有助于开通风气，并有影响于外交、国防大政，如郭嵩焘、曾纪泽皆其尤著者也。此外，如同治初年在京沪创设之同文馆、广方言馆[4]。对于培养明习外事之通译人才，亦甚有贡献。

在内政方面之洋务建设，则以军事为主体。李鸿章所统率之淮军，于同治初年即首开风气，改用西式枪炮，军容一新，战斗力因之倍增，遂成全国首屈一指之劲旅。平定粤、捻皆利赖焉[5]。以后湘军继之，亦作相当之革新。左宗棠遂因以荡平西北，底定天山[6]。

---

〔1〕参看《清史稿》，页113·2，《本纪》20，《文宗本纪》，咸丰十年十二月己巳。

〔2〕参看《清光绪朝中日交涉史料》（以下简称《交涉史料》）卷14，页11上，《总理衙门奏折》后之署名。

〔3〕参看《清史稿》，页972—974，《交聘年表》上。

〔4〕参看同上书，页424·1—2，《选举志》2，《学校》下。

〔5〕淮军之改用西式枪炮，参看《李文忠公全集·奏稿》（以下简称《李文忠奏稿》，此外，《电稿》《朋僚函稿》《海军函稿》《译署函稿》等并同）卷8，页35上—下，《密陈剿捻事宜折》及卷9，页56下—57上，《复陈奉旨督军河洛折》。

〔6〕湘军定西北，颇借西洋开花炮之力，参看《清史稿》，页1442·2，《列传》241，《金顺传附邓增传》。而左宗棠自同治五年即仿造西洋之开花炮，以给军用。参看同上，页553·1，《兵志》11，《制造》。近人秦翰才著《左文襄公在西北》（民国三十四年［1945］重庆商务版）亦甚可参考（见页53—54、107—108）。

同光以降，各省督、抚整顿绿营，选练制兵，以为练军。颇改习洋枪，以代刀矛弓矢[1]。虽成效不一，而此后中国军队之战斗力，究已渐胜于前。西式枪炮之应用既广，于是兵工厂（当时称为机器局或制造局）之需要亦与日俱增。最早成立者，为同治四年李鸿章、丁日昌等在上海创办之江南制造局，规模颇宏。以后各省颇多兴办，其规模亦大小不一[2]，而以李鸿章所主持之天津机器局为最有成效[3]。光绪十六年，张之洞在汉阳创办枪炮厂，亦逐年扩充，规模之大，机器之新，颇著闻于时。光绪廿一年战后，始全成。即后来之汉阳兵工厂也[4]。

当时全国军队以湘、淮为主力，而李鸿章自同治九年以后，直至光绪乙未（二十一年）任直隶总督、北洋大臣，凡二十余年。驻节天津，统筹北洋海防。淮军精锐屯扎要地，捍卫京畿。装备之优，训练之新，皆甲于全国。同时又加意整顿直隶练军，统以淮将，勒以淮军营制，亦甚著成效。后来甲午战时颇有战绩之聂士成军，即属直隶练军也。此外，更于光绪十一年设立北洋武备学堂，调军中下级官弁入学，聘德国军官教练，以求提高水准[5]。而天津机器局先后由刘含芳、张士珩等主办，亦能力求改进，追步西洋。

海防要塞，三十年来，亦颇多兴建。北洋为近畿之地，故亦最受重视。大沽炮台，毁于英法联军之役后，又重修筑。同治九年，李鸿章调直督后，益以新法扩修大小炮台数十座于津沽海口一带。光绪以后，山海关、旅顺口、威海卫、烟台、大连湾等诸炮台皆先后兴建，

---

〔1〕参看《清史稿》，页527·1—528·2，《兵志》3，《防军》。

〔2〕参看同上书，页553·1—555·1，《兵志》11，《制造》。

〔3〕天津机器局于同治六年，由三口通商大臣崇厚创办。九年，由李鸿章接办，大事改进，始渐著成效。参看《李文忠奏稿》卷20，页12上—13下，《奏报机器局经费折》卷23，页19上—20下，《机器局动用经费折》。此后《奏稿》中，有关机器局之折甚多，皆可看，不列举。此外《清史列传》卷77，页36下—37上，《刘含芳传》及《弢楼遗集》卷首，页1上—2上，《墓志铭》，页3下—6下，《先府君行述》，皆可看。

〔4〕参看《清史稿》，页554·1—555·2，《兵志》11，《制造》。

〔5〕参看《李文忠奏稿》卷53，页42上—44上，《创设武备学堂折》。

屯兵驻守，而旅、威以海军军港所在，尤受重视。南洋则主沿长江设防。始于同治十三年中日因台湾生番事件关系紧张之时，以后渐次增修改进。南京以下，炮台颇多，而尤以吴淞、江阴为最。此外，如福建之闽江口，广东之珠江口，浙江之舟山、镇海一带，亦皆于光绪初年建炮台。海防力量亦远逾从前[1]。

海军方面，中国之开始讲求，亦在咸丰末年英法联军之后。恭亲王、曾国藩等首倡购外洋船炮，同时亦谋仿西法自造。同治五年，福建船政局由左宗棠、沈葆桢等创立于马尾，规模颇具。并附设学堂，习西语及工程诸学，后来海军人才颇由此出。以后逐渐改进，成船颇多。初犹全赖洋人，后乃渐能自为。次年，李鸿章亦于上海创设江南造船所。规模虽不如闽厂，而亦有其成就。此两厂自造诸船虽样式陈旧，不堪与欧美军舰相比拟。然亦颇增海上交通运输之力。军需民用，多所利赖。后来轮船招商局设立，亦颇取给于此焉。

中国之购置西洋军舰，最初颇零星散买，多属小型炮舰。光绪初年，李鸿章、沈葆桢、丁日昌等始渐议筹巨款，购大舰，成立舰队。于是始派遣学生出洋肄习。沈、丁寻卒，遂由李鸿章专主，而中枢亦颇加支持。光绪五年，始向英定造超勇、扬威两艘小巡洋舰（当时称"快船"）。皆铁壳木质者，战斗力不强，然在当时中国，则为最有威力者矣。次年，两舰到华，于是北洋海军乃渐积极创立。一方面修建军港、要塞、船坞等必需设备，同时开始向德国订购主力战舰（当时称"铁甲船"）二艘（即后来之定远、镇远）、巡洋舰（当时称钢甲快船）一艘（济远）。以淮军将领丁汝昌任统领，聘英国海军上校琅威里任教练，设海军学堂于天津。于是海军规制始具雏形。光绪十一年，铁舰修成到华。海军衙门（简称海署）随以成立。醇亲王奕𫍽为总理，庆郡王奕劻（甲午年升亲王）、李鸿章等佐之，而实际筹办指挥则仍为李鸿章。以后又续在英、德定造致远、靖远、经远、来远四新式快船及鱼雷艇船等，

---

[1] 参看《清史稿》，页 548·1—551·1，《兵志》9，《海防》。

皆于光绪十四年到齐。于是海军章程立，北洋舰队成军。海防力量颇具规模矣。此外，南洋闽、粤亦各添置船舰，惟以国力集中于北洋，故虽有舰队之名，而实力则颇不足道也[1]。

陆海两军之外，与富强大计密切相关之交通事业亦有建树。其主要者轮船、电报、铁路是也。

轮船招商局于同治十一年由李鸿章、盛宣怀等创立。虽经艰困，仍能规模日展，以与外轮相抗衡。下迄甲午，有船数十艘。码头、仓库，一应俱备，为当时官督商办事业之巨擘[2]。电报始于光绪五年，亦由李鸿章、盛宣怀等创办。最初试行于津沽之间，甚有成效。次年，李鸿章遂于中、俄伊犁争议紧张之时，以军事上必需为理由，奏请设立南北洋陆线。并开学堂训练电务学生。以后渐次扩展，由沿海以至内地，下至甲午，全国各大城市间，几皆可以电讯联络矣。初，外人颇侵越国土，私设电线。至是皆交涉收回。此亦当时官督商办事业之卓有成效者[3]。铁路之由国人自建者，最早始于光绪三年唐山胥各庄间之八十里运煤线。当时识者颇议大举兴修，以便军运，通商利。终以阻力过大，不果。光绪十三年，始由海军衙门王大臣之主持，逐渐修成天津至榆关一段，下至甲午开战时，此一段铁路，乃成为直隶海防与夫接济关外之大动脉[4]。

与轮船、铁路有密切关系之煤矿，当时亦颇由地方督抚试以新法开采。其卓有成效者，则以光绪七年由李鸿章创办之开平煤矿为最。北洋海军、招商轮船以及津榆铁路、天津机器局所需之煤，皆取给于

---

〔1〕关于中国自造轮船情形，及海军建置经过，参看《清史稿》，页 539·3—543·3，《兵志》7，《海军》。

〔2〕招商局情形，参看《清史稿》，页 593·1—594·1，《交通志》2，《轮船》。惟创办在同治十一年，非十三年，参看《李文忠奏稿》卷 20，页 32 上—34 上，《试办招商轮船折》。

〔3〕电报情形，参看《清史稿》，页 594·3—595·2，《交通志》3，《电报》。

〔4〕铁路情形，参看《清史稿》，页 589·3—591·1，《交通志》1，《铁路》。

是[1]。此外，如海关，则自咸丰年间，即因事实需要，开始聘用洋人，代办洋商征税事宜。以后商埠增开者日多，而海关之组织亦日庞大。总税务司英人赫德久居斯位，才力甚优，海关一应制度，皆其手定。效率甚佳，税收剧增，遂渐成国库大宗[2]。赫德本人与中国官方亦相处甚得，常活动于名公巨卿之间，多所献替，对于中国之洋务工作贡献亦甚大焉[3]。

以上所举，皆内政方面洋务建设之荦荦大者。其开创多出于李鸿章，而成就亦以北洋为最。以此种种，在当时中国所造成之改变，与夫咸丰庚申以前相较，其进步诚亦不可忽视。然而此等进步与当时列强日新月异之发明相较，与日本维新之大刀阔斧、突飞猛进，以从事全面改革相较，则相形见绌，固远不足以应付外力之侵凌也。当时从事于洋务运动之健者，如李鸿章等对此亦深自知，试检阅甲午以前三十余年来之李氏奏牍、书札，对于中国处境之危，实力之不如人，与夫彻底以西法求自强之不可缓，皆屡屡痛切言之。然而终不能畅行其志者，则当时一般认识之不足，守旧势力横加阻碍牵掣，实为一要因也。

守旧势力实代表根深蒂固之传统思想与作风，而以大多数科举正途出身之士大夫为中心。此辈熟谙章句旧学，经国家历年培养选拔，人数极多，全国官绅多由此出。向受国家社会之重视，亦全国才智之总汇。其中颇多以志节自负，廉介自许，对于中国传统之政教根本、治术精华了解较深，思想教养，亦师法前哲，自有其风采境界，为士林所宗奉，在全国有极大之潜势力。

迨欧风东渐，洋务继兴，此辈人士遂亦大受刺激。彼等大都与外

---

[1] 参看《李文忠奏稿》卷40，页41上—43上，《直隶开办矿务折》，及《海军函稿》卷3，页9上，《海军照章定议并筹津通铁路》。

[2] 关于海关情形，参看 H. B. MORSE, *The International Relations of the Chinese Empire*（以下简称 MORSE 书）Vol. II, pp.1-24, 25-48, 113-137。

[3] 参看《清史稿》，页1411·1，《列传》222，《赫德传》。

国人少有接触，对于中西实力之悬殊，颇无所知，亦几于无法想象。惟见外人之活跃强横，无孔不入，而我方则迁就屈辱，勉求息事，愤懑莫名，遂自然归咎于当轴大臣之畏怯无能，甚而诋为汉奸。中外有事，此辈则攘臂言战，迨事不利，则归之于用人不当。

惟其不审外敌之强，故亦不知中国之弱与危，因之，对于李鸿章辈所竭力从事之洋务建设，亦大多不以为然，而尤嫌其靡费，且惧其他日足以破坏彼等所认为无可改易之社会秩序焉。加以洋务建设之内容，又特重士大夫所不屑为之奇巧技艺与夫孜孜为利之事业。经办之人，多出身杂流，又常经手巨款，贪污亦所不免。于是益为此辈所不齿。

士大夫以科举为进身之阶。其高第则入翰林，次则授部、院、司、员，再次亦得补地方州县，逐次升迁，皆有出路。固无须借洋务以自显，遂亦得鄙夷之以自高。而京内之翰、詹、科、道，各省之学使、考官，以至于书院山长，皆由此辈掌握，内外相应，以论议时政，臧否人物，号称"清议"。声势之盛，上足以耸动君上，鞭策执政；下则领导全国士子以为声援。此一强大之舆论力量，在甲午以前，盖为守旧势力阻碍、牵掣洋务运动之一重要武器也。

当洋务新政初兴之时，当轴大臣，颇思获得士大夫之支持，借以转移士林风气。同治五年，总理衙门议考选正途五品以下京外官入同文馆从西人肄习天文、算学[1]。大学士倭仁上疏反对。倭仁为理学名臣，其所持论，盖极可代表当时士大夫之见解也。原疏略曰：

> ……窃闻立国之道，尚礼义，不尚权谋；根本之图，在人心不在技艺。今求之一艺之末，而又奉夷人为师，无论夷人诡谲，未必传其精巧。即使教者诚教，学者诚学，所成就者不过术数之士。古今来未闻有恃术数而能起衰振弱者也。……且夷人，吾仇也。咸丰十年，称兵犯顺。凭凌我畿甸，震惊我宗社，焚毁我园

---

〔1〕参看《筹办夷务始末》（以下简称《夷务始末》）同治朝卷46，页3上—4下。

圉，戕害我臣民，此我朝二百年来未有之辱。学士大夫，无不痛心疾首，饮恨至今。朝廷亦不得已与之和耳！能一日忘此仇耻哉？议和以来，耶稣之教盛行，无识愚民，半为煽惑。所恃读书之士，讲明义理，或可维持人心，今复举聪明隽秀、国家所培养而储以有用者，变而从夷，正气为之不伸，邪氛因而弥炽，数年以后，不尽驱中国之众咸归于夷不止。……今天下已受其害矣！复扬其波而张其焰耶？！闻夷人传教，常以读书人不肯习教为恨。今令正途从学，恐所习未必能精，而读书人已为所惑，适堕其术中耳！伏望宸衷独断，立罢前议，以维大局而弥隐患。天下幸甚！……[1]

奏上，交总署议。于是恭亲王等亦上疏论辨，略曰：

……臣等查阅倭仁所奏，陈义甚高，持论甚正。臣等未曾经理洋务之前，所见亦复如此，而今日不敢专恃此说者，实有不得已之苦衷，请为我皇太后、皇上详陈之。……溯自洋务之兴，迄今二三十年矣。始由中外臣僚未得窾要，议和议战大率空言无补，以致酿成庚申之变。……自定约以来，八载于兹，中外交涉事务，万分棘手。臣等公同竭力维持，近日大致虽称驯顺，第苟且敷衍，目前则可；以为即此可以防范数年、数十年之后则不可。是以臣等筹思长久之策，与各疆臣通盘熟算，如学习外国语言文字，制造机器各法，教练洋枪队伍，派员周游各国，访其风土人情，并于京畿一带，设立六军，借资拱卫。凡此苦心孤诣，无非欲图自强。又因洋人制胜之道，专以轮船、火器为先。从前御史魏睦庭，曾以西洋制造火器，不计工本；又本之天文度数，参以勾股算法，故能巧发奇中。请在上海等处设局训练。陈廷经亦请于广东海口设局制造火器。臣等复与曾国藩、李鸿章、左宗棠、英桂、郭嵩

〔1〕参看《夷务始末》卷47，页24上—25下。

煮、蒋益澧等往返函商。金谓制造巧法，必由算学入手。其议论皆精凿有据。左宗棠先行倡首，在闽省设立艺局、船厂，奏交前江西抚臣沈葆桢督办。臣等详加体察，此举实属有益。因而奏请开设天文算学馆，以为制造轮船各机器张本。并非空讲孤虚，侈谈术数，为此不急之务。又恐学习之人，不加拣择，或为洋人引诱，误入歧途，有如倭仁所虑者。故议定考试，必须正途人员。诚以读书明理之士，存心正大，而今日之局，又学士大夫所痛心疾首者，必能卧薪尝胆，共深刻励，以求自强实际，与泛泛悠悠、漠不相关者不同。倭仁谓夷为吾仇，自必亦有卧薪尝胆之志。然试问所为卧薪尝胆者，姑为其名乎？抑将求其实乎？如谓当求其实，试问当求之愚贱之人乎？抑当求之士大夫乎？此臣衙门所以有招考正途之请也。今阅倭仁所奏，似此举断不可行。该大学士久著理学盛名。此论出，而学士、大夫从而和之者必众。……不特学者从此裹足不前，尤恐中外实心任事、不尚空言者，亦将为之心灰而气沮。则臣等与各疆臣谋之数载者，势且隳之崇朝，所系实非浅鲜。……该大学士既以此举为窒碍，自必别有良图。如果实有妙策，可以制外国而不为外国所制，臣等自当追随该大学士之后……如别无良策，仅以忠信为甲胄，礼义为干橹等词，谓可折冲樽俎，足以制敌之命，臣等实未敢信。……[1]

观此，并前引李鸿章之疏，洋务工作经始之难与阻力之大，亦可概见矣。而总署考选正途，习天文、算学之议，虽奉旨准行，而士大夫则"聚党私议，约法阻拦。甚且以无稽谣言，煽惑人心"。而投考者遂寥寥无几[2]。士大夫之不亲洋务如故，而放言高论亦如故。于是"以骂洋务为清流，以办洋务为浊流"遂成一时之"世

---

〔1〕 参看《夷务始末》卷48，页1上—4下。
〔2〕 参看同上书，页12下—14下，并参看《春冰室野乘》卷1，页83—84，《倭文端阻开同文馆》。

议"矣[1]。

洋务运动与守旧势力既如此格格不入,于是三十年来,二者之冲突遂无已时。举其大者:对外方面,如同治九年之中法天津教案,曾国藩即以惩凶主和,大遭士大夫诟厉[2]。以后光绪元、二年间之中英滇案,光绪五、六年间之中俄伊犁交涉,光绪九、十年间之中法战争,守旧士大夫皆力主强硬,痛斥总署王大臣与李鸿章等之让步谋和政策[3]。而中俄伊犁交涉之终得改约,中法战争之和前小捷,尤使此辈主战论者得所依据,以归咎于李鸿章辈之畏怯无能,以致丧权辱国也。

下至甲午,中日事起。李鸿章之主和政策乃益不能为士大夫所谅解。盖对欧西列强,中国自承不敌,犹可说也。东邻蕞尔之日本,则向为中朝所轻视者,今乃亦敢向中国为无理之挑衅。而李鸿章对之,竟亦欲让步谋和,此则益非士大夫所能堪矣。

自朝鲜壬午之变(光绪八年),吴长庆率军定乱,留驻朝鲜之后,中国方面,朝野清议即颇有主张东征日本,进窥琉球者。而李鸿章等于比较敌我实力之后,则以为"未有谋人之具,而先露谋人之形者,兵家所忌"。目前惟当"精修武备,力图自强"。而"添练水师,实不容一日稍缓"。壬午以后,又继之以甲申之变(光绪十年),又为袁世凯以迅疾之手段平之。此二役,中国皆得稍占上风,绝日人觊觎之谋。甲申变后,遂有中日之乙酉(十一年)天津条约。而朝鲜遂得维持将近十年之安定。至于约中规定:嗣后朝鲜有事,中日出兵相互

---

[1] 见《吴挚甫尺牍》卷1中,页33下,《与陈右铭方伯》。

[2] 参看《清史稿》,页1355·3—1356·1,《列传》192,《曾国藩传》。

[3] 光绪元、二年滇案,清议反对让步,参看《清史稿》,页1424·3—1425·1,《列传》233,《郭嵩焘传》及《李文忠朋僚函稿》卷16,页17下,《复鲍华潭中丞》;卷16,页18上,《复沈幼丹制军》;页25下,《复丁稚璜宫保》。光绪五、六年伊犁事,参看《李文忠朋僚函稿》卷19,页22下—23上,《复曾劼刚星使》;页28上,《复刘岘庄制军》;页33上一下,《复张幼樵侍讲》。至光绪十年中、法之役,则李鸿章尤成矢的,其处境之难,仅次于甲午,参看《朋僚函稿》卷20,页54上,《复许星叔少司寇》;页55上一下,《复周筱棠京兆》。

知照一点，今人认为中国最大之失策者，在当时则无论和战新旧诸派皆未能辨之也[1]。

乙酉以后，日本之自强工作益为积极。明治十九年（光绪十二年）财政改革以后，国家收入与年俱增。陆海军亦迅速扩充，装备编制，精进不息。愈近甲午，成效愈著。而帝国宪法亦于明治二十二年（光绪十五年）颁布，议会随之召开。对中国作战之准备则尤着着进行，以求贯彻其大陆政策[2]。

中国之士大夫于此则懵然无知。而甲午战起，和战两派观点之分野，亦即在于对日本之认识与估计迥然不同也（参看本文第二章一、二两节）。且犹不仅学士、大夫之轻视日本也，即身为湘军元老、久任兵事之两江总督刘坤一，在战事初起时，亦以为"日本国小民贫，并力一举，其势断难支久。将来待其困毙，自易就我范围"。而主张"务在痛予惩创"也[3]。

关于国内之自强工作，则三十年来，阻碍尤甚，推进尤难，一切大小洋务事业之创建，几无一不遭士大夫之批评与反对者。例多，不拟赘论。兹惟举其关系后来局势最大，而当时又阻碍牵掣最多之海防与铁路两事，以见甲午之败因。

同治中兴，首致力安内。四年，太平天国覆败。七年，捻平。十二年，陕、甘、云南诸回起事皆平。次年正月，贵州苗变亦平。于是国内局势始大定。十三年，中日台湾生番事件起。九月，事定。中枢始筹议海防，以总署所拟练兵、简器、造船、筹饷、用人、持久六条，下各省疆臣议。至光绪元年，而中英滇案又起，于是沈葆桢、李鸿章始奉命兼督南北洋海防[4]。然海防创办工作，随在需款。中国财政沿袭

〔1〕 参看王信忠《中日甲午战争之外交背景》，页30—89。
〔2〕 参看日本大隈重信编著《开国五十年史》，页148—151、160、163，《帝国财政》（松方正义作）；页191—195，《陆军史》（山县有朋作）；页214—215，《海军史》（山本权兵卫作）；页92—93，《帝国宪法制定之由来》（伊藤博文作）。
〔3〕 参看《交涉史料》卷17，页22上（1431），附件一。
〔4〕 参看《清史稿》，页124·3，《本纪》23，《德宗本纪》，光绪元年四月壬辰。

旧制，未经改革，收支本极有限[1]。又久经大乱，国用益艰。故每办一新政，常为饷力所困，辗转挪移，支绌万状。李鸿章于同治十三年复奏筹议海防六条之疏（见前引），论及筹饷时，以为："近日财用极绌，人所共知。欲图振作，必统天下全局，通盘合筹，而后定计。"而主张：为目前筹饷计，亟应收束新疆军事，对诸回部遥事羁縻，核减出塞之军，而即以节出之饷，开办海防。盖"新疆不复，于肢体之元气无伤；海疆不防，则腹心之大患愈棘"。而中国则"只此财力"，势不能"既备东南万里之海疆，又备西北万里之饷运"也[2]。

然此一筹饷大端，终未能为中枢所接受。而左宗棠西征，且绵延数载，大军纷纷出关，海防经费亦多抵拨西征军饷[3]。直至光绪五年，始底定回疆，于中国固为一重要武功。而海防工作则因之蹉跎岁月，几于无所建树。

光绪五年以后，始着力筹建海军，订购铁甲舰。中经中法战役，经验犹新。于是醇亲王当政，主持于上，海军经费始有的款。海防工作，一时尚称顺利。（参看本章前文）

然光绪十四年以后，直至甲午，则又未尝添购一船[4]。盖自光绪十二年订购四快船后，海军经费遂渐拨修三海及颐和园矣[5]。至光绪十七年，颐和园成。户部则以"库款支绌，亏短甚巨"，奏准饬令南北洋购买外洋枪、炮、船只、机器暂停二年，即以所省价银解部充饷。并令全国勇营一律裁减一成，以"筹补库储"[6]。于是海军提督丁汝昌等屡请添购快船、添置快炮于各舰之议，遂亦因此无由实

---

〔1〕中国财政之收支情形，参看刘锦藻《清朝续文献通考》卷68，页8247—8248，《国用》6。

〔2〕见《李文忠奏稿》卷24，页18下—19下，《筹议海防折》，条复六事。

〔3〕参看《李文忠奏稿》卷35，页27下—28上，《筹议购船选将折》。

〔4〕《李文忠奏稿》卷78，页17上，《校阅海军竣事折》及页53上，《复奏海军统将折》。

〔5〕参看本章第三节。

〔6〕参看《李文忠奏稿》卷72，页35上—38上，《复奏停购船械裁减勇营折》及《大清历朝实录》（以下简称《实录》）德宗朝，卷296，页7上—下，四月戊午。

现[1]。而日本此时则自明治二十二年（光绪十五年）以后，正分年购造新舰。下至甲午，已达九艘之多，速度与快炮设备，皆远胜中国[2]。于是甲午战争一起，而海上遂任人横行，并终成中国海军覆败之致命伤矣。

周馥自订年谱，尝记其光绪十七年与李鸿章之谈话曰：

> ……一日，余密告相国曰：北洋用海军费已千余万，只购此数舰，军实不能再添，照外国海军例，不成一队也，倘一旦有事，安能与之敌？朝官皆书生出身，少见多怪。若请扩充海军，必谓劳费无功，迫至势穷力绌，必归过北洋。彼时有口难诉。不如趁此闲时，痛陈海军宜扩充，经费不可省，时事不可料，各国交谊不可恃。请饬部枢，通筹速办。言之而行，此乃国家大计，幸事也。万一不行，我亦可（自）站地步。否则人反谓我误国事矣。相国曰：此大政，须朝廷决行，我力止于此。今奏上，必交部议。仍不能行，奈何？余复力言之。相国嗟叹而已。……[3]

观此，当时任事之难，与夫掣肘之甚，可以略见。而关键尤在于饷之难筹。统筹饷项，权在户部。自光绪十二年以来，户部尚书为翁同龢，而翁则当时清流士大夫之魁首，后来甲午时主战派之首要人物也。其对洋务，自无由同情赞助，而海防工作之重要性与迫切性，尤无从体认。已用之款，犹嫌其糜费。欲其更加增筹，自无可能。盖户部之筹饷，又实为守旧势力牵掣洋务运动之一重要武器也。

中国之创议大兴铁路，始于光绪六年淮军将领刘铭传。其着眼点主在军事，其奏疏中述修建铁路之意义与办法曰：

---

〔1〕参看《李文忠奏稿》卷78，页53上，《复奏海军统将折》。
〔2〕同上。
〔3〕见《周悫慎公全集》，自著《年谱》（以下简称《周悫慎年谱》）卷上，页27上一下。

……自强之道，练兵、造器，固宜次第举行，然其机括则在于急造铁路。铁路之利于漕务、赈务、商务、矿务，以及行旅、厘捐者，不可殚述。而于用兵一道，尤为急不可缓之图。中国幅员辽阔，北边绵亘万里，毗连俄界，通商各海口又与各国共之。画疆而守，则防不胜防，驰逐往来，则鞭长莫及。惟铁路一开，则东西南北呼吸相通。视敌所驱，相机策应。虽万里之遥，数日可至；虽百万之众，一呼而集。……且兵合则强，兵分则弱。以中国十八省计之，兵非不多，饷非不足，然各省兵饷主于各省督抚。此疆彼界，各具一心。遇有兵端，自顾不暇。征饷调兵，无力承应。……若铁路造成，则声势联络，血脉贯通，节饷裁兵，并成劲旅。防边防海，转运枪炮，朝发夕至。驻防之兵，即可为游击之旅。十八省合为一气，一兵可抵十数兵之用。将来兵权饷权，俱在朝廷，内重外轻，不为疆臣所牵制矣。方今国计绌于防边，民生困于厘卡。各国通商，争夺权利，财赋日竭，后患方殷。如有铁路，收费足以养兵，则厘卡可以酌裁，并无洋票通行之病。裕国便民之道，无逾于此。……今欲乘时力办，莫如议借洋债。借洋债以济国用，则断断不可。若以之开利源，则款归有着，洋商乐于称贷，国家有所取偿。息可从轻，期可从缓……查中国要道，南路宜修二条。一由清江经山东，一由汉口经河南，俱达京师。北路宜由京师东通盛京，西通甘肃。虽二费浩繁，急切未能并举。拟请先修清江至京一路，与本年议修之电线相表里。……事关军国安危大计……若辗转迁延，视为缓图。将来俄约定后，筑室道谋，诚恐卧薪尝胆，徒托空言，则永无自强之日矣！……[1]

此疏一上，士大夫反对之议大起。中枢下南、北洋议。李鸿章力主之。而南洋刘坤一则以妨害民生厘税为言。终以朝臣谏止者众，诏罢其议。

---

[1] 见《刘壮肃公奏议》卷2，页1上—2上，《筹造铁路以图自强折》。

迨至甲申（光绪十年）中法之役以后，执政始渐知铁路关系军事至重，李鸿章、左宗棠等先后再请修铁路。至光绪十三年，始由醇亲王之主持，由海署请准扩展开平至阎庄之商办运煤铁路，西至大沽、天津。然后再东向展修至山海关。次年，天津、唐山间修成，于是李鸿章因商民之请，又创议修天津通州一段，以通漕运，便军事。已请准施行矣，而士大夫之反对又大起。奏疏、函牍纷然并举，要旨不外资敌、扰民、失业三大端，或则主张移修边地，毋近京畿。中旨下军机、海署议。醇亲王、李鸿章等复奏痛驳之，仍主修建。又下各省疆吏议。于是两广总督张之洞创为调停之论，建议停修津通，改办芦汉，遂为中枢所接受。张寻亦调任湖广总督，与李鸿章分头兴办。时光绪十五年也。次年，因东北边事亟，又从海署议，移芦汉铁路款，先办关东铁路。于是唐山以东，遂又展修。下迄甲午，全国干线仅天津至山海关一段。此外则刘铭传在台湾所修基隆至淡水六十里之路而已[1]。

　　迨甲午战起，遂仍蹈中法前失，调兵运械几遍全国。而以交通不便，除津榆一段外，皆稽延时日。影响于军事者，盖非浅鲜也。

　　综上所述外交内政两方面，可见洋务运动与守旧势力二者间抵触之甚。李鸿章为当时推行洋务工作之首要人物，故与清流士大夫之冲突亦最多，遂亦最成矢的。士大夫对于彼之一应措施，既不能了解其意义，于是猜测横生，而李氏遂亦“三十年来，日在谣诼之中”[2]。下迄甲午，主战士大夫之对李氏全不信任，必欲去之而后快，盖无足怪也。（参看第三章一、二两节）

　　以上所述，皆洋务运动与守旧势力之对立冲突也。然二者之间，亦颇有因认识程度之异，而介乎其中者。如左宗棠、张之洞，其尤著者也。大致言之，彼等在内政方面，亦热心讲求洋务，主张仿行西法，以求自强；然在外交上，则力主强硬，往往批评洋务派之过

〔1〕关于修建铁路受牵掣情形，参看《清史稿》，页589·3—591·1，《交通志》1，《铁路》及《李文忠海军函稿》卷3，页10下—33上，诸有关函件。

〔2〕见《李文忠海军函稿》卷3，页31上一下，《详陈创修铁路本末》。

于软弱。因而为舆论所称诵，而为李鸿章斥为"要誉"者也[1]。在平时，洋务工作，颇因此辈之协助而得稍增成效，然对外有事时，则亦益增当轴之困难。

清流士大夫之中，其认识固亦各有程度之别。其中亦颇有留心外事、见解较新者，如甲申以前张佩纶辈，甲午以前之文廷式、张謇等，皆是也。特其所讲求之洋务，大都着眼于国际情势之纵横捭阖，而不甚注意于人我国力之实况，与夫增进中国国力之实际办法。故其分析当道举措之一时得失，往往言之成理，颇动视听；而与实际任事之人如李鸿章辈，则又常相水火。虽亦侈谈洋务，而与实际之洋务工作，则无甚关联。然此辈在士大夫之中，则又实为倡导风气之人物。张之洞亦出身其中，而尤为前导，其作风亦始终与李鸿章辈相异。迨甲午败后，此辈之认识较前有进，遂成为晚清时期推行新政之主流矣。

洋务运动，外在阻力之大，由上文已可概见，而内部则亦问题重重，往往事倍功半，不能精益求精。盖事属初创，工作人员之技术、知识皆有未足，效率自难苛求；而风气犹未大开，自好之士，往往难至，黠慧之徒，睹洋务为利薮之所在，则趋之若鹜，终于流弊暗生，名不副实。下至甲午战起，亦颇食其果，而尤以有关军事者为最（参看第二章第四节、第三章第三节），凡此，其关键皆在于人才之难求。李鸿章早于同治十三年议海防时，即痛陈培养人才之重要曰：

> ……抑臣更有陈者：用人最是急务，储才尤为远图。……军务肃清以后，文武两途，仍舍章句、弓马，末由进身。而以章句、弓马施于洋务，隔膜太甚。……而所用非所学，人才何由而出？近时拘谨之儒，多以交涉洋务为浼人之具；取巧之士，又以引避洋务为自便之图。若非朝廷力开风气，破拘挛之故习，求制胜之

---

[1] 参看《李文忠朋僚函稿》卷19，页30上，《复张幼樵侍讲》；页34下，《复刘省三军门》。

实济，天下危局，终不可支。日后乏才，且有甚于今日者！……
臣愚以为……似应于考试功令稍加变通，另开洋务进取一格，以
资造就。现在京师既设同文馆，江省亦选幼童出洋学习，似已辟
西学门径。而士大夫趋向犹未尽属者，何哉？以用人进取之途，
全不在此故也。……[1]

此下，则提出具体办法：请于沿海省份设洋学局，招收生徒，讲授西学，
然后优予出路，使与正途无异。以为如此，则二十年后，人才可出。

然此等主张，并未为中枢所采用。而才难之叹遂常为李氏之感慨。
光绪二年与刘秉璋之函曰：

> 从前每觉才多，今名位已极，责任尤重，恒无可用之人。独
> 来独往，将何已时？为之三叹！……[2]

光绪十五年致醇亲王之函，则尤慨言之曰：

> 目今解事人少，办事人尤少。鸿章实有才难之叹！——外间
> 每疑鸿章用人似滥，不知节取器使，稍窥古人略短录长之义。津
> 沽耳目切近，尚能随时督查训励，若鞭长莫及之地，自非有独当
> 一面之才，不敢轻于付托。区区微忱，愿资刍献。……[3]

人才之难如斯，下至甲午战时，虽区区之洋务建设，又安能期其尽所
用也！

---

〔1〕见《李文忠奏稿》卷24，页23上—24下，《筹议海防折》后，条复六事。
〔2〕见《李文忠朋僚函稿》卷16，页31下，《复刘仲良中丞》末。
〔3〕见《李文忠海军函稿》卷3，页29上，《详陈创修铁路本末》。

第二节　满清统治者对汉人新兴势力之猜防

中国自强运动之失败，守旧势力之牵掣洋务工作是一要因。然除旧布新之际，守旧势力之顽强反抗，岂仅中国为然？日本明治维新，俄国大彼得变法，固皆尝面临此一问题，而终能克服之。此无他，要在主持国运之首长有认识，有决心，能集当时之先觉英彦，形成一核心力量以统筹全局，逐步改进。更假以时日，然后有济。至守旧势力，在局势日新之后，终将分化，以别谋出路，固无由起大作用也。

然中国情形则又不同：咸丰庚申以后，自强运动虽起，而领导全局之核心力量竟无由形成。当轴认识之不足，不能力促其成，固其一因，而粤、捻平后，汉人新兴力量起，使满清政府不能再如昔日之集权中央，则尤为一要因也。

满清以异族入主，二百年来，满人权势向重于汉。自康熙中叶三藩、台湾以次敉平，下迄咸丰初年太平军起之际，军政大权皆集北京。将相要职，主为满人。汉人仅备位，供咨询，听驱策而已。

然乾隆以后，满清统治者亦日就朽腐，政治上贪污风行，军事上则八旗、绿营皆废弛不堪用。嘉庆时，白莲教起事，竟赖乡勇之力始平[1]。至道、咸之际，太平军大起，八旗、绿营溃败相继。大江南北，非复中枢所能控制。斯时，湘淮诸军先后起于民间，统于私人，气谊相孚，军制一新，战斗力远胜当时之旗、营。满清政府因而用之，遂终于二十年间，以次敉平内变，使中国重归一统，而成"同治中兴"之局。然全国之政治形势，亦从此为之一变。

湘淮军之初创，皆由地方人士，因环境之需要，自动组织而成。而曾国藩创勇营之始，即力矫当时绿营散漫之弊，士兵皆由招募乡农，

---

〔1〕关于清中叶以后军政腐败情形，参看罗尔纲《太平天国史纲》（以下简称《罗氏史纲》），
　　页28—35。

而不取行伍世业。招募之法,则勇皆营官自招,而营官又皆由统将自选。以是将卒相习,感情易洽,全军上下,团结甚紧。进攻退守,皆能得人死力。其饷糈、训练又皆自有法度[1]。领袖如曾、胡、左、李辈,又皆有抱负,具远见。于是湘淮诸军遂成节制之师。不但结束十余年之兵燹,皆赖其力;而同光致平之后,下迄甲午,捍御外侮,亦倚为主力焉。

　　然此等新军之代绿营而兴,乃使有清一代之军制,因而起一根本转变。盖绿营之制,兵皆土著世业,官则由中枢选补,二者不相习,故将领不得专其兵。于是军权乃全集于中枢,调度指挥,皆可如意[2]。今湘淮之众,则创于私人,自始即有浓厚之地方色彩与乡土关系。其军队之组成,亦主以私人为中心,所谓"将卒亲睦,各护其长。其将死,其军散;其将存,其军完"[3]也。而军队之指挥系统赖个人人事关系之处,亦远过于依赖制度。于是军权乃实际集中于湘淮军之统军首长,而非中枢所能遥制。满清政府惟有通过湘淮军队之人事系统,始得引之为己用也。

　　军权之外,地方政权亦渐旁落。咸丰以降,战火蔓延,中枢鞭长莫及。疆吏为应付实际需要,颇多就地自行设法,筹兵筹饷,以求自存,渐乃成为惯例。曾国藩等之初起,饷项亦赖自谋,以无地方专责,一时颇受扼困。及胡林翼以湘军首长任鄂抚,筹饷始较有着[4]。至咸丰季年,江北、江南大营以次覆败,清廷始专任湘军。于是曾国藩受命总督两江,节制四省。而沿江上下之督、抚、藩、臬,亦渐由湘淮人士充任,事权划一,收效遂速。以后平捻、平回、平苗,军行所至,统兵首长多兼地方职任,饷源在握,遂得顺利收功。然督抚之权,

〔1〕参看王闿运《湘军志》卷15,页1下,《营制篇》,及《曾文正公全集·奏稿》(以下简称《曾文正奏稿》)卷28,页3下—4上,《复议直隶练军事宜折》。
〔2〕参看《清史稿》,页524·2,《兵志》2,《绿营》及《罗氏史纲》,页112。
〔3〕见《湘军志》卷15,页8下,《营制篇》。
〔4〕参看《湘军志》卷16,页1下—4上,《筹饷篇》。

从此较前暗增，而外重内轻之势，亦由以肇端。

同光以降，国内大定，湘、淮勇营则分驻要地，以震慑内外，号为防军。而各省督、抚亦纷纷开始整顿绿营，求济实用。抽选改编，以为"练军"。营制则改从湘、淮，于是残余绿营，乃益微不足道，而新制练军亦渐成私兵，地方分权遂更具制度上之基础。而军队之私有，亦非仅湘、淮矣[1]。

大局转变如斯，北京满清帝国之统治者亦自知之，特以时势所趋，需要所迫，于军情万紧之际，不得不两害取轻，而亦未尝不谋牵掣防范之道。湘军初起，虽喜其能战，赖以抗阻太平军之发展，渐规长江上游，然于下游，则仍倚任八旗、绿营组成之江南、江北两大营。即上游军事，亦非专任湘军。武汉自咸丰六年底再克之后，即由荆州将军官文调任湖广总督。赖胡林翼善于联络，曲与交欢，始得行己之意。阎敬铭时佐胡林翼办军饷。《清史稿》记其与胡林翼之谈话情况云：

> ……当官文之在湖北，事事听林翼所为，惟驭下不严，用财不节。林翼忧之，阎敬铭方佐治饷。一日，林翼与言：恐误疆事。敬铭曰："公误矣！本朝不轻以汉大臣专兵柄，今满汉并用，而声绩炳著者多属汉人。……然湖北居天下要冲，朝廷宁肯不以亲信大臣临之？……官文心无成见，兼隶旗籍，每有大事，正可借其言以伸所请。其失仅在私费豪奢。诚于事有济，岁糜十万金供之，未为失计。……"林翼大悟……[2]

---

[1] 关于饷源之转入地方掌握，参看薛福成《庸庵海外文编》卷4，页22上—25上，《叙疆臣建树之基》。关于各省练军情形，参看《清史稿》页527·1—528·2，《兵志》3，《防军》及《曾文正奏稿》（同23页注〔1〕）。

[2] 见《清史稿》，页1331·2，《列传》175，《官文传》末。按：《清史稿》此段系依据薛福成《庸庵文编》卷4，页22上—25上，《书益阳胡文忠公与辽阳官文恭公交欢事》，节略而成，详情请参看薛书原文。关于满清政府当时用人之分满汉畛域，并可参看《庸庵文续编》卷6，页4上—6上，《书长白文文端公相业》。

观此可知满清统治者对此汉人新兴势力之猜疑，与夫湘军初起时，处境之困难矣。

迨江北、江南两大营以次崩溃，李秀成尽取江浙财赋之区，南方更无可用之军。于是中枢始不得不专任曾国藩以东南军事。不数年，遂克全功。然北方之应付捻军，则仍倚任僧格林沁之满、蒙骑兵。至同治四年，僧王之军又覆没，捻势益炽，北方复无可恃之兵。于是不得不再借重湘淮诸军北上剿捻。西北则历经粤、捻、回诸役，初由熙麟、胜保、成明等旗营诸军剿办，无功。继以统率湘军之满人多隆阿往，又战死。以后遂亦不得不借重湘帅。终赖左宗棠率大支湘军往，因东南饷力，始成大功。且进规新疆，使湘军武力远播西域焉。此外，贵州之苗、云南之回，亦莫不赖湘军与岑毓英之滇军转战敉平。大局由此重获稳定，而汉人新兴武力亦几遍各省。

夫湘、淮军兴，克平大难，汉人首长，兵权在握。同治之中兴，满清统治者实因人以成事，自身几无实力之可言也。而汉人新兴势力对之，竟仍俯首听命，则又何也？

此其原因，自今观之：湘淮诸首长之出身与所受教育，使彼等之思想不能逾出当时所谓之"臣节"，诚为一要因。然试考当时内外情势，纯就现实利害而论，盖亦有其不得不然之故存焉。其一，则汉人新兴势力之自分畛域，不能团结；其二，则西洋势力之威胁，使当时识者无论满、汉人士皆怵目惊心，不得不谋妥协合作，以御外侮；其三，则满清统治者操纵得宜，驾驭有术也。请分论之于下：

湘军初起，因人成军，系统本非一源，以后声势既增，门户乃益显著。曾国藩在时，左宗棠即已别树一帜，不肯相属[1]。李鸿章之淮军，初虽源于湘军，而逐渐成长之后，无论就地域、营制、装备言，皆自成系统，迥异于湘军。使曾国藩亦有"淮勇非君家不能督率"[2]

---

〔1〕参看薛福成《庸庵笔记》卷2，页33—35，《左文襄公晚年意气》。
〔2〕见《曾文正公全集·书札》（以下简称《曾文正书札》）卷13，页9上一下，《复李宫保》。

之语。迨曾国藩死，湘淮诸帅乃益不相下。左、李之间，意见尤多[1]。大抵李鸿章久历洋务，淮军一系，师法西人之处较多，见解亦较新，而湘帅则较趋保守，见解亦较近于清流士大夫。为李鸿章讥为大言无实，又狃于积习，不知革新者也[2]。湘淮首长共事，亦往往两不相下，意见难洽[3]。李鸿章驻兵近畿，捍卫北洋，自同治九年直至甲午战时，历时廿余载。而东南财赋之区与西北要冲之陕甘则始终主由湘军屯驻，由湘帅或与湘军有密切关系之人任总督[4]。形势如此，且全国实力派尚非仅湘、淮（参看后文），即有欲举事者，亦不能不顾虑其他势力之牵掣，而惧事之无成，且一旦相持日久，分裂势成，则环伺于外之欧西列强乘机渔利，则后患庸堪设想！

西洋势力自英法联军以后，即逐步深入中国。有识者，睹其威力，皆怵目惊心，知为中国空前未有之强敌，亦将来之大患。薛福成《庸庵笔记》曾记胡林翼之轶事一则曰：

---

[1] 左、李之间意见甚深，举其大者，为同光间，海防与塞防之争；光绪五、六年间，俄约之争；光绪十年，中法和战，皆意见对立。而关键则在左对海防工作视之较易，李氏函牍中批评左者极多，散见于《李文忠公尺牍》中（《李文忠公尺牍》中亦略有）例多，不列举。左之于李，成见亦深，由《李文忠朋僚函稿》卷16，页5下，《复沈幼丹制军》及《庸庵笔记》卷2，页35，《左文襄公晚年意气》皆可概见。手边无《左文襄公书牍》，不具引矣。

[2] 李鸿章之批评湘帅，散见于书札中者颇多。例如《李文忠公尺牍》册24，页25上（按：原书无页数），《复新疆抚台陶（模）》所谓："湘人习气，明知不可战，且断不至于战，而姑作此语以示壮，自左文襄以来即如此，未必皆由中之言……"又如册25，页63上一下，《复新疆藩台饶（应祺）》所谓："……西军狃于湘人积习，不知外洋精操利器之日出不穷，此但可于境内剿回，若冀争域外之长，岂能不捐其故技！……"皆足证。

[3] 例如光绪初年，淮系潘鼎新为云南巡抚，与总督刘长佑（湘系）不和，去官。参看《清史稿》，页1377·1《列传》203，《潘鼎新传》。刘铭传与左宗棠共事于西北，再共事于闽海，皆不和。参看《刘壮肃公奏议》卷首，《保台略叙》3，页2上—3上。又如：张树声与彭玉麟在广东办海防（甲申中法之役），亦不和。参看《张靖达公杂著》，页74下，《致李傅相函》；页76下，《复李傅相函》；页77下，《复李星使凤苞函》。

[4] 两江总督自咸丰十年，直至光绪甲午，如曾国藩、左宗棠、曾国荃、刘坤一，皆湘帅，此外惟马新贻、李宗羲、沈葆桢三人，然亦皆久与湘军共事者。陕甘则自同治八年左宗棠就任以后，直至光绪六年始卸，历时十一年。以后则杨昌濬、曾国荃、谭钟麟先后就任，皆是湘人也。参看《清史稿》，页847·3—852·3，《疆臣年表》4。

有合肥人刘姓，尝在胡文忠麾下为戈什哈，既而退居乡里。尝言：楚军之围安庆也，文忠曾往视师。策马登龙山，瞻昤形势，喜曰："此处俯视安庆，如在釜底。贼虽强，不足平也。"既复驰至江滨，忽见二洋船鼓轮西上，迅如奔马，疾如飘风。文忠变色不语。勒马回营，中途呕血，几至坠马。文忠前已得疾，至是益笃。不数月，薨于军中。盖粤贼之必灭，文忠已有成算。及见洋人之势方炽，则膏肓之症，着手为难，虽欲不忧而不得矣！阎丹初尚书向在文忠幕府，每与文忠论及洋务，文忠辄摇手闭目，神色不怡者久之，曰："此非吾辈所能知也。"噫！世变无穷，外患方棘，惟其虑之者深，故其视之益难，而不敢以轻心掉之。此文忠之所以为文忠也。[1]

观此，可知其对中国来日之外患之深忧，盖远逾于当前之内变，与后来李鸿章所谓"数千年来未有之变局""数千年来未有之强敌"（见前节所引）固皆同其观感。曾国藩虽自称"于洋务素未谙究"[2]，而论及海防则云："这是第一件大事。"[3]对于购买外洋船炮，则认为系"今日救时第一要务"[4]。即左宗棠向以大言自诩，而轻视外夷者，亦不能不承认西洋船炮之坚利，非中国所能敌，而亟谋仿制[5]。在中枢，久值总署，当中外交涉之冲者，如恭亲王、文祥、宝鋆、沈桂芬等，亦莫不深感"中外交涉事务万分棘手"。"苟且敷衍，目前则可；以为即此可以防范数年、数十年之后则不可。"（见前节所引）盖海外之威胁，方兴未艾。覆亡之危，满汉同之。大患当前，如欲进而较论满汉畛域，致启内争，是予西人以可乘之机，则决非当时汉人

---

〔1〕见《庸庵笔记》卷1，页22，《荩臣忧国》。
〔2〕见《曾文正书札》卷28，页8下，《复恭亲王》；并参看卷33，页3上，《复李中堂》。
〔3〕见王定安《曾文正公大事记》卷4，页29下，同治八年正月十七日陛见时语。
〔4〕见《曾文正公奏稿》卷14，页3上，《复陈购买外洋船炮折》。
〔5〕参看罗正钧《左文襄公年谱》卷4，页2上—8上，所引左氏两疏。

首长所愿为也。况咸同以后，汉人权势已较前有伸，而满清统治者又颇工于笼络之术哉！

同治初元，慈禧太后主持大政，恭亲王奕䜣领袖外廷，文祥、宝鋆等佐之。屡经大难，颇知治术，其为政则"委权督、抚，朝政号为清明，颇采外论，擢用贤才，能特达者，不为遥制"[1]。盖即因势利导，专用汉人新兴势力之政策也。

国内大局既定，海防、边防又亟需筹划，以备欧西强敌，乃益不得不倚恃湘、淮精锐，以资捍御，而如何驾驭此辈汉人，以使中枢得以长保威势地位，遂亦成为此后数十年满清统治者之一中心问题。

中枢实权，此时虽已旁落，而名分犹在，全国用人行政之枢纽仍得自上操之。汉人诸派，既不能团结，于是中枢乃益得因便操纵，抑扬其间。其运用之妙，今自无由详知，然由当时用人行政之大端，犹可略见其梗概也。

大局初定，湘淮诸帅如曾、左、李等功高望重，皆以大学士膺封疆之寄。中枢对之，颇加优礼，遇有大事常相咨询。此外湘淮诸将帅之任督、抚、提、镇者，几遍各省。朝廷亦颇多奖赍。其有获谴者，亦往往不为已甚，大多止于斥革回籍而已。

然另方面，则又颇利其分，而使之相制，更以种种手法，益促其分。粤、捻初定，曾国藩犹在，则专任左宗棠以西陲之事。而李鸿章兄弟同时分任疆寄，策应内外，宠遇尤著[2]。曾国藩死后，湘军益分[3]，李鸿章之淮军遂成最大之势力。而同光之际，李氏主停新疆

〔1〕见王闿运《祺祥故事》，页4上。
〔2〕李鸿章于同治五年督师剿捻，次年，升湖广总督，由兄翰章署，同治九年鸿章调直督，翰章遂实授，直至光绪八年，始丁忧解任，兄弟并任总督十余年，参看《清史稿》，页848·3—851·1，《疆臣年表》4。
〔3〕曾国藩死后，湘军大致分为三大系统，而以左宗棠、曾国荃、刘长佑为首长，左与当初王鑫一支有渊源，曾则国藩直属，刘长佑则江忠源之旧属。左逝后，则杨昌浚、刘锦棠等继之，主力在西北。刘长佑一支则刘坤一继之，实力主在两江。曾以后则无有力领袖为继，多附刘坤一，亦在东南。此可由《清史稿》诸人本传、《湘军志》及有关诸人年谱中归纳得之。

军事，专力海防，与左宗棠意见相左，中枢则抑李从左。光绪初年，西陲全定，左宗棠还朝，所受宠遇，又逾李鸿章而上之[1]。中外有事，调兵遣将，亦往往湘淮杂处，而不以一地专任一系[2]。综此种种，虽于当时情势或有不得不然，而意之所在，亦欲兼以"剂湘淮之平，革偏重之势"也[3]。

湘淮之外，其有异军特起、勉足自立者，中枢往往皆优加提携，如宋庆之毅军、张曜之嵩武军、董福祥之甘军、岑毓英之滇军，皆其尤著者[4]。其在京中，则承平之后，清流士大夫崛起，亦得中枢之奖掖而日增声势，颇弹击大臣，品评时政，以为君上之耳目，而显中朝之威严。其领袖如翁同龢、李鸿藻，皆久值宫禁，为太后所亲信（详下节）。如张之洞则出为督抚，亦颇能自创一格，与湘淮首长并立，而深得中枢之青睐[5]。凡此，又皆所以分湘淮之势者也。夫惟如此，乃使实权在握，而又各立门户之汉人大小势力皆不得不受控驭，听任使矣。

综上所述诸因，遂使满清政府之统治，犹得于新形势中继续，而中国于大乱之后，仍归统一，未至为印度、波兰之续。然亦由此诸因，乃使中国虽能统一，而不能自强，终致甲午之惨败。盖在此种族猜防、政权分化之形势下，领导自强之核心力量实难有所成也。

北京满清政府在地位上足以统筹全局，而在实力与人才上则远

---

〔1〕左宗棠于光绪七年、十年，两次入军机，特受优遇，为曾、李等所不及。参看《左文襄公年谱》卷10，页17下—18上、21下—22上、26下—27上、31下—32下、34上。

〔2〕例如光绪六年，中俄事紧，则调曾国荃与鲍超协防直隶，光绪十年、十一年中法之役，台湾、广东、广西、云南皆湘淮杂用。

〔3〕甲午日事初起时，翰林院编修丁立钧疏中语，原疏见第三章第一节。

〔4〕诸人之受优遇，参看《清史稿》，页1454·1，《列传》248，《宋庆传》；页1441·2—3，《列传》241，《张曜传》；页1443·3—1444·1，《列传》242，《董福祥传》；页1382·3—1383·1，《列传》206，《岑毓英传》。

〔5〕张之洞四十五岁即任晋抚，四十八岁即任两广总督，汉人文臣，不以军功，而擢迁如此之速者，有清一代，极罕见也。甲申以后，孙毓汶当政，颇排斥之，卒由太后、醇亲王等维持，屡乞休，皆未准。参看《张文襄公年谱》卷1末及卷2、3。

不足以相副。满人固自有其核心势力，慈禧太后实为同治以后四五十年间之有力领袖，而恭、醇、庆诸王，文祥、宝鋆、荣禄之属，皆先后参预密勿，为之辅弼；亦尝率先练神机营、洋枪队，并选八旗子弟入同文馆，以求自固根本矣[1]。而成效未见也。光绪十一年以后，在东北亦尝大举练八旗新军矣，而下至甲午战起，则亦仍无实济也[2]。盖满人已尽失早年之朝气，不足以担此变局矣。

自同治以迄光绪甲午，三十年间，洋务工作之办理，稍见成效者，乃仍为李鸿章等汉人新兴势力，而国内政情则略如前述。每有兴革，多限于饷力，限于各省之自分畛域，只能就本地方为枝节之建树而已。

纯就自强而论，当时情势，苟真欲合全国之力，以大有为，则仍不得不赖中枢之统筹。然姑无论满清统治者是否能有此认识，即令有之，其自身亦未能有充分之人才、实力，以发之自上。则势必依恃汉人实力派之先觉如李鸿章等，始克有济。而李鸿章等又决不可能进入满清统治集团之核心中，以相与统筹全局，合作无间者也。反之，苟因自强工作之推进，而使淮军或某一系汉人势力因而独盛，则自当时满清统治集团之立场言，其威胁固不下于外患，甚且过之也[3]。

夫如是，乃可以知力行洋务之李鸿章与守旧势力领袖之翁同龢、李鸿藻等何以能兼为太后所用，而中枢之于自强工作，何以虽知其重要，而终不能彻底推行，其原因盖不仅于认识之不足也。

内部有此种族问题，中国之自强，遂不可能如日本之维新。致甲午之战，终食其果，可慨！而亦无足怪也。

---

〔1〕 神机营之创立，在咸丰十一年。参看《清史稿》，页1327·3，《列传》173，《文祥传》；《清史列传》卷51，页50上—下，《文祥传》及《实录》穆宗朝卷13，页47下—48上，咸丰十一年十二月辛未。同文馆最初只收八旗子弟，参看《夷务始末》同治朝，卷8，页29下—33下。

〔2〕 东三省练兵，初由穆图善办理，光绪十三年，穆卒，定安接办，直至甲午时，未见成效。参看《清实录》光绪朝，卷218，页7下—8下；卷279，页1下及卷351，页23上。

〔3〕 例如后来戊戌维新时，满人即大都反对，盖知维新之后，势必危及满人之政治地位及特权也。参看陈鋆《戊戌政变时反变法人物之政治思想》（见《燕京学报》第廿五期），页76—77。

第三节　宫廷矛盾与朝臣党争

甲午以前，中国自强运动之不易有成，由前两节所述已大致可见。然犹有一第三原因，以使国家大政蒙受恶果，而益不利于肆应外患以求自强之工作，终以促成甲午之战，并造成后来政局之新转变。此则纯由满清统治者内部之矛盾及其所能控制之北京朝廷中士大夫结党相倾所致也。

英法联军之役后，清文宗殂于热河，穆宗以冲龄嗣位。两宫太后与恭亲王等密谋合作，发动政变，诛锄奉遗诏辅政之肃顺一党。于是两宫太后垂帘，恭亲王以议政王名义领袖外廷，益倚任湘、淮首长，终于同治三年夏间攻下南京，东南局势以之大定。然随之太后与恭亲王间即渐起冲突。两宫太后，慈安凤无所主张，大政裁断，一依慈禧所为，慈禧太后则颇具综治之才，擅驾驭之术，以总揽政权，君临天下。而恭亲王议政中枢，主持外廷，数年来，颇任事有为，威望亦日隆，于用人行政常与太后相凿枘。于是金陵告捷，半年余之后，太后遂以其威权予恭王以第一次打击[1]。

同治四年三月初五日（公历3月31日，以下省"公历"二字）以讲官翰林院编修蔡寿祺参劾恭王为导火线，恭王怒，欲逮问之。于是太后大怒，即召见大学士周祖培、瑞常等八大臣，"垂泪谕诸公，以王植党擅政，渐不能堪，欲重治王罪"[2]。诸臣皆骇愕，不敢预议，请退，详察以闻，更与大学士倭仁等会商再定[3]。初七日（4月2日）

---

〔1〕关于此次事件，李慈铭《越缦堂日记》言之最详（散见册5，《孟学斋日记》乙集上，页53上—64下）。以其与大学士周祖培多交往，而周则身历其事者也。翁同龢《翁文恭公日记》亦颇多记载（散见于册5，乙丑年，页14下—23下）。而不如李氏之深悉内情，然于各大臣奏折则颇多抄录，内阁两次会议情形，亦记载较详，可与李氏所记互证。此外，王闿运《祺祥故事》亦可看看（见页4上—下）。

〔2〕见《越缦堂日记》册5，《孟学斋日记》乙集上，页53上，三月初五日。

〔3〕见同上书，页53上—下，三月初五日。

复奏上，则调停其间，称蔡寿祺所参皆无实据，而恭王亦有应得之咎，请裁减事权，以事保全[1]。然此时太后则已自拟诏旨，令诸臣润色即交内阁速行[2]。

于是当日上谕下，略云：

> 恭亲王议政之初，尚属勤慎，迨后妄自尊大，诸多狂傲，倚仗爵高权重，目无君上，视朕冲龄，诸多挟制，往往暗使离间，不可细问。每日召见，趾高气扬，言语之间，诸多取巧妄陈。凡此重大情形，姑免深究，正是朕宽大之恩。恭亲王着毋庸在军机处议政，革去一切差事，不准干预公事，以示朕曲为保全之至意……[3]

恭亲王与太后冲突之烈，由此上谕盖可想见。然是时则举朝王大臣几皆同情恭王[4]。太后之主张，在外廷几无人支持。初八日（4月3日）惇亲王奕誴首上疏，以为"恭亲王……未闻有昭著劣迹，惟召对时语言词气之间，诸多不恰，究非臣民所共见共闻，而被参各款，查办又无实据，若遽行罢斥，窃恐传闻中外，议论纷然，于用人行政似有关系，殊非浅鲜。……"，而请下群臣议，再定[5]。于是慈禧太后态度亦趋软化。遂令王公、大学士、九卿、翰、詹、科、道于初九日（4月4日）在内阁会议，并语军机大臣云："若等固谓国

---

〔1〕 倭仁等复奏，见《翁文恭公日记》（以下简称《翁日记》）册5，乙丑年，页18上一下，三月十二日。

〔2〕 见《越缦堂日记》册5，《孟学斋日记》乙集上，页55下—56上，三月（初七）日。

〔3〕 上谕全文，见《翁日记》册5，页16上一下，三月初八日；宣布之日，则在初七日，参看《实录》穆宗朝，卷132，页23下。

〔4〕 此由李、翁两《日记》中皆可看出（参看页31注〔1〕册页）。

〔5〕 惇王疏，见《翁日记》册5，页22下—23上，三月廿二日。

家非王不治，但与外廷共议之，我听许焉可也。"[1]然初九召见倭仁等九人，则态度又与昨自相矛盾，以为"恭王恣肆已甚，必不可复用"。并云："惇王今为疏争，前年在热河言恭王欲反者，非惇王耶？汝曹为我平决之。"[2]诸人至内阁会议，各述太后所言，则大相径庭。于是议者无所适从，纷纭不止[3]。遂无结果，改于十四日（4月9日）再议[4]。

经此数日之酝酿，王大臣遂纷纷上疏，调停其间，大旨不外：恭王咎由自取，但以懿亲重臣之故，盼仍录用。至十四日（4月9日）再议时，则朝臣意见大体一致矣[5]。于是十六日（4月11日）上谕下，解释处分恭王之故，而力辩对之并无猜嫌，以为转圜。于是恭王遂奉命仍在内廷行走，并管理总署[6]。上距事件之发生，已十一日矣。至四月十四日（5月8日），上谕再下，称恭王痛哭悔过，令再入军机，而取消其议政王名义，以示裁抑[7]。至此，而太后与恭王之冲突始告一段落。经此打击，恭王权势乃远逊太后，然同时太后亦由以知恭王在中枢之潜势力非可轻易撼动，而尤以对外国之关系为然。况当时捻势方炽，西北和西南回、苗起事后，犹在滋长，满清政府地位犹未巩固，故亦不得不适可而止。

李慈铭当时在北京，与周祖培常相交往[8]，故对此事件内情颇

----

〔1〕见《越缦堂日记》册5，《孟学斋日记》乙集上，页57下，三月初九日。按：李氏《日记》以太后见倭仁等及枢臣等皆在三月初九日，误，今据《翁日记》，改召见枢臣在初八日，参看《翁日记》册5，页16下—17上，三月初九日。

〔2〕见《越缦堂日记》册5，《孟学斋日记》乙集上，页57上一下，三月初九日。

〔3〕见《翁日记》册5，页17上，三月初九日，并参看《越缦堂日记》（同32页注2），页57下。

〔4〕参看《越缦堂日记》册5，《孟学斋日记》乙集上，页57上一下，三月初九日。

〔5〕同上书，页19下，三月十五日。

〔6〕参看《实录》穆宗朝，卷133，页21上—23上。

〔7〕参看同上书，卷136，页9上—10上。

〔8〕李氏《日记》中，记与"芝翁"往来甚多。"芝翁"即周祖培字芝台也。周，河南商城人，故又称之为"商城"。参看《越缦堂日记》（同32页注2），页53上、55下、56下，余略。

悉，其《越缦堂日记》尝论之曰：

> 窃揣两宫之意，衔隙相王已非一日。退不复用，中旨决然。
> 徒以枢臣比留，亲藩疏请，骤易执政，既恐危中外之心，屡黜宗
> 臣，又虑解天潢之体。攻讦出自庶僚，参治未明罪状，劫于启请，
> 惭于改更，欲借大臣以镇众议，且王夙主和约，颇得夷情。万一
> 戎狄生心，乘端要劫，朝无可倚，事实难图。故屡集朝臣，审求
> 廷辩，冀得公忠之佐，以绝二三之疑……[1]

此种推断，似颇合于当时之实情。太后对恭王既有其不得不用之苦衷，
于是恭王经此打击之后，遂犹得执政至二十年之久，始再遭罢斥也。

当时亲贵，醇亲王（初为郡王）奕譞为仅次于恭王之有力分子，
才力不及乃兄，而对内外大政亦颇有主张。为人则较驯谨柔谵[2]。
其妻又为慈禧太后之妹，故与太后关系较密，同治以后，大局重定，
中枢集全力以肆应外患，于是醇王渐起而与恭王立异。恭王以久主外
交，较审彼己，故对外常持和局。醇王则颇慷慨言战守，亦因此常为
清议所重[3]。德宗嗣位，醇王以本生父，地位益尊，与太后关系亦
益密，与恭王间，乃益不相下，左右又不免挑拨其间，意见遂日深。
而太后则颇结醇以抑恭[4]。

---

〔1〕见《越缦堂日记》册5，《孟学斋日记》乙集上，页57下—58上，三月初九日。
〔2〕参看金梁《四朝佚闻》，页11上，《醇亲王奕譞》一段，及顾廷龙《吴愙斋先生年谱》，
　　页181—186，引吴燕绍《跋尊崇醇亲王典礼折》。
〔3〕参看《曾文正书札》卷27，页21下，《复李中堂》所谓："……然恭邸重在和局，
　　醇邸重在战守，物论与醇者较多。……"下至甲申中法之役，醇王初亦为主战者，执
　　政以后，始渐改变。参看《翁日记》册23，页8上，正月廿日，及《越缦堂日记》册
　　42，《荀学斋日记》己集上，页86上，七月初三日。
〔4〕例如光绪六年之太监送食物往醇王府，出宫门与护军争斗事，太后大怒，欲重置护军
　　于法，赖张之洞、陈宝箴等婉词解免。恭王大称赏之，谓为真奏疏。此亦可窥见太后、
　　醇王与恭王间之对立关系，参看《抱冰堂弟子记》，页1下—2上；《张文襄公年谱》
　　卷1，页24下及程明洲《张文襄公传稿》，页12上。

恭王经同治四年之打击以后，虽已颇自逊抑，然遇事则仍不甚迎合太后之意，颇据祖制以折太后之势焰。文廷式《闻尘偶记》尝记其一例云：

> 同治朝，大婚之后，慈禧太后面谕军机大臣云："大难既平，吾姊妹辛苦久，今距归政不远，欲择日遍召大学士、御前大臣、六部、九卿，谕以宏济艰难之道，惟养心殿地太迫窄……"言至此，恭亲王遽对曰："着，慈宁宫是太后地方。"太后遂止不语，后亦不遍谕于大臣，盖后意欲御乾清宫，恭邸窥其意，而先为几谏也。其机警如此。[1]

又如同治八年，太监安得海，以私出都门，伏诛于山东事，恭亲王亦实助成之。安为慈禧之亲信，颇揽权用事，又同治四年倾构恭王之有力分子也。其私出都门，当亦奉慈禧之密令，故敢于招摇过市，只以慈安太后主持于上，而醇王等亦力赞之，慈禧理屈势孤，遂无可奈何尔[2]。光绪七年三月，慈安太后卒，慈禧乃益无所顾忌，而恭王之处境遂益孤立，下迄甲申（光绪十年），太后积憾之甚，由翁同龢《日记》所记一事，可以略见，《日记》曰："三月初五日……惇王，军机起。先分，后合为一。……两邸所对皆浅俗语，总求赏收礼物（按是年为太后五十寿诞），垂谕极明，责备中有沉重语，略云：心好则可对天，不在此末节，以为尽心也。……"[3]

后三日，而左庶子盛昱劾枢臣之疏上，太后则与醇王频频会见[4]，至十三日（4月8日）而政变起，恭王以次，军机王大臣一朝

[1] 原书未获见，引自黄濬《花随人圣庵摭忆》（以下简称黄氏《摭忆》），页508—509。
[2] 参看《庸庵文续编》卷下，页1上—3上，《书太监安得海伏法事》及《庸庵笔记》卷2，页2，《慈安皇太后圣德》及《祺祥故事》，页4下。
[3] 见《翁日记》册23（甲申年），页18上。
[4] 同上书，页19上—20上，三月初八日—十二日；并参看《越缦堂日记》册42，《苟学斋日记》己集上，页13下，三月十七日。

皆罢，当日懿旨下，略曰：

> ……恭亲王奕訢等，始尚小心匡弼，继则委蛇保荣。近年爵禄日崇，因循日甚，每于朝廷振作求治之意，谬执成见，不肯实力奉行，屡经言者论列，或目为壅蔽，或劾其委靡，或谓簠簋不饬，或谓昧于知人。……若竟照弹章一一宣示，即不能复议亲贵，亦不能曲全耆旧……恭亲王奕訢、大学士宝鋆，入直最久，责备宜严。姑念一系多病，一系年老，兹特录其前劳，全其末路，奕訢着加恩，仍留世袭罔替亲王，赏食亲王全俸，开去一切差使，并撤去恩加双俸，家居养疾。宝鋆着原品休致，协办大学士、吏部尚书李鸿藻……兵部尚书景廉……均着开去一切差使，降二级调用，工部尚书翁同龢……着加恩革职留任，退出军机处，仍在毓庆宫行走，以示区别。朝廷于该王大臣之居心办事，默察已久，知其决难振作。……初不因寻常一眚之微，小臣一疏之劾，遽将亲藩大臣投闲降级也。……[1]

此一上谕盖可为太后与恭王间二十年来摩擦暗斗之总结也。恭王既罢，太后憾之未已。十月寿诞之期，并参与祝嘏之请，亦不邀准[2]。下至甲午，重行起用之始，犹甚勉强也（参看第四章第一节）。

恭王等罢职后，继任者，军机则礼亲王世铎为首，总署则贝勒奕劻为首，而事实上，则醇王总揽一切[3]。于是太后之意乃益伸。次年（光绪十一年）中法战役告终，而园苑工程起。

晚清之大兴土木，早渊源于同治末年，时穆宗亲政，承母氏意，欲重修圆明园，以供颐养，而恭、醇诸王以次，以费绌，颇有谏者，

---

〔1〕见《实录》德宗朝，卷179，页10上—11下。
〔2〕参看《翁日记》册23，页93下，十月初十日。
〔3〕见《实录》德宗朝，卷179，页12上，及卷180，页5下—6上，并参看《清史稿》，页1412·1，《列传》223，《孙毓汶传》。

终停工而改修三海[1]。会穆宗卒，太后重听政，工程遂停[2]。至是，于光绪十一年五月，懿旨又令勘修三海工程[3]。随之，颐和园亦开始兴建[4]。盖德宗年岁渐长后，归政期近，太后遂再谋退休后之享乐矣。

然当时兴修工程之一大困难，为国家财用之支绌。醇王虽不以为然，而不敢如乃兄之抗争也。款不足，则讽谕大臣与各海关"报效"，又各处调拨，东拼西凑，以致西北军饷皆受影响。翁同龢时为户部尚书，其与陕、甘总督谭钟麟书中慨然言之曰：

> 事有大难：京饷、海军、东边、洋息，一时并集；加以渐台、液池之兴作，神皋跸路之修治，其繁费实无纪极。内府不足，取之各府，各府不足，取之各路，于是行省扫地尽矣！江南之不能供老湘营，其一端也。……[5]

至光绪十四年，而三海竣工，用款则数百万矣[6]。而颐和园工程之大，

---

[1] 参看《实录》穆宗朝，卷358，页3上—4上，同治十二年十月丁丑及卷369，页16上—17上，十三年七月己巳。此外并参看祁景颐（敬怡）《觚谷亭随笔》（原书未获见，引自黄氏《掫忆》，页504—505）及吴汝纶《桐城吴先生日记》，《时政》第六，页11下—12上，同治癸酉九月初五日。

[2] 参看《实录》德宗朝，卷1，页11下，同治十三年十二月丁丑。

[3] 参看同上书，卷207，页4上。

[4] 颐和园开始兴建之时，不详。光绪十四年二月，首见上谕，则与三海相提并论（参看《实录》德宗朝，卷252，页1上—2下），而醇王于十二年十月与庆王谈话，已有"昆明易渤海，万寿山换滦阳"（参看正文）之语，则至少在彼时已开始矣。

[5] 见《翁松禅相国尺牍真迹》册6，页4下—5下。按：此函所论，主为西北军饷事，谭钟麟之任陕甘总督，由光绪七年至十四年二月（参看《清史稿》，页850·3—851·3，《疆臣年表》4），翁同龢任户部尚书始于光绪十一年十一月，则此函当在十四年之前也。

[6] 《李文忠海军函稿》卷2，页22上，《醇邸来函》中，曾述及三海工程处之入款，计神机营、海署、户部及各海关，以及若干满大臣捐款，总约二百二十余万两，而又令李鸿章以海军名义借洋款八十万（参看《李文忠海军函稿》卷2，页24上—下，《议北海兑款并筹南海工费》及附《醇邸来函》），则至少已三百万两矣。时犹光绪十二年。又二年，三海始竣工。以上引翁同龢函证之，当犹不止此数。黄氏《掫忆》云，为五六百万两（见页442第1行），似尚近之，惟未注出处，不知所据。

又远逾三海。虽宣称："工用所需，悉出节省羡余，未动司农正款，亦属无伤国计。"[1]事实上，则早于光绪十二年冬间，即已筹划移海军经费以从事园工矣。翁同龢《日记》曾记之曰：

> （十月）廿四日……庆邸晤朴庵，深谈时局，嘱其转告吾辈，当谅其苦衷，盖以昆明易渤海，万寿山换滦阳也。
>
> 廿七日……谒朴园，深谈时局。极耿耿也。如何？！[2]

朴庵、朴园皆醇王别号也。昆明湖在颐和园内，为颐和园之代称，"渤海"则指北洋海军；"万寿山"亦为颐和园之代称，"滦阳"则指处在滦水中游北岸的承德避暑山庄。醇、庆二王虽明知此举为非，但不敢违抗太后懿旨，而希望得到翁等清流之谅解。颐和园至光绪十七年四月始完工，用款又数倍于三海[3]。内外筹拨，罗掘俱穷[4]，而海军经费尤多挪用[5]。园成，而国家财用益匮，于是户部乃有停购外洋枪炮船只机器之请。中枢知其然也，故特予照准[6]。李鸿章亦知其然也，故亦未敢力争[7]。盖颐和园成，而甲午战争中国之败势定矣！

自光绪十年三月至十六年冬，为醇王领袖外廷之时期。此六年余，

---

〔1〕见《实录》德宗朝，卷252，页2上。
〔2〕见《翁日记》册25（丙戌年），页77上一下。
〔3〕用款确数，今无由详知。陈夔龙《梦蕉亭杂记》云："糜款至数千万。"（见卷1，页61上）黄氏《摭忆》云为二千余万（见441，末行；页444第8行），而未注出处，不知所据，以其规模与三海对比，似尚近之。
〔4〕参看《李文忠海军函稿》卷3，页6下，《综论饷源并山东热河各矿》及卷3，页10下，《陈述病状并赏匠筹捐》。
〔5〕移海军经费以修颐和园，晚清笔记言者极多，由《实录》（参看德宗朝，卷294，页9下，光绪十七年二月庚戌）及《翁日记》（册25，页77上一下）证之，知不诬。然究移用若干？则不能详知，就园工由海军衙门监督（参看《实录》德宗朝，卷296，页8上，四月己未）一点以言，则海军经费之占大宗，当无疑问。
〔6〕参看《实录》德宗朝，卷296，页7上一下。
〔7〕参看《李文忠奏稿》卷72，页35上一38下，《复奏停购船械裁减勇营折》。

以身在局内，亲筹大政，见解认识较前颇多修正，遇事常咨询李鸿章等[1]。而海军、铁路诸新政，亦颇兴办，对太后则敬谨小心，曲承旨意，不似乃兄之强项，然而以身为皇帝生父，外廷又无足与抗衡之亲藩，声势地位，一时无与伦比，故太后对之，渐亦不免于猜防。光绪十二年五月，醇王出京巡阅海军，太后乃命亲信太监李莲英随行，用意所在，不言而喻[2]。而醇王亦忧谗畏讥，随处惧触太后忌。赐杏黄轿，不敢乘，与德宗亦不敢多晤面[3]，处境亦云苦矣。

醇王于光绪十六年十一月卒。外廷领袖遂分属礼、庆两王。醇王所遗总理海军衙门一职，亦由庆王兼任。然此二王，礼则庸碌无能，惟事财货，并善伺太后颜色，以固宠信而已[4]。庆之声誉较礼稍佳，幼颇艰困，由镇国将军渐次递升，甲申政变后，代恭王主总署，始升郡王。下至甲午，乃封亲王。在当时满人贵胄中颇以明干见称。然宦术甚深，遇事多敷衍趋避，不肯担当，亦惟事揣摩太后意旨以自固禄位已[5]。下迄甲午，外廷主政即此二人，欲其力排清议，以弭战谋和，夫安可得！外廷无有力之领袖以沟通内外，震慑大局，此实甲午初期轻率言战，终至惨败之一要因也（参看第二章第三节）。

外廷领袖，由恭而醇，由醇而礼、庆，每况愈下，遂使太后日益

[1] 《李文忠海军函稿》卷4，其光绪十六年十月以前，皆与醇王之函，间亦附醇王来函，可参看。
[2] 参看《清史稿》，页985·3—986·1，《列传》1，《后妃》，《孝钦显皇后传》。按：据《实录》德宗朝，卷231，页13上一下，光绪十二年八月乙酉，懿旨驳御史朱一新奏，云李莲英之随往，乃由醇王之请，但同一懿旨中，亦可见派遣宫监随往之意实先出于太后，醇王乃因以为请，其忧谗畏讥情形，盖可显见也。
[3] 参看《四朝佚闻》，页11上，《醇亲王奕譞》，及《清史稿》，页1007·3—1008·1，《列传》8，《醇贤亲王奕譞传》。
[4] 关于礼亲王世铎之庸碌贪鄙，可参看徐致祥《嘉定先生奏议》卷下，页3上—5下，《纠劾枢臣折》及《清史列传》卷61，页22上，《张百熙传》。此外，晚清人士论及礼王者，印象大略皆同，参看黄氏《撼忆》，页508—509所引徐沅（梧生）《白醉拣话》二则，及顾廷龙《吴愙斋先生年谱》页181所引吴燕绍《跋尊崇醇亲王典礼折》。
[5] 关于庆王作风，参看《四朝佚闻》，页12上，《庆亲王奕劻》一段，惟太略，但由甲午以后直至宣统辛亥，庆王地位日重，而此种作风亦益显明，故终于对满清之亡虽有预识而无所挽救也。

得随心所欲，而朝政则日趋下游，同治以来，中兴气象，至此可谓已全行消失。同时，在内廷，则随德宗之亲政，皇帝与太后之间，亦开始渐起分歧。

德宗于光绪十三年始亲政事。至十五年正月大婚以后，太后遂撤帘归政。初憩三海，十七年以后，则移居颐和园。虽于朝政不复直接过问，而实权则仍在握。凡大政之裁决，德宗皆须随时请示，以秉承太后意旨行事[1]。外廷重臣，亦仍皆太后手加提拔，多年亲信之旧人，与太后之间，声气仍通，奉命惟谨。德宗处身其间，盖不啻为太后与外廷间之承转人而已。

然太后自归政以后，便不复视朝。王大臣非经宣召，亦难有觐见机会。故身为承转人之德宗，虽乏最后裁断之权，而事实上于处理政务之时，亦尚有斟酌损益之余地。固非全同傀儡，惟所能施展之范围则甚有限也。

德宗之所亲信，则为久值毓庆、身任师傅之翁同龢。多年来受翁之影响最大，故其思想见解，遂亦颇与清流士大夫相近。亲政以后，每有疑难，常于书房中与翁密商[2]。而清流时论，亦往往由翁或南书房诸翰林以传达于德宗。遂使德宗之意见，渐与太后不能一致。下迄甲午，乃益显然（参看第二章第二节及第三、四、五诸章之第二节）。

德宗皇后为太后内侄女，夫妻之间，感情不甚融洽。德宗所宠信者，乃为珍、瑾二妃。珍妃尤聪明，得上意。于是皇后与二妃之间，遂不

---

[1] 太后归政后仍握实权，参看《翁日记》册28（己丑年），页7上，正月二十二日，太后召见翁时，所谓："……吾不敢推诿自逸，吾家事即国事，宫中日夕皆可提撕……吾鉴于前代弊政，故急急归政，俾外人无议我恋恋……"又页13下，二月初十日（亲政后七日）云："……现在办事，一切照旧，大约寻常事，上决之，稍难事，枢臣参酌之。疑难者，请懿旨。"又甲午战后，惩办安维峻之上谕，言之尤显明。参看第四章第五节所引。

[2] 翁同龢自德宗初即位，即膺师傅之任，《翁文恭公日记》自光绪元年以后，记德宗之事，几于笔不绝书，关系之特深，极可显见。书房密商，屡见不鲜，甲午以后尤多。

免于对立，因之亦增加太后与德宗间之隔阂[1]。

凡此皆促成后来太后与德宗之对立，终以形成帝后两党之争。盖太后于消除外廷亲藩之权势以后，内廷之中，则又开始新分歧。下至甲午，此种分歧，正方兴未艾，遂使甲午战时之政局益趋复杂矣。

满清统治者核心内之摩擦冲突，大致已见上述。而京朝中，佐治天下之士大夫间，同时亦颇立门户，互相排斥，又各与满人领袖相结以自固，遂使北京政府内部之矛盾益趋深刻、复杂，党争起伏无已。而国家整饬内政与捍卫外侮之工作，皆深蒙其害。

党争之起，始于同、光之际，枢廷以内，沈桂芬与李鸿藻之对立。二人先后于同治中叶入军机，下迄光绪初年，各为时十余载。时枢廷同僚共五人，恭王为首。此外，则文祥及宝鋆皆满人，故枢廷秉笔，不出沈、李。而李尝二次丁忧去职，故沈在军机之资历稍深，诏令主笔，常出其手，但李鸿藻则颇不肯附和[2]。盖沈于外交，颇主张持重，以保和局[3]；李则较迫于士大夫清议，常主强硬[4]。沈为南人（江苏吴江［苏州］），性阴柔，李则北籍（直隶高阳），较质直，故彼此作风亦常凿枘。恭王两用之，而外交事务则多依沈议[5]。宝鋆尤与沈相契[6]，文祥则较重李[7]。后文祥于光绪二年卒，景廉继之，颇平平无所表现，于是枢廷之内，李较孤立，然太后对之则颇信任。自咸丰末年，李即蒙特简，为穆宗师傅。同治一朝，久值宫禁，宠遇

---

〔1〕王照《方家园杂咏二十首并纪事》，页5上一下，曾记贝子奕谟语云："我有两语，赅括十年事：因夫妻反目，而母子不和，因母子不和，而载漪谋篡。"按：王氏此书颇多传闻之词，未可轻信。然此段指明时地及相与谈话之人，似可信。

〔2〕参看《梦蕉亭杂记》卷1，页60上一下。

〔3〕参看《清史稿》，页1411·2，《列传》223，《沈桂芬传》。

〔4〕例如同治九年中法津案，李即主强硬，尝与宝鋆、沈桂芬争于上前，参看《翁日记》册10。同治九年六月十九日，中俄伊犁事，李沈争尤烈，参看《清史稿》，页1411·3，《列传》223，《李鸿藻传》。

〔5〕恭王在外交政策上向主和局，与沈同，而沈又枢廷主笔，故知其必多依沈议。

〔6〕参看《梦蕉亭杂记》卷1，页55上。

〔7〕参看《碑传集补》卷1，页7下，《李鸿藻传》（徐世昌撰）。

甚隆，盖非沈桂芬所得望其项背[1]。而李又笃守程朱理学，负清望，尤喜提掖后进，故同、光以降清流声势初起，其健者仍多倚李为魁首，而枢廷之内，李亦因之颇增声势。

清流在政治上之成为一新兴势力，实始于光绪初年，而其孕育，则在同治朝[2]，盖是时国家复归承平，军功出路又日狭于科举正途。士子之优秀者，多获高第，居京师，厕身翰詹清职，颇以声气相求；从事讲学论政，一时人物如张之洞、宝廷、陈宝琛、黄体芳、张佩纶、邓承修、边宝泉等，其尤著者皆少壮敢言，勇于疵议时政，纠弹大臣，且往往相互声援，合力进言，不达目的不止。太后、恭王等亦颇加优容，疏入，多报可。于是清流声势一时颇震撼内外。而尤着意于打击沈桂芬[3]。沈在枢廷，亦不示弱，光绪三年九月，李鸿藻丁忧去职，沈则荐其门人王文韶，由湘抚入为军机[4]，于是清流益愤。至光绪五年，中俄伊犁条约事起，沈荐崇厚往俄[5]，竟草率定约以归，于是清流大哗，纷起攻击。桂芬欲成和局，而清流坚持议战守，虽由于认识之不同，亦颇杂意气，欲藉以窘沈也。次年正月，李鸿藻起复，再入军机，崇厚则下狱论罪。交涉经年，勉成了局。而沈亦郁愤致疾[6]，于是年（光绪六年）年底逝世。于是李鸿藻始秉笔，主枢政，后年余，王文韶又遭张佩纶、邓承修等猛攻，终于去职[7]。而翁同龢、潘祖荫奉命继入军机。

翁、潘则为清流中又一派（所谓"南派"）之领袖，与沈、王关

---

〔1〕参看《碑传集补》卷1，页6下—9下，本传。至于沈桂芬则一度几由兵部尚书、军机大臣，外调为贵州巡抚（参看《梦蕉亭杂记》卷1，页55上）。相形之下，宠遇不逮李远甚。

〔2〕清流诸健者，大率于同治年间通籍（参看房兆楹、杜联喆合编之《增校清朝进士题名碑录附引得》），下迄光绪初年，大都位居詹、科、道，足以言事。

〔3〕当时清流之恶沈桂芬，可由张佩纶之奏疏函札中见之。参看《涧于集奏议》卷2，页77上—下，《再请罢斥枢臣王文韶折》，及《书牍》卷1，页27上—30上，《致李肃毅师相》两函。

〔4〕参看《梦蕉亭杂记》卷1，页60上—下。

〔5〕参看《李文忠朋僚函稿》卷19，页22下—23上，《复曾劼刚星使》。

〔6〕同上。

〔7〕参看《涧于集奏议》卷2，页69上—83下，有关云南报销案，及三次请罢斥王文韶折片。

系较近[1]，同出于江南浙西人文荟萃之区者也。二人亦屡任考差，门墙众盛，颇着意于延揽人才，翁、潘之名，亦为士林所盛称，又皆久值宫禁（翁在毓庆宫授读，潘则久在南书房），为太后所信任，而翁尤然，于学术则皆重金石、书画、碑版、小学之属，不同于李鸿藻、徐桐（所谓"北派"）一系之重性理经济。士大夫之风习相近者，尤多归之，如李文田、汪鸣銮、吴大澂、廖寿丰、寿恒兄弟，以至后起之健者如盛昱、文廷式、王仁堪、志锐、沈曾植、丁立钧等皆属此派。

自光绪初元至甲申（十年）此十年间，为清流全盛时期，而门户党援亦于此时渐起于清流士大夫之内。李鸿藻一派在当时最称有力，盖李氏受知最早，执政最久，又与恭王友善，门生故友广布中外。翁潘一系则较后起，不如李派势大，然亦颇不相下。潘祖荫入枢不久，即丁忧去职。于是枢廷中汉人军机，惟李与翁。二人表面相安，实际则气味各异。而翁则德宗师傅，太后之宠遇正隆，又与醇王关系最密者也[2]。于是清流两派之对立，遂与恭醇二王之摩擦相结合。下至甲申三月，政变遂终爆发，当时颇传翁亦预谋，亦似可能[3]。而上

---

[1] 翁沈关系参看《翁日记》册 17，页 66 下—67 上，光绪四年十月二十六日；册 18，页 69 上，光绪五年九月十四日，页 97 下，十二月二十九日。《梦蕉亭杂记》卷 1，页 55 下"……南中某侍郎（后官至尚书）素昵文定……"一段，此"某侍郎"即指翁同龢也。参看金梁《近世人物志》，页 207，"荣禄"一段中，自注。翁王关系参看《翁日记》册 22，页 53 下—54 上，光绪九年五月二十一日；页 55 上—56 下，五月二十五日；页 58 上，五月二十九日。

[2] 翁与醇王关系之密，由《翁日记》中可显见。往来馈遗之记不绝，亦屡作深谈，对恭王则否（甲午以后始多）。甲申政变前，且作微词，参看册 23，页 17 下—18 上，三月初四、五两日。

[3] 参看《涧于集书牍》卷 3，页 38 上—下，《致李肃毅师相》所谓："……或云：虞作谋主，兴乐不能再合。……""虞"指翁同龢，盖常熟又称虞山，"兴"则醇王，当时以明之兴献王比醇王也。乐则恭王，以其所居名乐道堂也。翁氏日记于政变前数日，未记与醇王等来往事，然孙毓汶时虽已奉命（二月二十七日）往湖北查办事件（参看《翁日记》册 23，页 16 上），而直至政变前一日，犹未成行（参看《翁日记》，同前，页 2 下，三月十二日记见起入中有孙毓汶、乌拉布）。而孙又醇王所最亲信，与翁亦甚相契者。三人之间，有默契，固甚可能也。此外，盛昱一疏实为甲申政变之导火线。盛亦与翁派关系甚密者，凡此，皆可见翁似不能全脱干系也。

谕处分于李则称："内廷当差有年，只为囿于才识，遂致办事竭蹶……着开去一切差使，降二级调用。"[1]于翁则称："甫直枢廷，适当多事，惟既别无建白，亦有应得之咎，着加恩革职留任，退出军机处，仍在毓庆宫行走，以示区别。"[2]二者之间，轻重抑扬盖可显见，而于朝廷之党援亦加申诫云："……建言者，秉公献替，务期远大，朝廷但察其心，不责其迹，苟于国事有补，无不虚衷嘉纳，倘有门户之弊，标榜之风，假公济私，倾轧攻讦，甚至品行卑鄙，为人驱使，就中受贿渔利，必当力抉其隐，按法惩治不贷。……"[3]盖太后之压抑清流，亦自此始矣。

甲申政变以后，外廷大权掌于醇王，军机诸王大臣、礼王之出，由醇王推荐[4]，诸事惟命是听。尚书（后皆升大学士）额勒和布、张之万皆平平，备位而已[5]。此外阎敬铭管户部（后亦升大学士），较负清名[6]，然至光绪十二年即出军机，侍郎（后升尚书）许庚身则久任军机章京，熟于公事，以敏练称[7]。而侍郎（后亦升尚书）孙毓汶则尤为醇王亲信，往还甚密，遇事多所咨商，故在军机虽居末位，而权力则冠同僚[8]。枢廷实际办事，孙为主，而许次之。光绪十九年，许卒，则侍郎徐用仪入代。徐亦久任军机、总署章京，与许一流者

---

〔1〕见《实录》光绪朝，卷179，页11上—下。

〔2〕同上。

〔3〕同上。

〔4〕参看《清史稿》，页992·2，《列传》3，《礼亲王代善传附世铎传》。

〔5〕额、张之平平无所表现，亦为当时一致之观感，参看《越缦堂日记》册42，《荀学斋日记》己集上，页85下—86上；吴燕绍跋文（见第39页注〔4〕）及徐沅（梧生）《白醉拣话》（同前）。

〔6〕参看《清史稿》，页1413·3，《列传》225，《阎敬铭传》；此外并参看《翁松禅相国尺牍真迹》册5，页7上，与谭钟麟（文卿）函所谓"大农当代清流"及《涧于集奏议》卷2，页70上—下，《报销免造细册易滋流弊折》所谓"尚书阎敬铭素著忠清，长于综核……"，皆可证。

〔7〕参看《清史稿》，页1415·2，《列传》226，《许庚身传》。

〔8〕同上书，页1412·1，《列传》223，《孙毓汶传》。

也^{〔1〕}。毓汶又善结内援，与太后宠阉李莲英亦交厚^{〔2〕}，故地位日固。知太后、醇王之颇厌清流^{〔3〕}，故尤致力打击之，清流恨之刺骨^{〔4〕}，而太后则颇加宠信。醇王卒后，礼王主政，孙则益成枢廷重心，内外竞进者，多趋门下。咸同以降，贿赂之事已渐盛^{〔5〕}，至是而益甚。清流受挫之后，京朝风气亦江河日下。樊增祥（樊山）于光绪十五年九月自北京致张之洞（时任湖广总督）函尝言之曰：

> ……都门近事，江河日下，枢府惟以观剧为乐，酒醴笙簧，月必数数相会。南城士大夫，借一题目，即音尊召客，自枢王以下，相率赴饮。长夜将半，则于筵次入朝。贿赂公行，不知纪极。投金暮夜，亦有等差。近有一人引见来京，馈"大圣"六百（"大圣"见面，不道谢），"相王"半之（道谢，不见面），"浈长"二百（见面，道谢），"北池"一百（见面，再三道谢），其"腰系战裙"者，则了不过问矣。时人以为得法。然近来政府仍推"相王"为政，"大圣"则左右赞襄之，其余唯诺而已。……^{〔6〕}

函中所谓"大圣"指孙毓汶；"相王"则礼亲王世铎；"浈长"则影射许姓，指许庚身，盖许慎于东汉时曾为浈县长也；"北池"则指张之万，时住北池子也；"腰系战裙"则指额勒和布，盖当时谑者以此二者为联语也。由此，诸人受贿之多寡，亦可反映其权势大小。而在

---

〔1〕 参看《清史稿》，页1459·1，《列传》253，《徐用仪传》。

〔2〕 参看张伯桢《南海康先生传》（沧海丛书本），页15上—18上。

〔3〕 当时太后之厌清流，乃无可质疑之事。醇王之态度，参看袁昶与张之洞之函中所谓："新授福州将军希元……燕见邸第，闲谈及宝竹坡、张幼樵、陈伯潜，此三君大言无实。我在位一日，决计不用此三人云云……"（见《袁忠节公手札》上册，页3下）

〔4〕 甲午时，文廷式参孙毓汶一折，尤足反映清流与孙对立之甚。参看《谕折汇存》（慎记书庄，石印本）卷14，页55上—56上，《特参孙毓汶折》。按此折无署名，经考订，知即文折。详见第四章第五节155页注〔1〕。

〔5〕 参看《祺祥故事》，页5上。

〔6〕 原函见黄氏《摭忆》，页247—250。

上者之太后，则尤以卖缺[1]增私储，供挥霍。三海、颐和园亦于此时大兴土木。盖自醇继恭之后，朝政乃益难整饬，《越缦堂日记》所谓"易中驷以驽产，代芦菔以柴胡"[2]，诚为的论也。

甲申政变以后，李鸿藻一系，首遭打击。李氏本人，由协办大学士，降调为内阁学士。下至光绪十三年，始再升任礼部尚书[3]。李系健将宝廷先于光绪八年睹朝局日非，借纳妓自劾罢[4]。张佩纶、陈宝琛则于光绪十一年获严谴。张以马江之败，又坐保举非人，罪至革职[5]，遣戍。陈则以内阁学士降五级调用[6]，告归田里。邓承修于奉派往桂越边境，勘中法界归来后，亦告退[7]。此外如赵尔巽、文硕亦皆远调黔、藏[8]，疆吏如鹿传霖、边宝泉、李秉衡皆先后于光绪十一、十二、十三年告归[9]。云南藩司于荫霖亦于十二年坐事落职[10]。张之洞在两广总督任，亦不自安，数次请辞，而以太后眷顾未衰，醇王尤加支持，故独得无事。然亦屡受掎扼矣[11]。

孙毓汶之打击清流，初集中于李鸿藻一系，然翁、潘一派则同时亦感威胁，盖清流虽自分门户，而其在政治上之风格，则无大异；主张之偏重，容或不同，而其重礼法、崇俭德、嫉贪佞、恶鄙俗，则一。

---

〔1〕参看《祺祥故事》，页5上；并参看第四章第五节所引翁同龢《日记》言太后卖缺事。

〔2〕见《越缦堂日记》，《荀学斋日记》己集上，页13上，甲申三月十七日。

〔3〕同页42注〔1〕。

〔4〕参看黄氏《摭忆》，页328，记宝竹坡（廷）卒时，陈弢庵（宝琛）赋诗志悼一段。而寿富《先考侍郎公年谱》，尤可于语意中隐约见意。参看《嘉定长白二先生奏议》中之《长白先生奏议》，《年谱》，页22下—26上，光绪八、九两年。

〔5〕参看《清史稿》，页1422·3，《列传》231，《张佩纶传》。

〔6〕参看陈宝琛《陈文忠公奏议》（闽县罗江陈氏藏版）卷首《墓志铭》，页2上—下。

〔7〕参看《清史稿》，页1423·1，《列传》231，《邓承修传》。

〔8〕参看吴燕绍跋文（见44页注〔5〕），页181—182。

〔9〕参看《清史稿》，页1414·1，《列传》225，《鹿传霖传》；页1430·3，《列传》235，《边宝泉传》；页1459·3，《列传》254，《李秉衡传》（并参看页895·1，《疆臣年表》8，光绪十三年）。

〔10〕参看《清史稿》，页1430·3，《列传》235，《于荫霖传》。

〔11〕参考《抱冰堂弟子记》（全集本），页28上—29上及《张文襄公年谱》卷3，页6下—12下，光绪十一年至十三年间。

此与甲申以后，太后所倡导之奢侈贿赂、宴游逸乐作风，实有日益格不相入之势，而清流之好为高论以品评时政，则尤为牢不可破之风气。孙毓汶辈之排斥清流，使朝士缄口，庙堂寂静，翁潘一系亦同受压抑，而朝政日非，彼等亦深所痛心。于是反对孙毓汶，遂成清流全体一致之态度。孙本亦殿试鼎甲，词臣出身，与翁同龢于咸丰六年同榜及第，又久为世交，私谊颇厚[1]。至此遂因凭借之异，而日分歧。醇王死后，冲突尤甚，下迄甲午，乃成水火。

甲申以后，清流虽不得志，然其潜势力则未可忽视，盖科举考试按期举行，翰苑首长，以至学使、考官，仍多清流之俦，逐年拔擢新进，后起之秀，正复日增。是时则翁、潘门下日盛，又驾高阳而上之，如文廷式、张謇等甲午时主战派健者，皆于此时崭露头角。潘祖荫于光绪十六年卒，于是清流领袖，京中则翁、李并称；京外则张之洞久任疆吏，亦留意人才，培育后进，名重于士林。

德宗亲政，醇王逝世，翁同龢以帝师日侍左右，得君最专，于是清流颇因之又渐抬头。下迄甲午年初，负清流重望之李秉衡重获起用，出任皖抚，乃由德宗之命，而非如向来之由枢臣进拟矣[2]。而翁同龢一派尤与德宗关系密切，遂成后来"帝党"之基干。甲午战起，清流乘势反击，大事活动，力主战，合力排击李鸿章、孙毓汶辈，遂终促成政局之新变迁，而翁同龢一派尤为其主力焉。

综上所述，自同治初元，下迄甲午，三十年间，北京朝局，实日益由合趋分，由振作趋腐朽。以此而言自强，盖诚南辕而北辙，益以前二节所述之两大困难横亘于前，遂使当时中国即在可能范围内谋有限度之自强，亦无可能矣！

三十年来，北京朝廷之最高领袖为慈禧太后，后之为人，才力足

---

[1] 翁孙旧交，参看翁同龢《瓶庐诗抄》（翁永孙编，常熟开文印刷所印本）。

[2] 参看《李文忠公尺牍》，册27，页27下—28上，《复皖抚沈》所谓："……近日圣明亲操用舍之权，又值言官竞厉锋距之会……"及页35下—36上，《复湖南抚台吴》所谓："迩日用人，多出宸断，与从前枢廷进拟者不同。……耳目为之一肃……"

以控驭群下于一时，而学识则远不能相副。对于当时中国所处之变局，以及敌我强弱之悬殊，实无根本之如实体认，故对外于甲申中法、甲午中日皆尝一怒而言战[1]。甲午一役，遂终于一发难收。后迄庚子，乃至信任义和团，倚以御洋枪洋炮，见解认识之不足，可想见矣。惟其如此，故平时对于新政建设亦未尝深感急需，虽不似当时守旧势力之深具成见，而其不甚措意之情形，则可显见也。

对内则太后之兴趣亦主在于权力及享受，而乏长治久安之远图，故其为政，因应敷衍，无所兴革，所亲信亦多浅识小人。而所致力以求有成者，则扶此抑彼，以去异己，与夫大兴园苑，从事游乐而已。盖己身为女主，受当时环境之限制，自幼无由得充分之教养所致也。

李鸿章早于光绪元年时即尝慨叹曰："……但冀因循敷衍十数年，以待嗣皇亲政，未知能否支持不生他变。焦悚莫名！"[2]语意之间，对太后之失望，可以概见。夫中朝政局，晚清五十年之历史，系于斯人之手，中国之自强亦难言矣！

---

〔1〕甲申时，太后之一度主战，参看《越缦堂日记》，《荀学斋日记》已集上，页86上，甲申七月初三日，记太后与盛昱语；甲午时，详下章第三节。
〔2〕见《李文忠朋僚函稿》卷15，页106，《复鲍华潭中丞》。

第2章
自发端至宣战

第一节　李鸿章之观点与措施

甲午战争之导火线为朝鲜东学党之乱，乱事早酝酿于一二年前，至本年三月（公历4月）间爆发[1]。而中国政府于四月初四日（公历5月8日，以下诸注省"公历"二字）开始注意及之[2]。是时李鸿章方会同东三省练兵大臣定安出海校阅北洋海陆军及沿海防务也[3]。

四月二十三日（5月27日）校阅完毕，回抵天津。二十五日（5月29日）与定安会奏校阅情形。于海陆军之操法、射击技术，各地炮台之坚固与威力，皆颇致称许，然于奏折之最后部分，则仍提出中国海军之基本弱点，而深表忧虑。其言曰：

> 窃查［光绪］十二年醇贤亲王巡阅北洋复奏疏内，预筹各口办防形势，谋虑至为周详，而尤谆谆于添置船艇、慎固陆防、推广学堂三端，实为不刊之论。西洋各国以舟师纵横海上，船式日

---

[1] 参看王信忠《中日甲午战争之外交背景》（以下简称王信忠书），页146—152。
[2] 《李文忠电稿》卷15，页31上一下及《交涉史料》卷13，页5下（940）关于东学党变乱事之最早记载，皆在四月初四日。
[3] 参看《李文忠奏稿》卷78，页13上，《检阅海军竣事折》。

异月新，臣鸿章此次在烟台、大连湾亲诣英法俄各铁舰，详加察看，规制均极精坚，而英尤胜。即日本蕞尔小邦，犹能节省经费，岁添巨舰。中国自十四年北洋海军开办以后，迄今未添一船，仅能就现有大小二十余艘，勤加训练，窃虑后难为继。至先后添置鱼雷艇十三只，经道员刘含芳教练精熟，以之守口，尚足自防。……以上三事（按另二事为慎固陆防与推广学校），仰体醇贤亲王缔造未竟之志，频年设法布置。终以限于财力，未能扩充。臣鸿章忝膺海寄，久领北洋，任重责专，时深悚惧，惟有随时与总理海军衙门量力筹商，固不敢以规模粗具，偶涉疏虞；尤不敢以饷力未充，稍存诿谢[1]。

此折上后二日，而朝鲜东学党陷全州，声势日张。韩廷随即乞师于中国，中国出兵，日本继之。乱旋定，而日军续至，拒绝中国方面共同撤兵之提议，随即于五月十三日（6月16日）提出中日共同改革韩政案，中国拒绝之，并促日撤兵。迨及五月十九日（6月22日）日本陆奥外相以其所谓"第一次绝交书"照会中国，声明决不撤兵之后，中国方面始渐感到局势之严重[2]。

五月二十二日（6月25日）北京军机处密寄上谕与李鸿章，嘱令做万一之备，勿落后着，略曰：

现在日本以兵胁议、唆使，朝鲜怔忡惶惑，受其愚弄，据现在情形看去，口舌争辩已属无济于事。前李鸿章不欲多派兵队，原以衅自我开，难于收束。现倭已多兵赴汉，势甚急迫，设胁议已成，权归于彼，再图挽救，更落后着。此时事机吃紧，应如何及时措置，李鸿章身膺重任，熟悉倭韩情势，着即妥筹办法，迅

---

[1] 参看《李文忠奏稿》卷78，页16下—17下。
[2] 自中日出兵至陆奥提出其所谓"第一次绝交书"之详情，参看王信忠书，页175—179。

速具奏。前派去剿匪之兵，现应如何调度移扎，以备缓急之处，并着详酌办理。俄使喀希呢留津商办，究竟彼国有无助我收场之策？抑另有觊觎别谋？李鸿章当沉几审察，勿致堕其术中，是为至要……[1]

李鸿章之处境，在当时甚为孤独，彼以数十年应付西方列强与夫建设新式国防事业之甘苦经验，对于人我实力之悬殊，自身军备之弱点，实较同时当政诸人更为明了，北洋所有之实力，以之自守，尚可勉足敷用；战于境外，虽蕞尔日本，胜算亦所难必[2]。远在乙酉（光绪十一年）中日津约初定之时，李鸿章即有"大约十年内外，日本富强必有可观，此中土之远患，而非目前之近忧，尚祈当轴诸公及早留意是幸"[3]之语。迄至甲午，恰符其时。日本国力之增长，李鸿章自较明了，故五月十二、十三日（6月15、16日）日本大军登陆仁川之时，驻日使臣汪凤藻及驻韩总理袁世凯等皆请速遣大军入韩，使日本慑于中国军力以知难而退[4]。李鸿章则对此建议并不重视。彼固深知：时至甲午之际，已非复壬午、甲申时之情势。中国兵威实不足以震慑日本，使之就范也，此种认识在当时执政大臣中，几无第二人。袁汪之观察与建议仅就表面一时之形势而言尔，观夫后来马、丰、左、卫四大军到平壤后，屡次请增兵以便向汉城前进，而枢廷北洋竟无以应之之窘态[5]，盖可思过半矣。

日本此次出兵自始即拟乘此恢复其甲申事变以来消退之在韩势

〔1〕见《实录》德宗朝（此后所引《实录》皆为德宗朝，故皆略去"德宗朝"三字），卷341，页6上—下。

〔2〕此由甲午年六月初二日李鸿章《复陈海陆兵数折》论北洋防务之语中，尤可见出，原折见《交涉史料》卷14，页4下—5下。

〔3〕语见《李文忠译署函稿》卷17，页8下—9上，《密陈伊藤有治国之才》中。

〔4〕详情参看王信忠书，页215—218、223。

〔5〕马玉崑等原电及枢廷北洋措施，参看《李文忠电稿》卷16，页48上—49上及页57上—58下，《寄译署》。

力，抱有不达目的不惜一战之决心，此则中国方面自李鸿章以次皆懵无所知[1]。故李鸿章于应付日本之行动时，实亦具有一错误之基本假定，以为日本终不敢悍然不顾国际情势而遂发动战争[2]。其挑衅不过是一种姿态以求有所得于他日而已。中国自身实力既不足恃，故以避免一切足以刺激日人感情，使之有所借口之行为为上。因此遂极力不主张增兵，且嘱驻韩清军镇静，避免发生事端，而真正之希望与努力则寄于国际调停；竭力怂恿在远东大局有决定性影响之英俄两国出面干预，而尤寄希望于俄。在对日交涉上则坚持不让，以待调停时还价地步[3]。以为日本小弱，终将有所顾忌，而不得不谋妥协，战争因之将可避免。夫如是，则贸然出动大军，既属多余，反有"积疑生衅，致坏大局"[4]之可能，且亦多耗饷糈[5]，固为甚不智之事也。

　　迨至五月二十六日（6 月 29 日）连接袁世凯及驻英公使龚照瑗之电报，报告日本第二批大军在韩登陆，并逼韩自承非华属国；及获日本在英购雇舰船备大举之消息后，李鸿章之错误假定始渐动摇[6]，开始分电译署、牙山叶志超军及刘公岛海军作万一之备[7]。然于国际调停则仍存厚望；于军事之布置，仍无具体之规划，直至六月十二日（7 月 14 日）接到日使递到陆奥所谓之"第二次绝交书"之后，始积极调遣大军入韩[8]。是时，日军在汉城久已部署完成[9]。而北京

〔1〕详见王信忠书，页 156—159、214—219、223。
〔2〕观当时李鸿章与叶志超、丁汝昌数次电报，一再言"当无战争"，"彼断不能无故开战"，"日……并未与我开衅，何必请战？"等可证，见《李文忠电稿》卷 15，页 46 下《寄叶军门》；页 51 下《复叶军门》；页 52 下《复刘公岛丁军门》。
〔3〕详见王信忠书，页 199—213、214—220。
〔4〕见《李文忠电稿》卷 15，页 44 下—45 上，《复朝鲜袁道》。
〔5〕《交涉史料》卷 14，页 5 下（1072），李鸿章奏折末所谓："……如果挽回有术，少用一分兵力，即省一分饷需，惟事机已迫，但可备而不用，不可用而无备……"甚足表示李氏之此种意图，盖彼多年来办理洋务，常蒙靡费之讥，故一有机会常加表白也。
〔6〕参看张佩纶《涧于日记》，甲午上，页 89 上，五月二十六日。
〔7〕见《李文忠电稿》卷 15，页 54 上—下，五月二十六日所发诸电。
〔8〕详见王信忠书，页 218—223。
〔9〕日军在汉城之部署，参看《李文忠电稿》卷 16，页 4 下—5 上，《寄译署》。

朝野之士大夫已纷起指摘，中旨切责不满之词亦已非止一次矣。

英俄两国当时虽皆不愿日本之侵韩以破坏远东均势，然彼此间之猜忌颇深，适成隐相牵掣之局。日本于此颇为洞悉，故谨慎应付之余，仍得畅行己意，而李鸿章之努力则全部失败[1]。其外交上之强硬，适以促成谈判之决裂，而军事布置之消极，更予人以"贻误"之口实。迨战事爆发，李氏遂成众矢之的，而百口莫辩矣。

第二节　主战派士大夫之观点

五月十二、十三日（6月15、16日）日本大军五千余人，在朝鲜仁川登陆，随之日政府即提出共同改革韩政之要求。中国与之交涉撤兵，无有结果，至五月十六日（6月19日）而日本"留兵协议善后"，以别有所图之野心，已至为显明[2]。中朝内外开始感到局势之严重，士大夫集团亦开始对李鸿章隐忍妥协，不肯增兵备战，而惟事寻求外援之做法，不能忍耐。

当时京中士大夫对中日之争端几皆主强硬，清流人物尤慷慨陈言，力持战议，而其所以主战之理由与夫终以促成战端之论据，犹可于今存之主战人士奏疏中见之。兹选录数通，依时日列举于后，以见当时主战派之观点。

五月十九日（6月22日）御史褚成博首先疏请饬令北洋增兵朝鲜，略曰：

　　……臣顷闻日兵已上岸，分据要隘。朝鲜人心惶惶，国主思遁。经汪凤藻、袁世凯等各将此情电达李鸿章，请求添发援师。而李鸿章初则不以为然，继仅加添一二艘前往，数不足与日兵相敌，

---

〔1〕俄英先后调停，皆归失败之详情，见王信忠书，页199—213。
〔2〕详情参看王信忠书，页169—179。

何能壮声威而折狡谋？伏思朝鲜接壤中国，为我东藩……今若为日本所蚕食，不特藩篱尽撤，有唇亡齿寒之虞，且俄罗斯沉几观衅，久欲肆其东讨，万一为彼所乘，后患更不堪设想。相应请旨飞饬李鸿章酌派威重晓事之统将，添带师船，速往镇抚，切勿为彼族所愚弄，致悔噬脐。至于军情，瞬息百变，并请谕饬该大臣，将一切布置细情随时电奏……[1]

此折上后，北洋仍无增兵消息，而寻求外国干涉之活动，乃益积极。日本方面则态度行动亦益强横[2]，中国士大夫对李鸿章不满之情绪，因之益增。六月初二日（7月4日）褚成博（时已转任给事中）再上疏曰：

  ……闻袁世凯等电催北洋添兵之时，有俄国使臣暗中劝阻，故李鸿章坚不允添。嗣有英国某领事面谒李鸿章谓彼肯发兵助我，李鸿章深信不疑，竟欲倚以集事，臣初闻此语，恐系传述之讹，故前折未敢冒昧直陈。但请饬李鸿章勿为彼族所愚弄，乃旬日以来细加访查，众口金同，不禁愤懑太息者累日。夫阻我益师，实欲坐收渔人之利，至自请助我，无论真伪难知，即使出于至诚，而事后多方市惠，娄索兵费，强增条款，甚且暗唆各国恣扰海疆，阳居排解之功，阴遂要求之计。此等举动在彼已成惯技，不待智者而后知。李鸿章历练老成，任大责重，何至任凭播弄，堕其术中乎？闻此次日强加兵于韩，各国因其扰碍商务，群以为非。英苟自为护商起见，撤兵往韩，我固不必过问，若我求其相助，致令他日有所借口，肆意索偿，则后患何可胜言！相应请旨，饬下总理衙门暨李鸿章与英说明：如彼自愿发兵，与我无涉，万不可由我乞请，致贻无穷之害。倘日后有丝毫需索，定惟该大臣等是

〔1〕见褚成博《坚正堂折稿》卷1，页14上—15上，《请饬北洋增兵镇抚朝鲜折》。
〔2〕详情参看王信忠书，页199—225。

问！如此豫为布置，似可永断葛藤……[1]

又附片请严旨责成李鸿章妥速筹战，略曰：

> 再日本蕞尔岛国，外强中干，久为寰海所共知。我中华讲求海防已三十年，创设海军亦七八年，恭读本年四月上谕：李鸿章调集南北洋轮船合操，并将水陆各营校阅，技术纯熟，行阵整齐，各海口炮台船坞，亦一律坚固，办理渐著成效。李鸿章督率有方，着交部议叙，等因钦此。伏读之下，方欣武备修举，可恃以镇靖海氛，乃区区一日本，而亦退避不遑，且欲求助他国，然则前奏之粉饰欺妄，百喙何以自解？应请旨饬李鸿章速告日本以目前韩乱已定，令其克日撤兵，彼能遵约则已，若仍悖礼胡行，惟有决意主战，大加驱剿，兵威既振，以后办理交涉事务，自能就我范围。前法国构兵时，我师谅山一捷，法都震慑天威，举国嗟怨，将其外部花利罢黜，仓卒乞款。盖必能战，而后能守，乃不易之理，惟三军勇怯，全视主帅为转移。苟非李鸿章激发天良，感厉将士，恐此事终无把握。伏恳严旨责成该大臣，妥为筹办，不准稍涉因循，是为至要……[2]

主战派之清流士大夫此时往来频繁，日益活跃[3]，而外交上俄国之调停失败，初七日（7月9日）由英国公使竭力促成之中日直接谈判，亦毫无结果。中国在外交上之强硬已昭著于世，然军事上之准备则并不足以相副[4]。凡此益使主战论者之立场稳固，并得痛斥李鸿章等

---

〔1〕 见《坚正堂折稿》卷1，页16上—17上。
〔2〕 同上书，页18上—下。
〔3〕 当时清流士大夫之活动，今犹可于翁同龢《日记》中窥见一部分，参看《翁日记》册33，页52下，六月朔以下一二十日之宾客来往情形。
〔4〕 详情参看王信忠书，页199—225。

贻误之口实。

六月初十日（7月12日）御史张仲炘、翰林院侍读学士文廷式，皆上奏折论东事，张折略曰：

> 窃惟……法越一役，朝廷虽声罪致讨，糜费无数。谅山甫捷，款议旋兴，未能穷我兵威，聊以自固边围。滇粤防饷，岁增数百万，殆无已时。论者咸归咎于昔日办理之宽，然犹可曰，地处边陲，不防示以宽大也。今日本……存心叵测，夫人而知，乃直隶督臣李鸿章，观望迁延，寸筹莫展，始则假俄人为钳制，继则恃英人为调停。夫所谓调停者，不过分为保护，如越南故事尔。不意李鸿章办洋务数十年，乃甘堕洋人之术中，而不知悟也。查朝鲜与东三省壤地相接，为我国家势所必争之地。日固窥伺，俄亦垂涎，英人复眈眈焉视其侧，而莫敢先发者，以地属中朝耳。今日傥归之日本，异日必属于俄人，何也？日愚而俄狡，日弱而俄强，日既如愿相偿，俄岂甘心退让？尤虑英人凶狡，据巨文岛以启衅端，如既以保护之权让之日本，势不能以藩属之说责之英俄。……势逼津沽，祸连三省，后患有不堪设想者，及今之时，朝鲜未遽离心，日本未甚得志，计惟有速行决战，借以存彼弱国，卫我边疆，绝各国觊觎之心，夺日本骄矜之气。惟事属大举，调度首在得人。李鸿章久历戎行，必能办此。第其左右使令，渐染洋气颇深，又英法诸国之人，亦皆不利于我之用兵，势必以恫吓之词阻扰大计，甚或多方误我，摇惑人心。臣愚，窃以为持志贵坚，审几贵决。如果皇上赫然震怒，事在必行，则请严旨责成李鸿章，令其壹意决战。倘日本妄思保护，朝鲜或致覆亡，即惟该督是问。……尤须令其打破谜团，勿恃局外之调停，勿听敌人之愚弄，总期事克有成。臣思日本之举，固有图朝鲜之意，而亦未尝无畏中国之心，我果奋发有为，彼必知难而退。从前朴、金乱党，日人与为勾结，我兵骤进，彼即退避不遑，前车可鉴。如徒与之

婉为商说，徐待调停，势必得志益骄，不如其所欲不止。……或谓不可战，而朝鲜固不保；战而不胜，将奈何？臣谓无论胜与不胜，朝鲜断不可弃，日本断不可和。惟有力与之争，期于必克！……[1]

文廷式折则对开战一事，认为已无须讨论，而着手提出为进行战争应办事项，并指斥李鸿章部下若干将领之不堪任使，其词略曰：

……此次倭人无故忽用重兵，名为保商，实图朝鲜，亦人人所共知也。事涉数月，而中国之办法尚无定见，北洋之调兵亦逡巡不前。近闻倭人于朝鲜南五道已改官制，设炮台，征商税，又以四条挟我必不可行。而议者尚怀观望，是使中国坐失事机，而以朝鲜俾倭也。夫以西洋强敌，越南之事，中国犹不惜竭兵力以争之。故能稍安十年。今以区区倭人而令得志如此，数年之后，天下事尚可问乎？臣以为事无可疑，敌不可纵，谨就愚见所及，酌拟数条，为我皇上密陈之。

一曰明赏罚。中国练海军已近十年，糜费至千余万，责以一战，亦复何辞？然臣不能不谅创始之难也。顾臣所不可解者：倭人之练海军，亦不过二十年，何以此次出兵，北洋即不敢与之较？臣闻丁汝昌本一庸材，法越之役，避敌畏惧，至于流涕。畀以提督重任，实属轻于择人。又海军驾驶尽用闽人，党习既深，选才亦隘。查英法水师章程，科条严密，人以为苦，而中国则保举既优，得利尤厚，人每视为美差。而于测量、驾驶、炮准、阵法讲求之人，十无二三，又复赏罚不公，贤愚莫辨，故不待有事而皆知其无用矣！臣又闻叶志超近日亦有退保平壤之议。查牙山僻处一隅，已失地利，然犹足牵掣倭人汉川之师，若退扎平壤，则王京以南尽为倭有矣。应请旨切责丁汝昌、叶志超等，务当实力抵御以待兵

---

[1] 见《交涉史料》卷14，页21下—22下（1130）。

集。如有怯懦退避情节，必用军法从事；使其畏国法，甚于畏倭人，或可以收尺寸之效。其偏裨中有深通兵法能立功效者，应请不次超擢。从来战事，即练兵之实，此古人经武之大法也。臣检各国师船表：倭人铁甲不过数艘，中国若能实事讲求，一转移间，不难与之折冲海上也。

一曰增海军。……令各省合筹三四百万金，速购铁甲船一二号，快船七八号，配足军械，挑选水师，会同现在南洋闽粤各船，梭巡海道。北则游弋于对马、长门之滨，南则伺察于长崎、横滨之口，则倭人亦将多方设备，外足以分其谋韩之力，内足以生其下怨之心，而我之定海、台湾、琼州等处，皆得互相联络，将来南洋水师即可由此经始，此一举而数善备者也。

一曰审邦交。法越之役，倭人阴以兵助法，故法人德之，英人喜倭之改制，引为己类。俄人之欲得朝鲜，尤甚于倭。此次三国出而调处，其无实心求益于我，较然可知也。然以各国形势论之，则朝鲜之在东方，犹土耳其之在西方，土耳其扼黑海之冲，俄不得之，不能逞志于西洋；朝鲜扼黄海之冲，俄不得之，不能逞志于东洋；故居朝鲜之旁，而眈眈虎视者，俄之可畏，较甚于倭。倭人亦知之，故凡其积年筹划，伺便猝发者，非独与中国争一日之长，亦深虑俄人占一着之先也。今者，内揆国势，外察敌情，万一果开兵衅，中国仅与倭争体制，各国必袖手旁观，倭人或阳予我以朝贡之名，而阴己得取朝鲜之实。若中国意之所在，存朝鲜以拒俄，则英德诸国，见我之老谋深算，虑无不竭力维持，以保东方大局者；倭人知中国能见其大，兼隐受拒俄之益，亦必降心回虑，与中国别筹协力之谋，此天下大势所存，利害非一国受之，权力亦非一国能专之。将来为战为和，为迎为拒，皆当本此以相衡，此时英人之言，意或在此。近闻北洋大臣颇倚信俄人韦贝之说，臣闻韦贝在朝鲜时，譸张为幻。此次急于出京，必将逞其诡谋自益而损我，应请特谕总署，勿为所惑。至倭事既定，我之谋朝鲜者，或量为改制，或特设重兵，当预筹一劳久安之计，是在圣谟之密运尔。

一曰戒观望。总署之设，原以办理洋务，而非以遥制失机。前者法越之役，各省事事禀命于总署。典兵者既预为卸责之地，总署遂隐窃本兵之权。顾忌太多，兵家之大忌也，且各国之事，如法人，方言和，而兵已攻基隆矣。俄人未尝失和，而兵已取帕米儿矣。此时倭兵之在朝鲜，未必不师其故智，以和议欺总署，而伺便一击。中国前敌诸军，未接电信。虽有利便，不敢开炮，是常处于后，而让敌以先，万无胜理！应请旨饬下北洋：无论旧练新募，速调万人，或由海道以迫汉川，或行陆路以趋王京。务使力足以敌倭人，如彼有狡然思逞情形，则我军不妨先发，一切可以便宜从事，惟不得借口退兵。致于军法，总署则但司传电及条款诸事，而不复遥制军情，似亦补偏救弊之要着也。

以上数条，臣见闻褊隘，不能详悉。至于奇谋秘计，瞬息千变，亦非纸上所谭。顾臣所深虑者：李鸿章立功之始，借资洋人，故终身以洋人为可恃；而于中国治法本源，军谋旧法，皆不甚留意。至今日，而天下之利权，归于赫德，北洋之兵权制于德璀琳。故一有变端，彷徨而罔知所措，必然之理也。淮军之驻天津，已二十余年，宿将劲兵十去六七，今所用者大抵新进未经战阵之人，虽无倭、韩之衅，他日正烦宸虑。臣以为宜令李鸿章慎择将弁中忠勇朴诚者，列保一二十人，送部引见，候旨录用；或即分统各营，或令身临前敌，庶使将士皆知共戴天恩，感奋思报，亦驭将之一术也。至朝鲜之事，有争无让，事在不疑。尤望宸断，始终坚持，不为浮议所惑，则各邦不至环而生心。此治乱之大关键也。……[1]

自此以后，上书言战者，纷然日盛。六月十四日（7月16日）太

---

〔1〕 见《交涉史料》卷14，页23上—24下（1132）。

仆寺少卿岑春煊奏云：

> ……窃惟朝鲜一国……实为要隘之区，故历朝不惮劳师糜饷，
> 务臣其国，况今日逼近神京，尤关紧要。……李鸿章闻该国有乱，
> 亦曾遣兵前往保护，乃日本见我军单弱，意存恫吓，乘机举兵压
> 境，以觇动静。其心至险，而其师无名。若当时以大兵直前，张
> 我天威，晓以利害，何尝不可折服其心，褫栗其志？乃使该夷先
> 据险要，添兵密布，借此要挟。以前既失其机宜，此后当亟为挽救。
> 而外间议论，有云已许日本保护者，又有云各国出来调处，已许
> 各国公同保护者，传说纷纷，骇人听闻。臣愚，窃以为万万不可
> 出此，何也？若许日本保护，是启外国无厌争心，若许各国公同
> 保护，则朝鲜已明明非我属国矣。且无论日本保护，各国公同保护，
> 而在我门户一失，东三省及北洋各海口均防不胜防，后患何堪设
> 想？为今之计，与其后日添防，老师匮饷，靡有穷期，何若今日
> 临以大兵，示以必战？倘该夷自揣理屈，退兵守约，诚国家之福，
> 设仍相抗，即以一战挫其凶锋。想北洋诸军训练已非一日，不得
> 谓之不精。区区日本，何足惧哉！伏愿皇上统筹全局，坚持定见，
> 饬下李鸿章整军经武，极力保卫，不得意存苟安，失我藩服。臣
> 非不知时事艰难，兵连祸结，繁费无等。然朝鲜为北洋一大关键，
> 势所必争，况借此奋扬神武，使海外不逞之国，有所震慑，并免
> 将来无穷之患，时局幸甚！天下幸甚！……[1]

六月十五日（7月17日）礼部侍郎志锐疏云：

> ……本年朝鲜东党乱起，日本假更张朝政为名，调集重兵，
> 分屯要害，汉城、仁川一带，日人俨然据为己有，筑台运械，布

---

〔1〕见《交涉史料》卷14，页33下—34上（1162）。

置周密，势将幽置国君，迫胁官民，一切财赋政教无不唯命是听。试思政事既易，人民土地有不同归日人者乎？往者朝鲜之于中国，尚有属国之名，今恐并其名而失之矣！……朝鲜既为所据，夷情叵测，屡败盟约，若以铁舰横行洋面，我则津沪不通，若以陆师内指边门，我则奉吉俱震。……此朝鲜得失，为我朝大局所关，不得视为乡邻之斗也。奴才近日证以传闻，参诸洋报，皆言北洋大臣李鸿章与译署大臣主持此事，一味因循玩误，辄借口于衅端不自我开，希图敷衍了事。奴才愚见，窃以为有大谬不然者。何也？……今日人之据朝鲜，以四条挟我，俨然有开衅之心，我若急治军旅，力敌势均，犹冀彼有所惮，不敢猝发，是示以必战之势，转可为弭衅之端。不然，则我退而彼进，虽欲求无衅不可得也。又闻该大臣等事既急切，专恃外国公使从中调处，借作说和之客，以图退兵之计。事起之初，则赖俄使；俄使不成，复望英使；英使不成，又将谁易？无论俄踞海参崴及库页各岛；英踞巨文岛窥伺东海，与日人交情素昵，即令偏袒向我，则我既无可恃之势，又无可假之权，全凭口舌折冲；虽俄英各使，逞辩苏、张，果能化弱为疆，强日人以就我范围乎？此又事理之不易也。综计中日交涉以来，于台湾，则酬以费；于琉球，则任其灭；朝鲜壬午之乱，我又代为调停；甲申之役，我又许以保护；我愈退，则彼愈进，我益让，则彼益骄。……一误再误，则我中国从此无安枕之日，可不虑哉？！以势所必争之日本，与绝不可失之朝鲜，彼则着着占先，我则面面受制，为今之计，应请皇上宸衷独断，速饬北洋大臣李鸿章厚集兵力，分驻高境，克期进发，迅赴事机。……兵齐之后，权势维均，然后徐议更张，详订新约。敌情本有虚实，边患更有重轻。壮我之气，而后可以讲和；充我之力，乃亦无妨言战。届时即意见参差，或者俄、英各使出作调人，庶其竭力转圜，始觉挟持有具也。东渡各营，最谬妄者直隶提臣叶志超，海军提臣丁汝昌，派赴朝鲜在日人之先，而铁舰不扼仁川，陆军不入汉城，仅驻仁川附近之牙山岛，自为犄角险要之地，拱手而让之外人。外间舆论，至有"败叶残丁"之诮，不孚群望，可想而知。该统将等首鼠不前，意存观望，纵敌玩寇，夫复何疑？！……此皆玩误之尤，应请严旨，饬其速扼要地。再敢瞻循畏缩，立予重惩。总之军国大计，利害所关甚重，要藩岂容轻弃，而狡夷非可缓图，衅端不可妄开，而兵力实宜震慑，势无可缓，计不必疑……[1]

六月十七日（7月19日）支科掌印给事中余联沅疏云：

伏思朝鲜为中国藩属，四裔皆知。而日人不遵公法，肆其凭凌，是欲蹈袭取琉球之故智也。夫琉球远在南徼，中国意存宽大，暂不与较可尔，若朝鲜屏蔽登莱，肘腋辽沈，卧榻之侧，岂容鼾睡？日人不欲争之，则已；日欲争之，势非用兵不可，夫日人事事效法西洋，处心积虑觊觎朝鲜，已非一日。北洋大臣李鸿章，以老成宿望，当锁钥重寄。万一兵戎相见，能否确有把握？为今之计，乘其并力朝鲜，国中无备，以重兵袭其东京……此上策也。沿海要隘，设兵驻守，使彼无瑕可蹈，而我得从容布置，以捍卫朝鲜，此中策也。与之相持于朝鲜，不得已而出于战，以侥幸于不可必胜之数，此下策也。就目前而论，上中两策，似均非我力所能及，势必激而至于战。李鸿章选军购械历有年所。所费帑项，亦属不赀。现在朝廷倚重，责无旁贷。臣不知李鸿章自问所以仰对皇上者，其感奋当何如？其报效又当何如也？总而言之，轻于开衅，则兵连祸结，恐无已时。急于求和，则贻患养骄，亦非至计。当此之时，能守而后可以言战，能战而后可以言和。李鸿章老谋持重，外人或不及知，然而大局所关，一有不慎，则成败利钝，争于顷刻……仰恳圣裁，饬下廷臣密议……计必出于万全，事勿持

---

〔1〕见《交涉史料》卷14，页37下—39上（1169）。

于两可，于以靖藩封而弭边患，俾四夷不敢轻量朝廷，而万国乃咸遵约束矣……[1]

以上所引七折，皆足反映开战以前，主战论者对当时内外局势、人我实力之认识，与所以主战之观点。故不惮烦，而详加征录。综结诸人所论，大约可归纳出下列数要点：

（一）朝鲜在形势上极为重要，故决不可失，亦决不能与其他藩属相提并论，甲申法越之事，犹不辞一战，何况此次。

（二）反对枢廷总署及北洋寻求外国调停之办法，以为各国皆包藏祸心，无一足恃，如肯助我，亦必别有所图，对中国决无利益，中国惟强硬对日，始足令各国敛迹。

（三）中国应及早出动大军，先据形势，示人以必战，乃可以胁迫日人就范，则和局或可成；否则，即使开战，日人远非西洋各国之比，并不足惧，但如迟疑，则将无济于事。

（四）对李鸿章深表不满，前述（二）（三）两点，彼此尤相背驰，因此，对李之因恐开衅而不肯出兵，以致使日人在朝鲜着着占先，而中国则处处贻误，尤为痛心疾首，斥为因循贻误。以为韩事之坏，皆由于此。而清流健者文廷式、志锐二折中，对于淮军嫡系将领丁汝昌、叶志超等，亦皆表示不信任。

（五）对李鸿章所部之是否能战，表示怀疑，然认为关键在于人事，请中枢严加督责，以壮士气。

总此诸点，以与前节所述李鸿章之观点相较，则可见二者之间，几全相反对，而其关键则在于对中日间实力之对比，估计根本不同，盖主战派人士对于中国之弱与日本之强实无了解，而轻视日本之心，又实中国多年来之传统，于是在主战派之心目中，李鸿章遂全无是处矣。

----

[1] 见《交涉史料》卷15，页2下—3下（1177）。

第三节　中枢态度之演变

中枢方面，自最初朝鲜请兵以来，大致全依李鸿章所为，而无异词[1]。至五月中旬以后，日军大批登陆，野心日显；十九日（6月22日）褚成博首请饬令北洋增兵以后，中枢态度乃开始转趋强硬。五月二十二日（6月25日）上谕下，令李鸿章妥筹办法，准备万一，并迅速复奏（已见本章第一节）。是为中枢态度与李鸿章分歧之始。此后主战派日益活跃，其影响于中枢之决策亦日大，上谕之致李鸿章者，常系根据主战人士之奏疏而略加调停之论[2]。然此时枢廷译署诸大臣之见解，则大致仍与李鸿章接近[3]。中枢所以在态度上有此转变者，盖由德宗之受主战派影响，而态度日趋强硬也[4]。斯时太后之意向犹未明，德宗之意见，经过枢译诸臣参酌之后，于是表现于外之上谕，乃多成依违于主战派与李鸿章间之折中见解，而归结于备战。

五月二十二日上谕发出之后，五六日间，李鸿章仍无复奏到京，至五月二十八日（7月1日）清廷再发上谕催促复奏，略曰：

> 李鸿章本月二十七、八等日电信，均经总理各国事务衙门呈览，前经叠谕李鸿章酌量添调兵丁，并妥筹办法，均未复奏。现在敌焰愈炽，朝鲜受其迫胁，势甚岌岌；他国劝阻亦徒托空言，将有决裂之势。李鸿章督练海军，业已有年，审量日韩情势，应

---

〔1〕据《交涉史料》卷13，页5下—25下所载，自光绪二十年四月初四日，直至五月二十二日之上谕为止，中间一切有关材料皆足证明此点。

〔2〕参看《实录》卷341，页6上，至卷342，页12下，五月二十二日至六月十二日发李鸿章诸上谕，皆可见出其痕迹。

〔3〕枢廷诸军机大臣见解，大致皆与李鸿章较近，此可由翁同龢《日记》中屡对枢廷诸人不满之语中见之。参看《翁日记》册33，页69上，甲午年七月十一日；页70上—下，十三日；页75上—下，二十五日及页86上—下，八月十八日。

〔4〕德宗所亲信者，自翁同龢以次，多为清流人士，参看第一章第三节及第三章第一节。

如何先事图维，熟筹措置。倘韩竟被逼携贰，自不得不声罪致讨。彼时日兵起而相抗，亦在意计之中，我战守之兵，及粮饷军火，必须事事筹备，确有把握，方不致临时诸形掣肘，贻误事机。李鸿章老于兵事，久著勋劳，即详细筹划，迅速复奏，以慰廑系。……

中枢备战之意，自此可谓已经决定[1]。

此谕发出之后，随即接李鸿章先一日五月二十七日（6月30日）所发复奏《酌度倭韩情势预筹办理》一折，请先筹军饷二三百万两备用[2]。清廷遂于五月二十九日（7月2日）再谕李鸿章，令详细报告北洋海陆诸军现有实力，再议筹饷[3]。于是李鸿章于六月初二日（7月4日）再上《复陈海陆兵数》一折[4]。六月初四日（7月6日）上谕令户部与海军总理衙门会筹此饷[5]。六月初九日（7月11日）议定筹足三百万两[6]。

主战派反对寻求外国调停之主张，亦影响及于中枢。褚成博六月初二日奏请严禁李鸿章轻率求助外国之后，同日清廷即据其意，严谕李鸿章曰：

前据总理各国事务衙门呈递李鸿章二十七日电信，与英领事言及，应由英外部令水师提督铁快舰赴日询问，劝令撤兵一节。日人肇衅，挟制朝鲜，倘致势难收束，中朝自应自保藩封，不宜借助他邦，致异日别生枝节，即如英国处此时势，如出自彼意，

---

〔1〕见《实录》卷341，页10下—11上。
〔2〕原折今已不传，仅于《实录》卷341，页12上—下，上谕中略见之，此折发出日期见《李文忠电稿》卷15，页59下，《复张侍郎》。
〔3〕同上。
〔4〕参看《交涉史料》卷14，页4下—5下（1071）。《李文忠奏稿》中无此折。
〔5〕见《实录》卷342，页4上—下。
〔6〕海军、户部会奏筹款办法原折，见《交涉史料》卷14，页17上—18上（1120），上谕见《实录》卷342，页6下—7上。

派兵护商，中国亦不过问；若此议由我而发，彼将以自护之举，托言助我，将来竟以所耗兵费向我取债，中国断不能允。李鸿章此议，非但示弱于人，仍贻后患，殊属非计，著毋庸议。嗣后该大臣与洋人谈论，务宜格外审慎，设轻率发端，致误事机，定惟该大臣是问[1]。

此与五月二十七日（6月30日）张荫桓电李鸿章所谓之"枢喜压服说……"[2]，辞气态度，又不甚同矣。

主战空气既日益浓厚，而六月初七日（7月9日）俄国调停中日之争又完全失败，俄使所应许由俄国压服日本就范之诸言，亦不能兑现。同日由英国努力促成之中日直接谈判朝鲜善后问题，在北京总理衙门，由庆亲王奕劻与日本小村公使正式开议，亦毫无结果[3]。

总署地位，介乎中枢与北洋之间，奕劻为太后亲信，亦久与李鸿章共事，对北洋做法，大致亦尚能了解[4]。如能在中枢力为主持，则因太后之支援，和局或竟能成，而不致如后来之不可收拾。然奕劻之为人，固非勇于任事者。于举朝主战，痛斥和谈之空气中，自亦不敢干冒不韪，与清流主战人士立异。因此日使来谈时，仍坚持先撤兵再议其他之强硬态度，遂使英国之调停全失基础，和谈弭战之门，于焉封闭，固正中日人求战之下怀也。

六月十二日（7月14日）日本照会中国，措辞极为强横。认为中国之坚持先撤兵，不考虑日本之先谈判改革韩政，为有意滋事，此后有任何不测之变，日本不负其责云[5]。即日本陆奥外相所谓之"第

---

〔1〕 见《实录》卷342，页2上—下，以此与褚成博原奏（见本章第二节）相对照，辞意之间，颇可见出因袭之迹。

〔2〕 张荫桓原电见《李文忠电稿》卷15，页58上。

〔3〕 详见王信忠书，页199—208。

〔4〕 奕劻久在总署，又与李鸿章同在海军衙门，多年来，对北洋做法，从无异辞，任何有关史料中，亦皆未见有反面材料。

〔5〕 参看《交涉史料》卷14，页32上（1155），附件一。

二次绝交书"也。

中国接此照会后，遂结束二十日来和战两派分歧之意见，中枢立即谕令李鸿章调遣大军入韩，决进兵之策[1]。次日德宗于请示太后之后，遂决然主战。同时下诏，派清流领袖翁同龢、李鸿藻二人与军机总署诸大臣会议朝鲜事[2]。于是主战派声势一时大振，中枢十年来孙毓汶当政之形势，亦开始逆转，翁同龢《日记》记当时情形云：

> （六月）十四日……是日军机见起，上意一力主战，并传懿旨亦主战，不准借洋债。传知翁同龢、李鸿藻：上次办理失当，此番须整顿云。又欲议处北洋，又欲明发布告天下，此二事未行。闻昨日枢廷亦颇受谯诃。……[3]

同日，上谕严饬李鸿章曰：

> 现在日韩情势已将决裂，如势不可挽，朝廷但有主战，李鸿章身膺重寄，熟谙兵事，断不可意存畏葸，着懔遵前旨，将布置进兵一切事宜，迅筹复奏。若顾虑不前，徒事延宕，驯致贻误事机，定惟该大臣是问[4]！

辞气之严，及对李鸿章之不满意，盖与主战派之意旨全同矣。

翁、李奉旨之后，六月十四日（7月16日）上午开始至军机值房会商。翁同龢《日记》记之曰：

---

〔1〕参看《实录》卷342，页12上—下。
〔2〕派翁、李与军机、总署诸大臣会商朝鲜事，系由庆王所建议。原上谕见《实录》卷342，页13上。
〔3〕见《翁日记》册33，页58上。
〔4〕见《实录》卷342，页14上—下。

十四日晴。早至吏部朝房。四刻，高阳始来，又四刻，入苑门，又四刻，军机来请，乃至值房。庆邸及译署诸君皆集，看电报，看奏折。主战者五折，议无所决。余与高阳皆主添兵，调东三省及旅顺兵速赴朝鲜。余又谓：清厘朝鲜内政，不为失体。此二端皆入复奏。……午初散，明早再集。

十五日……照常入。……上至书房，臣入奏昨日事，大致添兵，仍准讲解，上曰：撤兵可讲，不撤不讲。又曰：皇太后谕：不准有示弱语。遂退。偕庆邸泛舟至北河沿，高阳、受之亦来，临河坐待约六刻余，军机始来请。阅志锐折片一，北洋拨兵电一，英使欧格讷问答一，如是而已。待小云会商复奏稿一时许，改二字，第二句，高阳添数语，明日递。遂散[1]。

日记中所谓高阳，为李鸿藻，庆邸是奕劻，受之为崇礼之字，时为总署大臣，小云则徐用仪字。

十六日（7月18日）复奏折上，是时英使奉本国训令，犹力任调停，希能挽回危机，故复奏中，大致亦仍是一妥协各方之主张。原奏略曰：

倭人以重兵驻韩，日久未撤，和商迄无成议，不得不速筹战事，此乃一定办法，叠奉谕旨，令李鸿章派兵进发，妥筹布置。兹据电称：（按以下为北洋军事调动情形，详见本章第四节）……等语，所筹尚属周密。应请谕令李鸿章，即饬派出各军迅速前进，勿稍延缓。既经厚集兵力，声势较壮。中国本有保护朝鲜之权，此次派兵前往，先以护商为名，不明言与倭失和，稍留余地，以观动静。现在倭兵在韩颇肆猖獗，而英使在京仍进和商之说。我既预备战事，如倭人果有悔祸之意，情愿就商，但使无碍大局，仍可予以转圜，此亦不战而屈人之术也。盖国家不得已而用兵，

---

[1] 见《翁日记》册33，页58上—下。

必须谋出万全，况与洋人决战，尤多牵掣。刻下各国皆愿调停，而英人尤为着力。盖英最忌俄，恐中倭开衅，俄将从中取利也。我若遽行拒绝，恐英将暗助倭人，资以船械，势焰益张；且兵端一起，久暂难定，中国沿海地势辽阔，乘虚肆扰，防不胜防；又当经费支绌之时，筹款殊难为继，此皆不可不虑者也。然果事至无可收束，则亦利钝有所勿计。现察倭人之意，以整理朝鲜内治，保其土地为主，只以中国允其商议，不甚切实，但催令先行撤兵，是以未能就范。此时既派大兵前往，与之相持，亦可不必催令撤兵，彼如仍请派员与议，则倭人所请各条如有不妥，我可议驳；如果有裨政务，亦可由我饬行，既收保护利权，亦不失上国体制。届时当再请旨遵行。倘仍要求必不可行之事，或竟先逞凶锋，则大张挞伐，声罪致讨，师直为壮，各国当亦晓然共谕矣[1]。

此一奏折，盖可以综结过去主战派与李鸿章间之分歧，而形成一"一面和商，一面备战"之政策，为此后中枢行动之一准则。复奏既上，随即允行。而翁、李仍奉命继续会商韩事[2]。从此主战派遂得直接参与中枢之决策，而翁同龢又深受德宗倚畀[3]。遂使主战派之气焰大张，上疏议战守者益多[4]。中国方面，自五月二十日（6月23日）以来，在政策上之紊乱气氛，至此，大致可谓已告澄清，北洋大军随即于十八日（7月20日）由北路出发赴韩，开往平壤[5]。对于英国之调停虽仍寄予期望，但军事布置则决不受其影响。李鸿章亦叠奉严

---

〔1〕参看《交涉史料》卷14，页40上—下（1172）。

〔2〕见《翁日记》册33，页59下，六月十六日。按：日记原书作"十七日"系笔误，当为十六日，对证前后文即可见出。

〔3〕自六月十八日至二十一日，翁同龢入宫进讲时，德宗皆以诸臣奏折令阅。参看《翁日记》册33，页60上、61上。

〔4〕当时奏疏之多，可看《翁日记》六月十八日（册33，页60上）以后诸记，及《交涉史料》卷14、15中所载之若干折片，皆反映主战派之意见。

〔5〕见《李文忠电稿》卷16，页23下，《寄盛京军督裕帅》。

谕："倘日兵逼近，已露交仗之迹，则衅开自彼，立即整军奋击，不可坐失机宜。"[1] "严饬诸将领妥慎办理，毋误事机……倘有观望不前，致有贻误，定将该大臣等重惩！"[2]

英国之调停至六月二十一日（7月23日）中止。其惟一收获，为日本允许不在上海及其附近发动战事。此后英俄等国虽仍有种种企图，以求弭战，然大势已定，时机已迟，遂皆无济于事[3]。

日本方面，正如当初李鸿章所料，对于中国之增调大军入韩，而又同时和商，自不能忍耐，致失先着，故于英国调停中止后，即决开战，并谋截击中国增援之师。后二日六月二十三日（7月25日）而丰岛海战遂起[4]。

中国方面，北洋于二十四日（7月26日）午后获悉[5]。次日电知中枢[6]。而中枢先于前一日（24日）获悉日兵围韩宫发动政变，即拟布告各国，对日宣战。以英使劝阻，稍缓数日，候五国调停之结果而止[7]。至是获悉丰岛战事，于是宣战之意遂决[8]。二十七日（7月29日）下令撤驻日公使汪凤藻回国[9]。宣战上谕亦于同日拟就[10]。二十八日总理衙门照会各国，声述开衅之由[11]。至七月初一日（8月1日）而宣战旨下[12]，同日，日本亦对中国宣战。

---

〔1〕见《实录》卷343，页6下。
〔2〕见同上书，页7上。
〔3〕详见王信忠书，页212—213。
〔4〕详见同上书，页231—250。
〔5〕见《涧于日记》甲午下，页8上，六月二十四日。
〔6〕总署于二十五日先自英使处获得消息，参看《交涉史料》卷15，页33上（1261），附件一。北洋电报，见《李文忠电稿》卷16，页32上—33上，《寄译署》。
〔7〕参看《交涉史料》卷15，页22下—24上（1230），附件一，总署与英使之问答；及《翁日记》册33，页63上。
〔8〕参看《交涉史料》卷15，页25上—下（1235）。
〔9〕参看同上书，页32下（1260）。
〔10〕参看《翁日记》册33，页64下，六月二十七日。
〔11〕参看《交涉史料》卷15，页34上—下（1262），附件一。
〔12〕参看《实录》卷344，页1上—2上。

第四节 北洋内情

李鸿章为甲午战争初期，实际执行中枢对外政策之惟一首长，朝鲜军事，北洋防务，皆由彼一人统筹办理。然当时北洋军力究竟何若？其担当此一重大任务之把握究竟若何？

关于此，李鸿章于六月初二日（7月4日）《复陈海陆兵数》一折中，有详细之报告，略曰：

> ……伏查：战舰以铁甲为最，快船次之。北洋现有定远、镇远铁甲二艘，济远、致远、靖远、[轻]经远、来远快船五艘，均系购自外洋。平远快船一艘，造自闽厂，前奏所云战舰，即指此八艘而言。此外超勇、扬威二船，均系旧式。四镇蚊炮船，仅备守口；威远、康济、敏捷三船，专备教练学生；利运一船，专备转运粮械。如战舰所配员弁机轮枪炮，各有专司。历考西洋海军规制，但以船之新旧、炮之大小迟速分强弱，不以人数多寡为较量。自光绪十四年后，并未添购一船。操演虽勤，战舰过少。臣前奏定海军章程，及两次校阅疏内，迭经陈明在案。沿海陆军，除胶州台工，经始未成外，山东威海卫则绥巩军八营，护军两营；奉天大连湾则铭军十营；旅顺口则四川提臣宋庆毅军八营，又亲庆军六营；山东烟台则嵩武军四营；直隶北塘口仁字两营；大沽口炮队六百七十名，臣前折所谓分布直东奉三省海口，把守炮台，合计二万人者，指此。其分驻天津青县之盛军马步十六营，军粮城之铭军马队两营，芦台之武毅两营，皆填扎后路，以备畿辅游击策应之师。至绿营兵丁，疲弱已久，自前督臣曾国藩及臣创办练军，渐收实用。无如直隶地面辽阔，与东、奉、晋、豫接壤，北界多伦、围场，皆盗贼出没之区，经年扼要巡防，备多力分，断难抽调远役。现就北洋防务而论，各口频年布置，形势完密，

各将领久经战阵，固属缓急可恃，即甫经创办之海军，就现有铁快各艘，助以蚊雷船艇，与炮台相依辅，似渤海门户坚固，敌尚未敢轻窥，即不增一兵，不加一饷，臣办，差可自信，断不致稍有疏虞，上劳宵旰。臣前疏所请备饷征兵，系体察倭韩情势，专指出境援剿而言。现在倭兵被备调者，实有五万，必须力足相埒，至少亦须二三十营，若移缓就急，调出一营，即须添募一营以补其缺，方免空虚无备，为敌所乘。伏读五月二十八日密谕："倘韩竟被逼携贰，自不得不声罪致讨，彼时倭兵起而相抗，我战守之兵及粮饷军火，必须事事筹备，确有把握，方不致临时掣肘，贻误事机。"等因，钦此。仰见圣谟广运，指示周详，曷胜钦服！臣久在军中，备尝艰险，深知远征必以近防为本；行军尤以筹饷为先。三十年来，剿办粤、捻及筹防俄法各役，皆赖朝廷体念，饷项从无掣肘。臣目击时艰，但可撙节，从不敢丝毫靡费，久在圣明洞见之中。此次所请筹拨的饷二三百万，实系通盘筹画，预防未然，以免临渴掘井之患，如果挽回有术，少用一分兵力，即省一分饷需，惟事机已迫，但可备而不用，不可用而无备，尚冀圣慈俯如所请，大局幸甚！……[1]

就此折中所述，可见北洋实力。海军仅恃铁、快舰八艘，陆师则淮、练诸军三四万人，以之自守则有余，出境作战则颇不足也。

对于海军，李鸿章始终认为把握甚少，难与人争胜者。此于上引《复陈海陆兵数折》及本章第一节所引《校阅海军竣事折》中皆可窥见一斑，而开战初期海军决战之前《复奏海军统将》一折中则言之尤为详明[2]。至于陆军，则自信心较大，然亦无必胜把握。故对于与日本

---

〔1〕原奏见《交涉史料》卷14，页4下—5下（1071）。
〔2〕见《李文忠奏稿》卷78，页52上—54上。

作战之估计，以为将是一长期相持之局[1]。初不料后来竟相去悬殊，而溃败若是其甚也。

当时在天津，厕身北洋幕中参预机要、赞划全局之人物，有盛宣怀、李经方、于式枚、张佩纶、张士珩及洋员德璀琳（Gustav Detring）等。盛为当时创办洋务建设最有成就之人，时任津海关道，当北洋中外交涉之冲[2]。李则合肥过继长子，曾出使欧洲及日本，在洋务方面向为乃父所倚畀[3]。于式枚则久任北洋记室，奏牍书翰，多出其手[4]。张佩纶则合肥之婿，昔年曾煊赫一时，为清流首要，遣戍归来以后，则寄居津门，郁郁不得志，李鸿章颇优礼之，遇事常相咨询[5]。张士珩则合肥之甥，时总办军械，见解能力，亦颇为李鸿章所称赞[6]。而此数人中盛、李两人之影响又较大[7]。

德璀琳为德国人，任海关天津税务司多年。自光绪元年协助订定中英芝罘条约时，即受知于李鸿章。二十年来，北洋在外交国防

---

〔1〕李鸿章对陆军较有信心。参看《李文忠电稿》卷15，页46下，《寄叶军门》所谓："盛军……人甚精整……卫镇，战守可靠……"由《校阅海军竣事折》与《复陈海陆兵数折》中，亦可见出。其所认为可虑者，人数稍少，必须筹款添募军。李鸿章估计对日战事为一长期相持之局。参看《李文忠公尺牍》册27，页63下，《复云贵制台王》（5月29日）及页35上，《复湖南抚台吴》（6月17日）。海军无把握，而犹估计战争将为长期相持者，则对陆军之信心可见。

〔2〕盛宣怀事迹，详见《清史稿》，页1464·3，《列传》258，本传。又，彼同时与翁同龢、张之洞皆有联络，电信往返颇繁。参看《翁日记》甲午年六月以后有关记载及《张文襄公电稿》六月以后与盛往来诸电（卷15—21）。

〔3〕李经方诸史无传。光绪十一年随先曾祖父刘瑞芬出国，为驻英、俄公使馆参赞，又随转驻英、法、意、比参赞，光绪十六年至十八年任驻日出使大臣（见《清史稿》，页973—974，《文聘年表》上），并参看《李文忠奏稿》卷79，页55上一下，《李经方随往法》及《电稿》卷20，页18上，《寄芜湖交伯行》，略可见其能力。

〔4〕于式枚事迹参看《清史稿》，页1421·1，《列传》230，本传。今存《李文忠公尺牍》即其手笔。

〔5〕张佩纶事迹，参看《清史稿》，页1422·2—3，《列传》231，本传及《涧于集·书牍》、《涧于日记》等。彼在津门，与盛宣怀、李经方最为相投，见解气味大致仍是清流一路，对于北洋决策影响较小，然常与京官通声气，与李鸿藻关系尤密，颇为李鸿章解释误会。

〔6〕张士珩事迹参看《弢楼遗稿》卷首，页3下—6上，《先府君行述》及《李文忠奏稿》卷74，页16上一下，《奏保张士珩片》。

〔7〕盛、李之影响较大，参看《涧于集·书牍》卷6，页11上—12上，《致李兰孙师相》。

上之措施，颇多出其策划[1]。海军新舰泰半购自德厂[2]。陆军训练与夫武备学堂之教育，尤皆聘德国教习指导[3]。而海岸要塞炮台之修建，亦多由德人设计经办[4]。北洋之整军设防，德人之助力甚大，推源其始，当必与德璀琳有关。而李鸿章多年致力推行洋务，其常识之丰富，盖远逾同时之其他大臣，究其所自来，似亦不能不归功于欧美先进国人士之启迪，特别是此一批德国顾问人才也，而德璀琳则实为其领袖，其在北洋幕中地位之重要，影响之巨大，盖非其他中国人所能望其项背。西洋史家所谓"李鸿章视德璀琳为右手"[5]，文廷式奏疏中所谓"北洋之兵权，制于德璀琳"[6]，盖皆非虚语也。

然而，亦因此可以推断，李鸿章当时对于中日间军事实力估计之不正确（尤其是陆军方面），德璀琳等固亦不能辞其咎也。盖欧洲人士对日本之了解，迄至最近二次世界大战时亦犹不免隔阂。而过分低估日人实力，致有太平洋大战初期之败挫。回顾昔年，其对日本之认识，较之当时之中国人，当亦不过五十步与百步之差，故虽久在远东，熟悉情势之人如赫德（Sir Robert Hart）在中日战事初起时，亦相信中国可以获胜也[7]。

然北洋海陆军之内情，亦有非外国顾问人才所能了解，即身为统

---

[1] 德璀琳事迹参看 MORSE 书 Vol. Ⅶ, pp. 330, 352-353, 371; Vol. Ⅷ, pp. 14, 17 note [53], pp. 35, 37-38. 及 W. F. TYLER, *Pulling Strings in China*, p.43 and notes.

[2] 北洋舰队主力八船，除平远为中国自造外，其余七舰购自德国者五（定、镇、济、经、来），购自英者二（致、靖）。参看《清史稿》，页 542·3—543·1，《兵志》7，《海军》。

[3] 参看《李文忠奏稿》卷 52，页 21 上一下，《奏派德员翻译片》（光绪十年十一月）；卷 53，页 42 上—44 上，《创设武备学堂折》（光绪十一年五月）；卷 71，页 2 上一下，《学堂洋教习请奖片》。

[4] 参看《李文忠奏稿》卷 75，页 40 上一下，《请奖汉纳根片》。

[5] 见 MORSE 书 Vol. Ⅱ, pp. 371-372。

[6] 文廷式折，见本章第二节。

[7] 见 W.F.TYLER 书，p.43，note 1（Sir Francis Aglan's letter）。

帅如李鸿章亦受蒙蔽而无从深悉其究竟者[1]，则人事方面之倾轧与军中之暮气是也。

海军统于丁汝昌，丁为淮军陆将出身，与李鸿章之关系甚深，虽久在海军，然以限于学历，于欧西新式海军之技术，固无从融会贯通之，故常为部下所轻，号令往往不能行[2]。海军基干，则皆学生出身之青年将校，保举甚优，而又未尝经战阵，骄惰之习，颇闻于当世，为识者所深忧[3]。又颇不免于门户之见，因籍贯而分畛域，而闽人之势力尤大。总兵刘步蟾为之魁首，丁汝昌亦颇为所制[4]。故由当时实际情形言之，刘步蟾盖实为海军主脑人物，当时海军之调度指挥，以至于成败功罪，彼所应负之责任，实远过于丁汝昌，然而对外负责，以任咎蒙谤，为众矢之的者，则丁也。

其在陆师，则淮军为主力，而辅以由绿营改编、淮将统率之直隶练军及宋庆所部毅军。战斗力虽冠全国，而承平日久，亦多趋暮气。此即李鸿章本人亦自知之[5]，而卒不能有所转移。北洋将领中，叶志超以直隶提督统练军。卫汝贵统盛军，兵最多，亦最称精锐。二人皆深为李鸿章所信赖[6]，然亦皆为当时所侧目。叶以骄蹇著，卫则

---

〔1〕例如盛军腐败情形，至开战以后，李鸿章始渐知悉，详见下章,此外，前注引 TYLER 书，页 39—40 一段所叙炮弹缺少情形，及页 43 注第二段，Dr. H. B. MORSE 论 Detring 一段皆可参看。

〔2〕参看《清史稿》页 1455·1，《列传》249，《丁汝昌传》及页 1453·1—2，《列传》247，《邓世昌传》，《刘步蟾传》。

〔3〕参看《清史稿》，《丁汝昌传》（同上引）及《交涉史料》卷 14，页 23 上（1132）文廷式奏疏"明赏罚"条下。又，姚锡光《东方兵事纪略》卷 4，页 4 下—5 上，《海军篇》第 7，亦可参看。

〔4〕参看上引诸书及《清史稿》之《邓世昌传》、《刘步蟾传》。

〔5〕参看《涧于集·书牍》卷 5，页 39 下，《复李兰孙师相》；《周悫慎年谱》卷上，页 27 上，光绪十七年。

〔6〕叶志超为淮军在北洋将领中惟一之实缺提督。光绪十八年剿热河教民及甲午出师朝鲜，皆由彼总统诸军。李鸿章对叶之倚畀，可由光绪十七年剿办热河教乱时密保叶志超一片中见出。原文是故宫文献馆存《军机处档案》以外之残余折片中《军机处奏折》折 57，页 32，《奏陈直隶提督叶志超骁果精明胆略俱优片》，光绪十七年十一月初六日。按：《李文忠公全集》中无此。

以刻薄见称[1]，皆不足以服众。而盛军赴韩后，纪律之劣，尤著闻于当时[2]。刘盛休之铭军，亦疲弱，少勇将，非复昔年威望[3]。宋庆毅军，较为精整，虽久隶北洋，然非淮军系统，人数亦不多[4]。文廷式奏疏中所谓："淮军之驻天津已二十余年，宿将劲兵十去六七……他日正烦宸虑！"（见本章第二节所引）盖非无见也。

　　陆海两军，情势之不容乐观，已如上述。如何指挥运用此等军力，以应付当前之大敌，盖实为李鸿章之一大难题也。海军弱，陆军之调动即大受限制，士气亦受影响[5]，而陆军中，堪任前敌统帅者又无人。举退休于六安州之淮军宿将刘铭传，而刘称疾不肯出[6]；不得已，至欲以张佩纶督卫汝贵军出师。张亦自知不宜，力辞不往[7]。陆军之准备，亦甚不足，在势必不能求速战。周馥在当时曾纯就军事立场，建议延缓战争之爆发，俾得争取时间，作充分之准备，《玉山文集》记其与李鸿章之问答曰：

----

〔1〕叶之骄蹇、卫之刻薄，两见于张佩纶之日记中。见《涧于日记》，页3下，甲午年六月初五日及八月初四日，记曹克忠对二人之评语。《涧于集·书牍》卷5，页39下，《复李兰孙师相》中亦对叶有不满之辞，可参看。卫之刻薄寡恩，开战后益彰。可参看《李文忠电稿》卷17，页11上、34上、35上；卷18，页1下、2下、17上，诸电。

〔2〕参看《李文忠电稿》卷16，页47下—48上；卷17，页11上；卷18，页6下，等电。

〔3〕参看《李文忠电稿》卷17，页24上—下，《寄义州叶提督》之末云："铭军勇将甚少，子征请留聂功亭帮助，可饬前往……"；卷18，页24上—25上，宋庆诉九连城之败，铭军坐视不救，亦自惊溃语可证。铭军为刘铭传旧部，昔在淮军中，固最负盛名者。

〔4〕宋庆所部毅军原始，参看《清史稿》，页1453·3—1454·1，《列传》248，本传及《续碑传集》卷53，页23上、26下—27上，《宋忠勤公庆别传》。

〔5〕《涧于日记》甲午下，六月初五日记云："卫达三（按：即卫汝贵字），吴乐山来，初议师出平壤，达三颇奋勇，请行。及闻倭船游弋大同江，丁汝昌不敢出巡，卫亦沮矣。……"（页3上）亦可为海军影响陆军之一例。

〔6〕刘铭传之不出，非如其复奏所谓之"疾笃"（原奏见《李文忠电稿》卷18，页13上—下，《寄译署》），乃实不满于中朝之不能优礼大臣，又多所牵掣，必不能有成也。参看《刘壮肃公奏议》卷首，页3上，"出处略叙一"；页1下—2上，《书刘壮肃公碑阴》（桐城陈澹然撰）。

〔7〕详见《涧于集·书牍》卷6，页53下，《复柯巽庵都转》及页55上—56上，《复鹿菘砚尚书》。

……迨日韩之衅起，日本击我赴牙山之兵舰，予复力陈于文忠曰：日本蓄谋久矣！北洋之力，能抗彼一国耶？必筹足兵饷三年，而与之持，或稍有济，其要有四：一、勿与日本决裂。彼挑战急，我宁忍受，得和且和。二、除原有劲旅整备外，宜速募兵三万，驻直隶，精练之，以待东发，仍速招三万以为续备。三、斯役用淮军居多，两淮宿将，今惟刘省三爵抚在，宜急起用。四、水陆宜节节速筹转运，奏请重借国债应之。待四事备齐，将逾年矣。日人如必不和，则出师扼鸭绿江以待。文忠曰：我安忍使国家负重债耶？且刘省三不愿出，我亦不强其出，有人举尔为副帅者，我欲派尔总理前敌营务可乎？予曰：是必败。中堂一生勋业，从此堕矣！当思曲终奏雅，文忠怫然。予遂辞不往。数日，当轴请上宣战，文忠无如之何。予自是时共生死矣。遂奉奏派总理前敌营务处之札，出山海关后，奉特旨派办前敌转运。……[1]

李鸿章岂不知周馥之建议，为谋国者所当持之稳着？自韩事发端，直至丰岛海战，北洋所努力以赴者，何莫非隐忍求和，以争取时间，而待来日？然而，当时之北京朝廷中，主战人士得君甚专，方在放言高论，力求速战；对李鸿章亦甚不信任，夫安得期其理解李鸿章等之心境与做法哉！

---

[1] 见《周悫慎公全集·玉山文集》卷2，页3上—4上，《书戴孝侯死事传后》。

第3章

战争初期：一意作战时期

第一节　主战派之政治攻势

自宣战至八月中旬（公历 9 月）平壤黄海之败，可称为战争初期。此五十日间，为清廷一意作战之时，在此期间，主战派日益活跃，一方面对李鸿章及其属下之亲信人物大肆攻击；同时则竭力拉拢淮军以外之疆臣将帅，尤其是湘军将领。翁同龢、李鸿藻等则在枢廷中，力与军机诸臣争，以求贯彻主战派之企图。

主战派以清流为中心，而翁同龢一系尤为重要，其主战虽由认识之不足，而同时则亦颇欲借此一战，以转移政局，挽回十年来清流之厄运。而外则李鸿章拥重兵在北洋，向持和局，内则枢译诸大臣，又多惟李之马首是瞻，为清流所切齿之孙毓汶则尤与李相结以共求弭战谋和之道，故清流人士，为欲打开现状，乃益不得不力主战矣。

翁同龢在当时地位之重要，前此已有论及，环绕于翁氏周围之活跃人物，今犹可于《翁文恭公日记》中，略见一斑[1]。其尤著者，则为文廷式、张謇、汪鸣銮、志锐、沈曾植、丁立钧等，皆是参与

---

[1]《翁日记》册 33—34 自甲午六月至乙未五月间所记与翁往来最勤，能相与深谈之人物皆是也。

密议之重要分子[1]。六人之中，志锐为珍瑾二妃之兄，时为礼部侍郎[2]。文廷式则昔年在广东时，尝授二妃读，与志锐交厚，以后受知于翁同龢，荣膺光绪庚寅（十六年）恩科榜眼，甲午年翰詹大考，又为德宗拔置为一等第一名，即起授翰林院侍读学士，其深受德宗之宠信，可以概见[3]。汪鸣銮为工部侍郎，至七月二十八日（8月28日）又兼任总署大臣，亦甚为德宗所亲信[4]。沈曾植时为刑部司员[5]。丁立钧则翰林院编修[6]。张謇则方于四月间（公历5月）大魁天下，授翰林院修撰，亦为翁同龢之得意门生[7]，甲申以前尝入吴长庆军幕，从平朝鲜壬午之变，颇以通晓韩事著称，亦自彼时，即力主对日强硬，对李鸿章之妥协谋和政策，深表不满[8]。

主战人士所最不放心、最不信任者为李鸿章，一方面以其不欲战，致贻误军机，使日人着着占先，而深恨之；另方面，又深虑其拥重兵在近畿，终将难制。故颇思所以去之之策，丁立钧于七月初三日（8月3日）曾条陈东事，由翰林院代奏，其中曾论及李鸿章及淮军，略曰：

---

[1] 参看78页注[1]及张孝若《南通张季直先生传记》，页66所谓"翁门六子"之说。当时张荫桓与翁之交往亦甚繁，然由《翁日记》中观之，似多及外交及户部事务，非相与深谈密谋者。

[2] 志锐事迹详见《清史稿》，页1463·1—2，《列传》257，本传；《碑传集补》卷34，页30上—下，《志将军传》。

[3] 文廷式事迹参看《碑传集补》卷9，页18下—19上，《文廷式传》（胡敬思撰）。其与志锐关系，参看《碑传集补》卷34，《志将军传》。此外，《翁日记》中亦散见文廷式之事迹甚多，可以参看，大多在光绪十五年至二十一年间。

[4] 汪鸣銮事迹，详见《清史稿》，页1419，《列传》229，本传；《碑传集补》卷5，页8下—11下，《郇亭汪公墓志铭》。

[5] 沈曾植事迹参看《清史稿》，页1466·3，《列传》259，本传；并参看《翁日记》甲午年六月以后所记有关诸条。

[6] 丁立钧事迹见《碑传集补》卷26，页16下—17上；并参看《翁日记》甲午年六月以后所记有关诸条。

[7] 张謇事迹参看《南通张季直先生传记》，页21—24。

[8] 参看《张季子九录·政闻录》卷1，页3上—10上，诸有关函件及代笔奏疏。

……一、我军久顿牙山，不敢深入，以致敌人得手，肆虐藩畿。李鸿章调度乖方，应请旨严予处分，即饬其带罪自效，即日亲统大军，进驻威海，严督前派渡海诸军，约期进战……一面督饬历年精练之海军战船，进攻仁川口敌舰，以壮声威。一、北洋大军渡海兵力空虚，请谕饬前抚臣刘锦棠，简调得力湘军二三十营，即日带赴天津，以替代东援淮军为名，阴以拱卫京师重地，夫咸丰庚申之事，至今寒心。近年主和议者，率以前事恫吓朝廷，巧飏战局，而弃土地、赔兵费，一切亏体辱国之事，得以径行，今若根本重地巩固不摇，则壹意进兵无内顾之虑，即军事偶有挫衄，亦不致震动大局矣。事定之后，请即以渡海淮军驻扎朝鲜保护，而此队湘军留防北洋，以剂湘淮之平，革偏重之势[1]。

对于李鸿章及淮军之疑忌，欲调湘军北来以分其势，借以固京畿，而防内变，此等主张，翁同龢一派持之尤力[2]。翁同龢在战争初期与张謇之往返函件甚繁，今犹有《翁松禅致张啬庵手书》一薄册，可以参看，其中措辞颇多隐晦，而皆有所指，今人不能悉其究竟，几已无法索解，然实为探讨当时政治内幕之重要史料，其七月初四日（8月4日）函曰：“前后七函，均铭渤，不佞止发得百分一二尔，乐浪以东，步步荆棘，势难长驱，牙军殆哉。忧心如捣……论津语皆透骨，

─────────────

〔1〕丁立钧条陈原折见《交涉史料》卷16，页5上—6下（1298）。

〔2〕此点至少为翁同龢一派之共同意见，《交涉史料》中所载主战人士之奏疏中，亦常见其痕迹，惟断然明言者甚少，若与当时人私函（例如翁同龢与张謇之函）合并观之，便益可显然，参看《交涉史料》卷14，页24下（1132）文廷式折末段；卷17，页30下—31上（1449），志锐折；此外，卷17，页31上—下（1450），钟德祥折，卷18，页6下—7上（1467），文廷式折，卷18，页6下—7下（1468）及卷18，页16下（1495），余联沅二折，卷19，页25上—26上（1566），张仲炘折，亦皆有类似之主张，可见亦不仅为翁派之意见。

知此意者，培、衡两君也。"〔1〕又七月十二日（8月12日）函曰："渝关空虚，处处便于登陆，倭此来，不仅虚声也，湘陈安能即来？根本之计，日夕筹此至熟也，旅顺一见，尚无续耗。"〔2〕此外尚有一不著日期之函曰："北舰尚可用，南船殆虚设，俟细考，旅顺分营，顷亦建此议，湘刘之起，众未谓然，当再陈也。"〔3〕

第一函中，所谓"论津语"，津自是指李鸿章，以其驻节天津也。"培、衡"，则沈曾植（字子培）、丁立钧（字叔衡）也。第二函中之湘陈，当是指江苏按察使陈湜，为当时湘军耆宿，时已奉命招募旧部，即行北上。第三函中所谓"湘刘之起"即指刘锦棠，亦名重一时之湘军首长，时正因病家居也。

张謇论津之语，今已不可得而闻，丁叔衡被认为"知此意者"，则其条陈中之论北洋诸语，当可与此相参证也。盼陈湜之来，以为是根本之计，以及欲刘锦棠之起用，皆足以显见翁同龢等拉拢湘军将帅以对付淮军之企图。而丁立钧折中所云，盖实可反映整个翁派之意见者也。

调湘军北来，为防制淮军，打击李鸿章之"根本之计"。立此根本之后，次一步则将以湘帅代李鸿章为北洋大臣直隶总督也。翁同龢七月十四日（8月14日）致张謇函曰："米北开南禁，且欲开南禁，南未之许也。封豕诚可以易长庚，但恐此星照别处，范公堤一时办不到，两函奉缴，童昏可憎！不一一。"〔4〕次日再函曰："童再任不佳，

〔1〕原函见《翁松禅致张啬庵手书》，页11下—12上，日期仅署初四日，由其所谓"牙军殆哉"语可见其必在七月，盖八月初时牙军已到平壤矣，参看《翁日记》册33，甲午七月初诸记亦可证。

〔2〕见《翁松禅致张啬庵手书》，页6下，日期仅署十二日，以《翁日记》核对之，七月十一日有"得盛两电……一报旅顺有倭船二十一只，到彼开炮，极言山海关空虚……"（见册33，页69上—下），故知此函必在七月。

〔3〕见《翁松禅致张啬庵手书》，页13上，日期不可考，惟《实录》甲午六月二十三日（戊辰）有"着张之洞传知……刘锦棠即行来京陛见"之电旨，则此函必当在六月二十三日以前也。

〔4〕见《翁松禅致张啬庵手书》，页7上—上。关于禁米出口问题，在七月十一—十四间，参看《李文忠电稿》卷16，页44下—45上，《寄译署》（七月十一日）及《实录》卷344，页20上，七月戊子（十四日）上谕，故知此函亦必在七月。

隔江亦闻之，大堤未知能办否？江防极要，闻布置尚从容，津不戮奸，大奇！楚南不至，此丁安能拔？前日报归威，抄件迟日再缴。"[1]

第一函中，所谓"长庚"影射李姓，当指李鸿章而言。"封豕"与第二函中所谓"楚南不至，此丁安能拔？"二语合并观之，当是指刘坤一，盖古史传说刘累封于豕韦，封豕当影射刘字而言[2]。而"楚南"则湘也，湘人刘姓，而资望足代李鸿章者，惟刘坤一与刘锦棠，刘锦棠既病不能出[3]，则舍刘坤一莫属矣。"丁"自是指丁汝昌，下有"前日报归威"语，尤可证。"但恐此星照别处"，意似为：恐李仍可调任他处，或甚至于疑其另有异图也。至于"范公堤""童"云云，则不可考矣。翁、张等谋去李鸿章之意，由此两函中盖可显见，而李在北洋已二十余年，根柢深固，不易即去，于是致力于攻丁汝昌。盖海军中，只丁以淮军将领孤寄于上，其下则皆非淮人，丁去，则海军即可不由李掌握矣。

调湘军宣北来，于开战后，即得逐步实施。七月初六日（8月6日）陈湜奉令"召募旧部勇丁数营，一俟成军，即行北上"[4]。十五日（8月15日）清流健将、翁同龢至友湖南巡抚吴大澂自请带湘勇北上助战[5]，十九日（8月19日）优诏允之[6]。二十一日在籍布政使魏光焘奉令募刘锦棠旧部数营，即行北上[7]（时刘锦棠已病重不能出，七月间卒，八月初五日［9月4日］遗折到京。魏为刘之得力旧属）。

此外，清流中负时望之疆吏，如李秉衡，则于七月十六日（8月

---

〔1〕见《翁松禅致张啬庵手书》，页7下—8上，日期语气皆与上函相连，且有丁汝昌前日归威之语，翁氏日记于十三日亦记得盛宣怀电"丁汝昌船回威海"语，故知必在七月。
〔2〕刘累封于豕韦之说，参看罗泌《路史》（《四部备要》本）册7《国名记》卷丙，页4上。
〔3〕刘锦棠因足疾不能出，张之洞曾于七月初十电盛宣怀言之，盛与翁电信频繁，翁当已知之，故此函之"封豕"似不能指刘锦棠也。
〔4〕见《实录》卷344，页8下。
〔5〕据顾廷龙《吴愙斋先生年谱》，页224（注云"据电稿"）。
〔6〕见《实录》卷345，页5下。
〔7〕同上书，页7上。

16 日）由安徽巡抚调任山东巡抚，以参预北洋防务[1]。湘抚吴大澂于七月二十六日（8 月 26 日）交卸抚篆，北上督师[2]。在京中，则汪鸣銮于七月二十七日（8 月 27 日）入总署[3]。凡此，亦皆足加强主战派清流人士之声势与影响也。

　　主战派之攻击李鸿章，几于无所不至，不曰贻误大局[4]，即曰别有用心[5]，或则言其性情乖异，年老昏聩[6]。甚者欲遣大臣赴津查其病状，以作撤换之准备[7]。对于北洋所亲信之文武大员，如丁汝昌、叶志超、卫汝贵、李经方、盛宣怀、张士珩等，皆大加攻击[8]。而丁汝昌尤为众矢之的[9]，其次则卫汝贵[10]。枢廷中，军机诸臣亦数受指摘。自翁、李奉命会议军事以后，尤与枢臣不断发生争执，盖主战派清流人士之政治攻势，至是而展开矣。

---

〔1〕见《实录》卷 345，页 2 上。

〔2〕据顾廷龙《吴愙斋先生年谱》，页 224（注云《奏稿》）。

〔3〕见《实录》卷 345，页 17 下。

〔4〕当时论李鸿章贻误者最普遍，除去本文第三章第二节所引诸折外，兹再略举开战后数折，参看《交涉史料》卷 16，页 36 下—37 上（1397），王鹏运折；卷 17，页 7 上—下（1407），易俊折；卷 18，页 2 上（1466），附件一，裕绂条陈；卷 18，页 6 下—8 上（1468），余联沅折。

〔5〕见 80 页注〔2〕。

〔6〕参看《交涉史料》卷 17，页 30 下—31 上（1429），志锐折；卷 19，页 25 下（1566），张仲炘折。

〔7〕同上引，志锐折。

〔8〕参看《交涉史料》卷 14，页 23 上—下（1132），文廷式折；卷 14，页 38 下（1169），志锐折；卷 15，页 7 下（1193），庞鸿书片；卷 16，页 35 下（1394），附件一，志锐片；卷 17，页 37 下（1397），王鹏运折；页 1 下—4 下（1404）及附件一、三，钟德祥折片；页 7 下（1407），易俊折；页 9 上（1408），附件一，曾广钧请代递呈文；页 28 上（1448），附件一，陈有懋呈文；页 38 下—39 上（1458），长麟折；页 41 上—下（1459），附件二，高燮曾片；页 42 下（1460），附件一，易俊片；卷 18，页 5 下（1467），文廷式折；页 18 下—19 上（1496），附件二；卷 19，页 2 上（1514），附件一，张百熙片；页 14 下（1543），易俊折；页 25 上—下（1566），张仲炘折。平壤战后，参者益多，见后，不具录。

〔9〕详见下节。

〔10〕参看《李文忠电稿》卷 17，页 11 下，《复叶总统》（8 月 13 日）有"卫镇现有多人参劾"语。

第二节　中枢之争议

开战以后，在中枢首先引起大争端之事，为惩办丁汝昌问题。丁奉李鸿章命，以海军快船不敌日，不可轻试，故颇慎重，惟"游弋渤海内外，作猛虎在山之势"，以防护北洋海口，牵制日海军行动而已[1]。然主战派则以其为拥舰自保，不肯出击日船，致使海上任人横行，斥为"巽懦规避，偷生纵敌"[2]，交章论劾。于是七月初三日（8月3日）上谕为之电令李鸿章查办、复奏，曰：

> ……前据电称：丁汝昌寻日船不遇，折回威海，布置防务。威海僻处东境，并非敌锋所指，究竟有何布置？抑借此为藏身之固？丁汝昌屡被参劾，前寄谕令李鸿章察看，有无畏蒽纵敌情事，着即日据实复奏，毋得稍涉瞻徇，致误戎机。如必须更换，并将接统之员妥筹具奏[3]。

电到，李鸿章即于七月初五日（8月5日）复电为丁解释云：

> ……探闻初三上午牙山大炮声紧，似系海军六舰开战……上闻胜负尚未可知，功罪殊难预定。西人佥谓我军只八舰为可用，北洋千里，全资屏蔽，实未敢轻于一掷，致近畿门户洞开……臣与丁汝昌不敢不加意慎重，局外责备，恐未深知局中苦心。海军全仿西法，事理精奥，绝非未学者所可胜任，且临敌易将，古人所忌。似宜随时训励，责令丁汝昌振刷精神，竭力防剿，如果实有畏蒽纵寇各情，贻误大局，定行据实参办，断不敢稍

---

〔1〕参看《李文忠公奏稿》卷78，页52上—53上，《复奏海军统将折》。
〔2〕见《实录》卷344，页7上—下。
〔3〕同上书，页4下—5上。

有徇饰[1]。

此电尚未到京，清廷于初五日（8月5日）再寄谕李鸿章，措辞益为严厉[2]。既得李之复电后，翁同龢虽仍目之为"粉饰"[3]，而枢臣会奏，则已决定予丁以"缓议"矣[4]。

数日之后，日舰开始出现于中国沿海，在威海、旅顺游弋往来，沿海警信频至[5]，于是朝议大哗。丁汝昌遂再成众矢之的，而中枢亦经过一番争论。翁同龢七月十三日（8月13日）《日记》记之曰："……电报威海、成山仍有倭船，而大连湾亦望见二三十船，并拖带民船，辽阳、海口皆告警矣，余与李公但力争：丁督不可不严切责成，仍不能加一重语，但云若再观望，定治重罪……"[6]

当日，清廷谕令李鸿章，速调回海军，防北洋海面，对于丁汝昌，则以"该提督此次统带兵船出洋，未见寸功，若再迟回观望，致令敌船肆扰畿疆，定必重治其罪"[7]。

此后奏参丁汝昌者益多，而枢廷诸臣亦开始受攻击，御史安维峻首于七月十三日（8月13日）劾枢臣。翁同龢《日记》记之曰："（七月）十三日……阅折三件，安维峻劾及枢臣，以为孙、徐尚办事，余则般乐忘返，又欲翁、李两臣同枢臣入对，以免欺蒙……于是军机诸臣不能无愤愤，语多激昂，余则淡漠处之而已……"[8]

安维峻先于七月十一日（8月11日）往见翁同龢[9]。而参折随

---

〔1〕见《李文忠电稿》卷16，页41上一下，《寄译署》。
〔2〕见《实录》卷344，页7上一下。
〔3〕见《翁日记》册33，页67下，七月初六日。
〔4〕同上书，页68上。
〔5〕见《交涉史料》卷16，页18上，七月初十至十三日北洋诸电，并参看《翁日记》七月初十日至十三日。
〔6〕见《翁日记》册33，页70上。
〔7〕见《实录》卷344，页17下。
〔8〕见《翁日记》册33，页70上。
〔9〕同上书，页69下。

即递上，其间似不无受翁影响之处也。继之，翁派重要人物志锐又于十六日（8月16日）专折参孙毓汶与徐用仪，措辞甚峻，略曰：

……近来东事日急，警报时闻，朝野莫不忧心，而奴才默观枢辅用事之大臣，其用心有可大异者。方日人肇衅之时，天下皆知李鸿章措置之失，独孙毓汶悍然不顾，力排众议，迎合北洋。及皇上明诏下颁，赫然致讨，天下皆闻风思奋，孙毓汶独怏怏不乐，退有后言，若以皇上为少年喜事者。查该大臣于中外情形、华洋交涉，素不留心，而专愎性成，任意指挥，不顾后患。皇上试思：自用兵以来，该大臣曾赞一策，画上一谋议乎？皇上欲开言路，该大臣则阴抑遏之；欲倚重老成，则坚摈远之；皇上之所是，则腹非之；皇上之所急，则故缓之。一切技量，皆潜寄于拟旨时，词气轻重之间，小或授意同侪，大则奋然当笔，阳开阴阖，操纵自由，暗藏机关，互相因应。秉政十年，专权自恣，在廷卿贰，无不受其牢笼，各省督抚，得其一书，至有相传为小圣旨之说者。窃弄威福，劫持上下，自伊侄孙楫开缺之后，尤怀悁忿，益肆欺朦，其专愎罔上之心，人人知之，而无敢言者。徐用仪起自章京，性情柔猾，事事仰承其意，即会议一事，徐用仪毅然秉笔，翁同龢等不过略易虚字，及封折之际，会议者竟不得与闻……我皇上事事虚己纳言，而该大臣诪张舞弊，时事若此，安望转机？况日本非无可乘之隙，军中非无可用之将，即李鸿章暮气已深，若诏书策励得宜，亦未尝不可收桑榆末效。无如外间之情形，虽有电报，皇上决不能遍知；圣算之规模，虽有寄谕，督抚亦未能尽喻。所以然者，则该大臣持其枢纽，恣行欺罔之所致也。平日朋淫黩货，玩法营私，公论久在朝野。皇上若诏谕廷臣，皆能列款参奏。尤可恨者，外间传其删节章奏，隐匿电报，不一而足，心意诡秘，莫能测度。奴才屡蒙赐对，备聆玉音。仰窥皇上宵旰焦劳，形于容色，退而见该大臣袖手以观成败之状，愤懑难言……

方今皇上将欲大有为于天下，而令此城狐社鼠久托其中，可必其无一事能遂皇上之愿也。倘蒙宸断，立将孙毓汶罢斥，退出军机，朝政必有起色，军事必有转机……伏望圣察，立予施行，则天下幸甚[1]！

此甲午以来清流对孙毓汶等之反击也。折上，德宗请示太后，卒以太后及庆王之维持，得无事。翁同龢《日记》记之曰：

> （七月）十七日……看折件……又两片交议，是日办奏片孙、徐两公不肯动笔，令顾渔溪上堂写。余与李公亦相顾不发，良久凑成，写就即散，未及递也。昨志锐劾孙、徐把持，折呈慈圣御览，奕劻面对七刻。今日上以原折示两公，温语慰劳，照旧办事，仍戒饬改过云云[2]。

志锐劾枢臣，既无结果，继于七月二十三日（8月23日）奏请派大员查李鸿章病状，借作受代视师之准备，亦为枢廷所驳[3]。于是翁同龢慨然，以为"此时清议，大约责我不能博采群言，一扫时局，然非我所能及也"[4]。

主战派对枢臣及李鸿章一时既无可为力，于是集其全力再打击丁汝昌，必欲去之而后已。七月二十五日（8月25日）侍郎长麟、御史易俊、高燮曾，皆折参丁汝昌[5]。翁李于是又与枢臣大起争执，翁同龢《日记》记曰：

---

[1] 见《交涉史料》卷16，页34下—35上（1394）。
[2] 见《翁日记》册33，页72下。
[3] 志锐原折见《交涉史料》卷17，页29下—31上（1449）；《军机驳志锐之奏片》见页26下（1444）。
[4] 见《翁日记》册33，页74下，七月二十四日。
[5] 参看《交涉史料》卷17，页38下—39上（1458），《长麟折》；页41上—下（1459），附件二，《高燮曾片》；页42下（1460），附件一，《易俊片》。

（七月）二十五日……于易、高两折参丁汝昌，余与李公抗论，谓不治此人罪，公论未孚。乃议革职，带罪自效。既定议，而额相犹谓：宜令北洋保举替人，乃降旨。余不可。孙君谓：宜电旨，不必明发，余又不可。乃列奏片，谓丁某迁延畏葸，诸臣弹劾，异口同声云云……退时午正，极费口舌，余亦侃侃，不虑丞相嗔矣[1]。

议既定，清廷于二十六、二十七两日连下三次上谕，斥丁汝昌牵延观望，畏葸无能，对于牙山叶志超军坐视不救。"着即行革职，仍责令带罪自效，以赎前愆，倘再不知奋勉，定当按律严惩，决不宽贷。懔之！"[2]又寄谕李鸿章酌保继任人选[3]。次日，再严谕李鸿章，重申前旨，结语曰："丁汝昌庸懦至此，万不可用！该督不得再以临敌易将，及接替无人等词，曲为回护，致误大局。懔之！"[4]

至此，对于惩办丁汝昌，主战派之目的可谓初步成功，然不旋踵间，此一步成功，又为太后所打消。翁同龢《日记》记曰："七月二十七日……昨丁汝昌革职之旨，呈诸东朝，以为此时未可科以退避。姑令北洋保替人来，再议。事格不行矣。"[5]

李鸿章于二十七日接奉上谕之后，亦于二十九日（8月29日）上《复奏海军统将折》，详述北洋海军之性能，以及敌我之优劣长短，以为"今日海军力量，以之攻人则不足，以之自守则有余。用兵之道，贵在于知己知彼，舍短用长"，故目前实应"以保船制敌为要，不敢轻于一掷，以求谅于局外"。"至论海军功罪，应以各口能否防护，有无疏失为断，似不应以不量力而轻进，转相苛责。"以力为丁汝昌辩护。对于海军统将，仍以丁为最适宜，认为"目前海军将才，尚无出其右者"，故

---

〔1〕见《翁日记》册33，页75上—下。
〔2〕见《实录》卷345，页13下。
〔3〕同上书，页14上。
〔4〕同上书，页16上。
〔5〕见《翁日记》册33，页76下。

无可保荐，而归结以"自来用兵，谤书盈箧，而卒能收功者，比比皆是。伏恳圣明体察行间情事，主持定断"[1]。

此折到京后，八月初一日（8月31日）上谕再下，丁汝昌又得"暂免处分"[2]。主战派攻丁之浪潮，遂又暂时消歇。

自此以后，直到平壤之败，半月余，中枢政情大致平静。主战派之弹章虽仍累累无休止，然在中枢获得反响者，惟三事：其一，则八月初六（9月5日）御史易俊之劾卫汝贵怯怯贪鄙，克扣军饷，不得兵心，军纪紊乱[3]。上谕令李鸿章"严查复陈，不准稍涉回护"[4]。其又一，则初九日（9月8日）御史张仲炘劾北洋父子及盛宣怀、张士珩等[5]。次日，上谕令李鸿章查明张士珩经办军械事项，有否弊端，据实复奏[6]。其三，则十一日（9月10日）御史端良劾张佩纶在李鸿章署中干预公事，不安本分。上谕李鸿章"即行驱令回籍，毋许逗留"[7]。

对于张士珩之参案，李鸿章立即于十二日（9月11日）电复，力保其办事认真，绝无弊端，且已丁父忧，回籍奔丧，应请无庸置议[8]。于卫汝贵，则亦无法为之辩护，惟有暂时搁置不复，并转电前敌申诫，设法谋补救之道而已（详见下节）。至于张佩纶之被逐则背景较为复杂。彼与盛宣怀、李经方颇不和，其被逐颇由二人之阴谋，而朝内怨家又多，怨李鸿章者亦不免迁怒及之，遂致于此[9]。而对李鸿章亦为一甚扫颜面之难堪事也。

---

[1] 原奏全文见《李文忠奏稿》卷78，页52上—54上。
[2] 见《实录》卷346，页1下—2上。
[3] 见《交涉史料》卷19，页14下（1543）。
[4] 见《实录》卷346，页8上。
[5] 见《交涉史料》卷19，页25上—26上（1566）。
[6] 见《实录》卷346，页13上—下。
[7] 同上书，页14下。
[8] 见《李文忠电稿》卷17，页10下—11上。
[9] 详情参看《涧于集书牍》卷6，页1上—3下，《复王廉生太史》；页4上，《复邵实甫观察》；页4下—5下，《复陈弢庵阁部》；《吴挚甫尺牍》卷1中，页30上，《答范肯堂》。又《涧于日记》甲午下（页18下）八月十六日记张之洞来电，亦可参考。

第三节　前敌人事摩擦之影响军事

前敌军事，陆上实为主体，海军力弱，不过作呼应牵制之用而已[1]，故中国方面，对于战争之进展，主要寄其希望于入韩之陆师。开战以后，自七月（公历8月）初旬至中旬，奉派入韩之卫汝贵、马玉崑、左宝贵、丰升阿四军，先后到达平壤[2]。卫、马两部为李鸿章之北洋防军，左、丰两军则由关外抽调者[3]。就中以卫汝贵之盛军兵最多，共十三营，六千余人。马玉崑之毅军计四营，二千人[4]。左宝贵之奉军马步八营，三千五百人。丰升阿之奉天练军马步六起，共一千五百人[5]。合计约有一万四千人[6]。至七月（8月）下旬，叶志超、聂士成转战牙山之军亦撤至平壤[7]。于是诸军合计约三十五营，一万五千人以上[8]。

当时中日在韩实力之对比，中国实居劣势。日军兵数较多[9]，

---

〔1〕参看《李文忠奏稿》卷78，页52上—54上，《复奏海军统将折》。

〔2〕参看《李文忠电稿》卷16，页40上一下、页43下，《寄译署》；《交涉史料》卷15，页36下—37上（1273），《盛京将军来电》。

〔3〕参看《李文忠电稿》卷16，页21下，《寄译署》；《交涉史料》卷15，页30上（1251）。

〔4〕参看《李文忠电稿》卷16，页21下，《寄译署》。

〔5〕参看《交涉史料》卷15，页30上（1251）。

〔6〕参看《李文忠电稿》卷16，页42下，《寄译署》。

〔7〕参看同上书，页54上，《寄平壤交叶提督》；姚锡光《东方兵事纪略》卷1，页25下，《援朝篇》第二。

〔8〕据《东方兵事纪略》卷1，页25下—26上，《援朝篇》第二，共为三十五营，中国编制每营约五百人，则应为一万七千五百人。但叶志超部或有伤亡未及补充者，以其余众加平壤之一万四千人，总数自当在一万五千以上。

〔9〕当时日军人数据中国方面估计，约有三四万人（参看《李文忠电稿》卷6，页57下—58上，《寄译署》及卷17，页15下，《寄旅顺宋宫保》）。但据当时中立人士之报导，则日军攻平壤之部队总共约为一万五千人（见《中东战纪本末》二编卷2［总卷14］，页28下战事清单一，两军总数）。又中国参谋本部编之《甲午中日战争纪要》页17—18所载攻下平壤各路日军之合计，亦约为一万五千人。各路部队统帅及路线皆备，则人数似亦不能甚诬，然若以后续部队合计之，则亦将近三万人（参看同书页17），人数上似较占优势。

器械及战术亦较新[1]。而中国方面，又以海军力弱，后方转运亦不敢由海路直入大同江以达平壤，而不得不迂道北方一带[2]，以至于前敌粮饷弹药之供应皆倍增困难[3]。

中枢于此种种，则似颇昧然无所知，惟事催促进兵，以求攻取汉城。前敌将领以兵少，又后路空虚，不敢轻进，请增兵[4]。而北洋则几于无兵可增[5]，新募诸军，皆缓不济急[6]，其中又不尽可用[7]，且受饷力限制，尚不能大加扩充[8]。支绌之状，真可慨叹！然而当时主战人士则惟见其恇怯畏缩，不能早据形胜之地，以致久顿平壤，遂为日人所乘也[9]。

情势如斯，即全军用命，上下一心，亦尚未可乐观。而当时前敌诸军之间，则人事之复杂散漫，与夫内部之腐败纷争，又几至于不可救药，夫安得不惨败！

大敌当前，诸军自亟需统一指挥，然派遣前敌统帅在当时清军中，亦非一简单问题。盖自湘淮军兴之后，各军之派系门户划分甚清，非属一系，决难指挥如意。六月二十九日（7月31日）清廷以刘铭传不出，曾咨询李鸿章应否酌调大员统率前敌诸军[10]。李鸿章于七月初

---

[1] 日军装备与战术之新，参看《李文忠奏稿》卷78，页61下，《据实陈奏军情折》及《电稿》卷17，页13下，《复译署》。

[2] 参看《李文忠电稿》卷16，页45上—下，《寄译署》所谓"……安州、博川、晴江均系后路转运要隘……"及卷16，页60上—下，《复译署》。

[3] 前敌粮弹困难情形，可看《李文忠电稿》卷17，页12下—13上，《寄周臬司》；页13下—14上，《复译署》；页22下，《寄译署》。

[4] 《李文忠电稿》卷16，页48上—下，《寄译署》；页57上—58下，《寄译署》；及《实录》卷345，页7上—下，七月丙申。

[5] 《李文忠电稿》卷16，页48下，《寄译署》末段；及卷17，页11上—下，《寄译署》末段。

[6] 《李文忠电稿》卷16，页48下，《寄译署》末段；及卷17，页5下，《复叶总统》末段。

[7] 《李文忠电稿》卷17，页5下，《复叶总统》。

[8] 《李文忠电稿》卷16，页49上，《复译署》末数句。

[9] 参看《交涉史料》卷17，页7上—下（1407），易俊折；页39上（1458），长麟折；卷18，页7上（1466），余联沅折；卷19，页25上（1566），张仲炘折。例多不尽举。

[10] 参看《实录》卷343，页12下。

二日（8月2日）复电，以为"派赴平壤卫汝贵、马玉崑、左宝贵各军，皆系鸿章旧部，练习西洋新式枪炮多年。屡饬该统将等和衷商办，凡其力所能及者，当可无误机宜。若另调素不相习之大员前往统率，有损无益，转不足以维系军心。现平壤以北，电线可通，鸿随事往复指示，尚能周详，似暂无须另派统帅……"[1]。七月十四日（8月14日）庆亲王奕劻再函李鸿章，建议其酌举三品以上大员帮办事务，则"与时局较有裨益"[2]。其意盖在直隶按察使周馥。李鸿章于得信后，商之周馥。周自知力不胜任，坚辞。最后允任前敌营务处[3]。于是李鸿章于十七日复函，详述其无适宜人选之苦衷，略曰：

> ……此次日人称兵侵扰藩属，并扬言图犯畿疆。鸿章职司所在，自当力为其难。军情瞬息万变，遇事须当机立断，乃能齐一视听，迅赴戎机。鸿章在兵间四十年，亲见从前各路会办帮办人员，大抵令其分剿一路，稍假事权，仍由统帅调度，若两帅同办一事，则往往意见参差，徒增牵掣，贻误滋多。否则徒拥虚名，毫无实用。即如法越之役，吴清卿中丞奉命会办北洋，清卿人本平正，颇能和衷，惟平素不甚知兵，凡事悉由鸿章主持，未见赞助之益。现在三品以上大员内，即有才略优长者，军事多未历练，情形或未深知，似乏堪资谋断之人。若妄有所举，徒为分劳卸责之计，似非所宜。北洋海防各处炮台，均系逐年布置，但使兵力足敷，饷需能继，当能勉支。鸿章虽以衰年，一息尚存，此志不敢少懈，必须尽力筹备，不任少有疏虞。至平壤前敌援剿各将领，均系身经百战，官至实缺总兵，倘统率不得其人，恐彼此观望猜嫌，军心涣散，关系大局非浅。故前请特召刘省三中丞，以其久统淮部，威望素孚。竟以宿疾未瘳，势难强起。今不得已而思其次，查有

---

〔1〕见《李文忠电稿》卷16，页38下，《复译署》。

〔2〕见《交涉史料》卷16，页30下（1382）。

〔3〕参看《周悫慎年谱》上卷，页30上。

直隶枭司周馥，自沪上相从，在淮军最久，情形熟悉，练习机宜，前经派充海防水陆营务处，与各将领气谊素洽，拟即奏明，派令驰赴前敌，作为总理营务处，联络诸将，稽察军情，遇有进剿事宜，随时电禀商榷，不至延误，并无须别立帮办、襄办等名目，俾各将领禀承专一，不致有疑忌推诿之情，较有实济[1]。

函到京，于是七月二十二日（8月22日）上谕遂命周馥总理前敌营务[2]。未至，而平壤已败[3]。

七月二十五日（8月25日）上谕命叶志超总统全军。叶于前线得北洋转知委令后，亦深觉无把握担此复杂之责任，遂即复电力辞，略云：

> ……惟超望浅才庸，实难当此重任，况诸将才智均胜超数倍，深惧指挥未协，督率乖方，贻误大局。必须威望卓著，老成练达知兵大臣，方可胜任。务求……奏请……另派知兵大臣总统此任，将超改为前敌营务处，或翼长名目……敬恳代奏，感荷成全无既[4]！

辞气之间，盖亦深感诸将之难驭也。电转至京，清廷即于七月二十八日（8月28日）电谕李鸿章转知叶志超，以为彼"孤军御敌，冒险出围，督率有方，堪胜总统之任……着……毋许固辞"[5]。

电到，叶虽打消辞意，然前敌诸将之不相下，实成为军中一大危机。中枢亦感到此问题，故于八月初五日（9月4日）寄谕李鸿章云：

---

〔1〕 见《李文忠海军函稿》卷4，页28上—29上，《论帮办军务》。
〔2〕 见《实录》卷345，页7下。
〔3〕 参看《周悫慎年谱》上卷，页30下。
〔4〕 见《李文忠电稿》卷16，页59下，《寄译署》。
〔5〕 见《实录》卷345，页17上—下。

……叶志超前在牙山，兵少敌众，而词气颇壮。今归大军后一切进止，反似有窒碍为难之象。聂士成打仗素称勇往，今忽拟回直募勇，均难保不另有别情。叶志超与盛、毅诸将平日分属等夷，今身膺总统，同人中或各存意见，不服调度，则措置一切，必难自如。军情紧迫之时，深虑因此偾事。李鸿章于诸将性情才略，知之素悉。此次军中调遣，何人奋勇，宜于前敌？何人稳慎，宜于坚守？均应悉心派拨，随时电知叶志超，严饬照办，则诸将自必懔遵，不可以全军重任，付之叶志超一人……[1]

此电到津后，叶志超八月初六日（9月5日）电亦到，报告其他军情而外，又有"所虑者，诸军皆多年驻防，未经战事，且将各一心，超资望浅薄，未识能否驾驭"[2]之语。使李鸿章亦"深为悬系"，而令叶"速传集诸统领，开诚布公，恭阅严旨，应如何迎击分守之处……悉心派拨，详细电知，以凭复奏"[3]。

叶电到京，八月初八日（9月7日）清廷亦电谕李鸿章，谓："……昨因虑平壤诸将，或有各存意见之处，降旨询问。今阅叶志超复电，亦有此意。虽经李鸿章屡次戒饬，并称断不至不服调度，仍恐难免此弊。着李鸿章传谕叶志超，力矢公忠，破除情面。如遇有前项情事，即行据实电告李鸿章，立予严参惩办，不得一字掩饰，致误戎机，是为至要！"[4]

叶志超于八月初七日（9月6日）曾电李鸿章，请令李经方出督各军，以资震慑。李鸿章复电，认为"方儿向未亲行阵，吾更难内举不避亲。弟惟一力担承，勉为联络，求于事有济而已。圣意为群言所淆，颇滋疑虑，闻将遣桂瀛洲赴津、奉、韩，密查军情，节后由京启行。

---

〔1〕 见《实录》卷346，页6下—7上。
〔2〕 原电见《交涉史料》卷19，页21下—22上（1553）。按：《李文忠电稿》无此。
〔3〕 原电见《李文忠电稿》卷17，页4下—5上，《寄叶总统》。
〔4〕 见《实录》卷346，页9下—10上。

俟其至奉，弟或将为难情缄告，此番军务实关系大局非浅……"〔1〕。

迨及八月十三日（9 月 12 日）日军开始大举攻平壤，左宝贵与叶志超又生意见，志超恐后路危，将于十五日（9 月 14 日）撤兵北归，而宝贵不遵调度，至以亲兵守志超，防其遁去〔2〕。至十六日（9 月 15 日）日军终突破宝贵防区，攻入平壤，宝贵战死，诸军始北退，则后路已为人截断，突围而出，损失甚大〔3〕。

前敌诸将之间，关系如此，而军队纪律又颇不讲求，尤以卫汝贵所部之盛军为然。盛军为淮部嫡系，故李鸿章对此尤焦急愤懑。七月十六日（8 月 16 日）电卫汝贵曰："前途人至，言盛军奸淫抢掠，在义州因奸，枪毙韩民一，致动众怨，定州又枪毙六人。义尹电由平安道，请汝查办，置不复。何以庇纵所部弁勇，致军声大坏？殊为愤懑，务速认真究办严惩，以服民心！闻奉、毅两军纪律较严，汝当自愧！"〔4〕

七月二十八日（8 月 28 日）中枢因御史安维峻之奏〔5〕，电谕李鸿章，转电前方，整饬纪律〔6〕。李鸿章亦于次日发长电致平壤诸将领曰：

昨钦奉电旨，严禁兵勇骚扰，业经转电钦遵。顷据委员禀报：由义州至平壤数百里间，商民均逃避，竟有官亦匿避。问其缘由，因前大军过境，被兵扰害异常，竟有烧屋强奸情事，定州烧屋几及半里，沿途锅损碗碎各情，闻之发指。查由义至平，各军转运不绝，若官匿民逃，不但夫驮难觅，且中途饭铺皆无，将来有无

---

〔1〕 见《李文忠电稿》卷 17，页 5 下，《复叶总统》。
〔2〕 参看《东方兵事纪略》卷 1，页 29 下—30 上；《清史稿》页 1453·1，《列传》247，《左宝贵传》。
〔3〕 参看《东方兵事纪略》卷 1，页 30 上—31 下；《李文忠电稿》卷 17，页 22 上—23 下，《寄译署》。
〔4〕 见《李文忠电稿》卷 16，页 47 上—48 上，《寄平壤盛军卫统领》。
〔5〕 安维峻原奏见《交涉史料》卷 18，页 17 上—下（1496）。
〔6〕 参看《实录》卷 345，页 17 上。

穷之苦。后路转运为行军命脉根本，倘竟阻碍，何堪设想！除密
饬公正大员，破除情面，前往密查，严行整顿，并抚恤各民苦况，
以安民心。再将沿途民牛数千条，究落于何军何营？查交地方官，
饬还于民，以便沿途按站换拨转运。并严饬各将领速整营规，勿
稍扰民。我军前进，兵民声气相通，不致另生枝节，关系至巨，
各统领宜各自顾声名，收拾人心，谨防后患，是为至要[1]！

军队纪律之劣，以及由此影响军事之处，由此一电，可以概见。而卫
汝贵军不但军纪最劣，内部尚有纷争，几于酿成变故。八月初八日（9
月7日）李鸿章电叶志超，嘱令劝诫卫汝贵，安顿军心，略曰："虞
已电悉，弁勇多暮气，是否指盛军？达三〔按：为卫汝贵字〕临行，
申诫再三。弟与开诚布公，令其严申军纪，破除私见，兵随将转，当
可用以御敌……"[2]

至十三日，奉饬令查参卫汝贵之上谕以后，益为焦愤，随即电卫
汝贵，痛加申斥曰：

顷奉寄谕，卫汝贵恇怯无能，性情卑鄙。平日克扣军饷，不
得军心，沿途骚扰，必至败事，着查明严参等因。现闻盛军在平壤，
兵勇不服，惊闹数次，连夕自乱，互相残踏。左、马、丰三统将，
忠勇协力，上下一心，独汝所部，狼狈至此！远近传说，骇人听
闻！汝临行时，吾再三申诫，乃不自检束，敌氛逼近，若酿成大
乱，汝身家性命必不能保，吾颜面声名何在？电到后，切勿自回
护。密商叶总统，应如何设法，安抚军心，顾全大局。或将该军
暂令孙显寅帮统，以孚众望，而期努力效命。立候电复[3]。

---

〔1〕见《李文忠电稿》卷16，页62上—下，《寄平壤丰卫左马各统领》。
〔2〕见《李文忠电稿》卷17，页5下，《复叶总统》。
〔3〕同上书，页11上—下，《寄平壤卫统领》。

同时又电叶志超，嘱帮同处理盛军之内扰，并于必要时处置卫汝贵。略曰：

> ……卫镇现有多人参劾，奉旨查参。闻军心不服，惊闹数次，实由自该镇自开差以来，算小惜费，刚愎自用。若至决裂，定即请旨，在军前正法。弟务传伊至密室，将此语切实告知。已另电详示，事已急矣！或令孙显寅帮统该军，或将不得力及有意搅局之分统营官撤退，弟身膺总统，有此权柄，总期同心努力，顾全大局为要[1]！

电到，而平壤大战已起，诸军溃败，而盛军尤甚[2]。经此一败，中国军队遂退守鸭绿江，朝鲜全境乃全沦敌手。

海军方面，自开战以来，月余未尝遇敌。以自知力弱，不足攻人，而日舰亦忙于护运其后方供应也。八月十六日（9月15日）平壤弃守[3]，时北洋海军方护运军队在鸭绿江口登陆。十八日（9月17日）日舰掩至，邀击之于黄海上，鏖战数小时，中国舰队沉毁泰半。从此益不敢出，制海权遂全归日人[4]。

海军实力之不如人，为当时识者所公认，然而舰上主炮之弹药，竟亦不足，遂使战力更为低减，则平时之疏忽亦可见。刘步蟾为北洋海军事实上之总指挥官，而其本人则颇怯懦自私，惟求自身之安全，而置全军命脉于不顾，海军此役之惨败，彼实应负最大责任。然而以其工于掩饰，又虚报战绩，结果非特无罪，反得奖赏，而济远管带方

---

〔1〕见《李文忠电稿》卷17，页11下，《复叶总统》。

〔2〕参看《李文忠电稿》八月二十四日以后寄叶志超、卫汝贵诸电（卷17，页20下以下），则盛军溃败之惨可以概见。

〔3〕参看《东方兵事纪略》卷1，页30上—31下及《李文忠电稿》卷17，页22上—23下，《寄译署》。

〔4〕张荫麟《甲午中国海军战绩考》（《清华学报》民国二十四年一月）有极详细之考释，可参看，尤其是第二节《黄海之战》（页12—26），本文所叙海军情势皆据张文。

伯谦则被构陷而处斩于旅顺，死非其罪，亦由于彼。

经此陆海两败，战局前途几已大定。而中国政府一意作战之时期，亦于以告终。

第4章

和战并进时期

　　自平壤败后，至李鸿章奉派赴日议和以前，可称为和战并进之时期，亦为本文之重点所在，盖中枢决策之由战趋和，以及政局上之重要变迁，皆发生于此半年间。在此期间，随战事之发展，主战派在人事上之策划企图，颇得渐次实现；然前敌军事之屡屡失利，及外国之居间为力，使和议酝酿，亦着着进展，而终底于成。至身负战责而意主和议之李鸿章，则在主战派与日本军队夹击之下，声名扫地，大为失势。此外北洋之创练新军，以及帝后间之渐起党争，皆影响后来政局至巨者，亦皆萌芽于此时。

第一节　中枢人事之重要更动与主战派之作为

　　平壤败讯至京，翁同龢、李鸿藻即在中枢动议：惩办李鸿章，结果李氏虽有太后之维护，终亦获薄谴（详见第三节）。继之，主战派方面即开始发动新攻势，以求转换政局现状，一方面再度猛攻枢臣，另方面则纷请起用秉国二十余载，又息影十年之恭亲王奕訢。枢臣被劾，曾于八月二十七日（9月26日）总辞职，以上谕不准行而罢[1]。起

---

[1] 主战人士之攻击枢臣，参看《翁日记》册33，页89下，八月二十八日所记；《清史列传》卷61，页22上一下，《张百熙传》所记，其片劾礼亲王；《故宫文献馆藏军机处奏折》（以下简称《文献馆奏折》）折58：47高燮曾折，折58：58安维峻折。皆论及枢臣。

用恭亲王，则蔚成巨潮，终获成功。

先是，开战之初，侍郎长麟即一度疏请起用恭亲王，原疏留中不报[1]。至是经数日之酝酿，南上两斋之天子近臣，遂首先于八月二十八日（9月27日）晨由侍郎李文田领衔上奏，请起用恭王。折内痛斥军机诸臣及李鸿章，以为恭亲王才力远胜于礼亲王等，如能起用，当可以内整朝纲，外御强敌[2]。折上，枢臣翁、李等会商，亦以为"所奏各节，不为无见"，递片合词吁请[3]。然下午太后召见枢、译、翁、李诸臣时，对此则仍不准行，翁同龢《日记》记之曰：

> 二十八日，（按：先谈者为遣翁去津事）既而与李公合词吁请派恭亲王差使，上执意不回，虽不甚怒，而词气决绝！凡数十言，皆如水沃石……[4]

此所谓"上"，自是指太后而言，德宗当时固极力赞助促成之也，陆宝忠时以翰林院侍讲学士入值南书房，其自订年谱，记此事之前后原委云：

> ……中秋后，警报叠来，余与野秋（按：为张百熙字，时以翰林院侍讲，值南书房）入直后，互论国事，以为欲挽艰危，非亟诏亲贤不可，顾以资浅言微，恐不足以动听，踌躇数日。八月二十七日清晨，至万善侧直庐，与曹竹铭同年（按：为曹鸿勋字）、野秋往复相酌，谋诸李若农前辈（文田），若老忠义奋发，愿不避谴责，联衔入告，即与同志诸人，到若老宅，由伊定稿，即日

---

〔1〕见《翁日记》册33，页66下，七月初三日；《缘督庐日记钞》卷7，页6上，甲午七月十二日。

〔2〕原折略见《清史列传》卷61，页22下—23上，《张百熙传》。

〔3〕见《翁日记》册33，页89下，八月二十八日。

〔4〕同上书，页90上。

缮写，傍晚封口，明晨呈递。列名者为李文田、陆宝忠、张百熙、张仁黼、曹鸿勋、高庆恩。二十八日，入直，宝忠独蒙召对，所宣示者，不敢缕记。临出，上谓：吾今掬心告汝，汝其好为之。退，至直庐，即往谒徐荫翁，荫老约同志拟折，到者只数人，翰林科道皆有公折，翌日同上。又次日，上召诘南、上两斋之未列名者，令其补递，于是传知宗人府，令恭亲王预备召见……[1]

叶昌炽时为翰林院编修，其《缘督庐日记》记当时翰林院诸人活动情形云：

> （八月）二十六日，木斋（按：为李盛铎字）晨来，约联名递封事，请起用恭邸，因昨日南、上两斋先入告，伯葵（按：为陆宝忠字）前辈召对，圣意欲得外廷诸臣协力言之也。
>
> 二十九日，同署诸君集议于全浙馆，道希（按：为文廷式字）属稿，列名者五十七人。
>
> 九月初一日黎明，至西苑门，随即递折，道希召对[2]。

观此，则可知恭王之出山，实德宗与清流人士合谋以促成者也。而恭王亦终于九月初一日（9月29日）奉旨召见。懿旨随下："着在内廷行走。"随又下诏：派管总署及海军衙门，并会同办理军务[3]。清流人士所以于此时力挽恭王出山之故，盖以恭王在当时满人贵胄中才识最优，而地位最高，向以敢任事著称。其出山，无论如何，将胜于礼、庆诸王，而恭王过去又屡与太后不洽者，如能左右于帝后之间，以稍抑太后之权势意图，则于德宗及清流，皆大有助益。此外孙毓汶又恭王素所不善者，恭出，则亦有利于打击孙也。

---

〔1〕见《陆文慎公年谱》（自订）卷上，页29下—30上。
〔2〕见《缘督庐日记钞》卷7，页7上。
〔3〕见《实录》卷348，页1上。

然恭王出山以后，乃使主战派大失所望，盖彼竟追随太后之后，力谋促成和议，而成外廷中和议运动之中心人物也（详见下节）。翁同龢等亦无术阻之。

主战派既无可奈何于恭王，于是退而再打击其所深恶痛绝，又善能谋和之枢臣与李鸿章。对李氏尤不断猛讦，期予罢斥[1]。然而以太后护持于上，仍不能如愿以偿[2]。反对和议亦无结果。

但主战派在此半年之中，亦颇有其收获与进展，李鸿章本人虽不能撼动，然其声势则大堕，事权亦渐削，其亲信人物，亦颇多获罪（详见本章第三节），此虽因战事之失利，亦半由主战人士打击之效，至于中枢人事上之新调动，则尤大都有利于彼等。

恭亲王起用之后，随之云贵总督王文韶亦于九月初五日（10月3日）奉旨："迅速来京陛见。"[3]初九日（10月7日）湘抚吴大澂到山海关，所部湘军开始到防[4]（大支部队，则于十月中旬以后渐集）。九月下旬以后，日军大举渡鸭绿江，入国境，前敌诸军溃败，同时日军又开始登陆辽东半岛，金、旅警信频至，中枢一时大为紧张，太后焦愤，连日召见枢、译诸王、大臣，商讨大计[5]。中枢人事于是开始

---

〔1〕 在此一阶段中，主战人士参枢臣之折，多于论他事（例如参北洋或阻和议等）。牵连及之，专折参者最少，惟文廷式于十一月间有参孙毓汶一折（见《翁日记》册33，页118下—119上，十一月朔），此外《交涉史料》卷21，页34上—下（1767），张仲炘折，则论及徐用仪；卷22，页27上（1841），安维峻折，参盛宣怀，亦涉及礼亲王及孙毓汶；卷22，页36上—下（1856），文廷式折，则并参疆臣、枢臣，请严加议处，皆可参考。参李鸿章之折，则繁多，不能列举，参看褚成博《坚正堂折稿》及《文献馆奏折》第58包及《交涉史料》甲午年诸有关奏折。

〔2〕 例如《翁日记》册33，页119上—下所记："……太后……论兵事，斥李相贻误，而深虑淮军难驭，以为暂不可动。"孙毓汶两次为志锐、文廷式严参，皆以太后力，得无事。参看《翁日记》册33，页72下及页119上—下，又《吴挚甫尺牍》卷1中，页30下—31上，《与治甫函》，亦可参看。

〔3〕 见《实录》卷348，页7下—8上。

〔4〕 参看《吴窦斋先生年谱》，页226—227。

〔5〕 参看《东方兵事纪略》卷2，页3上—5上，《奉东篇》第三；页21上—22上，《金旅篇》第四，中枢紧张情形参看《翁日记》册33，页103上—108上，九月二十七日至十月初五日。

作重要调整，九月二十九日（10月27日）负责警备京师治安之步军统领福锟开缺，以新近到京祝嘏（十月初十日太后六旬寿诞）之西安将军荣禄继任[1]。十月初五日（11月2日）下诏，以恭亲王督办军务，各路统兵大员，均归节制，以庆亲王奕劻帮办军务，翁同龢、李鸿藻、荣禄、长麟四人会同商办[2]。同日召两江总督刘坤一来京，遗缺以张之洞署理[3]。次日，翁同龢、李鸿藻及广东巡抚刚毅（时来京祝嘏）皆奉旨补授军机大臣[4]。至十九日（11月16日）而额勒和布、张之万奉旨退出军机[5]。至十一月初八日（12月4日）恭亲王亦授军机大臣[6]。十九日（12月15日）而荣禄又奉命入总署[7]。经此种种调整以后，中枢阵容较前颇见加强，而清流势力亦重入枢要。

翁同龢入军机后，德宗对之宠信备至，翁氏日记记之曰："（十月）初八日，……进讲三刻，见起三刻，后与庆邸、李公同起一刻余。上英爽，非复常度，剖决精明，事理切当，天下之福也。……每递一折，上必问臣可否，盖眷倚极隆，恨臣才略太短，无以仰赞也。"[8]

盖此后直至戊戌四月翁之去职，枢廷之中，翁实为最有力之人物也。

十二月初一日（12月27日）刘坤一到京，当即觐见太后及德宗。次日，上谕下，授钦差大臣，关内外诸军，皆归节制[9]。至是，而李鸿章之统帅身份正式解除，主战派蕴蓄已久之一重要企图，终于达成。

刘坤一之地位在当时盖极重要，湘军北来者日众，惟彼之资望与

〔1〕见《实录》卷350，页19上。
〔2〕见《实录》卷351，页10下。
〔3〕同上书，页11下。
〔4〕同上。
〔5〕见《实录》卷352，页7下。
〔6〕见《实录》卷353，页13下—14上。
〔7〕见《实录》卷354，页9上。
〔8〕见《翁日记》册33，页108下—109上。
〔9〕见《实录》卷355，页5上。

关系足以统率之，而朝内对彼之信赖与夫委任之专一，皆非前此李鸿章所得望其项背，翁同龢则尤倾心与之相结纳，翁氏日记记之曰：

> 十二日朔……刘坤一到京，与谈甚健，非如传者之弱也。……晚归，拜刘公未晤……
>
> 十五日……访晤刘岘庄，辩论甚长，伊执队不齐、械不备，不能轻视之语，百折不回也……
>
> 二十四日……送刘岘庄，有客在座。送客，留余深谈宫禁事，不愧大臣之言也。濒行，以手击余背曰：君任比余为重。……[1]

主战派之整个希望，此时几皆集于刘坤一之身，对内冀其能以大刀阔斧之手法，整饬北洋人事，予李鸿章以更大打击，以去此眼中之钉。对外，则期力挽败局，能速获一大胜，以绝和议（是时张、邵已奉旨出使议和）。然而刘就职以后，亦竟不能副彼等所望。在军事方面，并无立即转败为胜之把握，惟滞留京师，候催兵械之速集，然后再图长策；在内部人事方面，亦大都因仍旧贯，无所作为，使主战人士颇为失望[2]。

十二月二十六日（1月21日）王文韶到京。翁同龢亟往访之，长谈。次日再访之，盖翁王亦旧交也。二十八日（1月23日），王觐见，即奉旨：任为帮办北洋事务大臣[3]。于是主战派再寄其希望于王，

---

〔1〕见《翁日记》册33，页130下—131上、135上、138上、139下；又《刘忠诚公遗集·书牍》（以下简称《刘忠诚书牍》，此外奏疏、文集等皆同）卷11，页61上—62上，《致翁宫保》（乙未五月十一日）及卷11，页70下—71上，《致翁宫保》（乙未八月十七日），亦可参看。

〔2〕主战派之希望与失望可由当时彼等之奏折中略窥一般，参看《交涉史料》卷27，页35下—37上（2222），翰林院代奏王荣商折；卷28，页2下—3下（2242），文廷式折；页5上—6上（2244），戴鸿慈折；页6上—7上（2245），高燮曾折；页12上—13上（2252），张仲炘折；卷29，页21上—26上（2320），《恩溥折》；卷30，页11下—13上（2396），《钟德祥折》；卷33，页34上—下（2648），端良折；卷35，页5上—6下（2763），余联沅折；黄氏《掫忆》页192—193引文廷式数节札记，皆不满于刘坤一者，亦可参看。

〔3〕参看《翁日记》册33，页140上、下，141上；《实录》卷357，页13下。

冀其能钳制李鸿章而终得取而代之也[1]。王于正月十三日（2月7日）出京，十七日（2月11日）到津[2]。十九日（2月13日）而李鸿章奉旨使日议和。二十五日（2月19日）交卸离津，直督北洋大臣遂由王文韶署理[3]。至是关内外，前后方军事主持人物，乃全合于翁同龢等之希望，然而同时，则和局亦已大定。

综观此半年期间，政局中人事之变迁，大致颇依照主战派之企图，而得渐次达到（参看第三章第一节），然而在政策之推动上则大为失败，彼等主战，但并无实际有效之方策以支持战争，而自立于不败之地，更无论乎求胜矣！

翁、李等入军机后，随即有金州、大连、旅顺之相继溃败。旅顺要港于十月二十四日（11月21日）失守。二十七日（11月24日）消息至京。中朝除先已降旨惩谴李鸿章、丁汝昌及守旅顺淮军诸将外，亦别无展布。翁同龢等亦惟有愤叹而已[4]。然则犹可谓咎在李鸿章，非主战人士所能为力也。至十一、十二月间，关外海城、盖平一带，又连续溃败。宋庆大军退集营口、田庄台之线[5]。宋庆军，固当时内外属望，号称能战之劲旅，且当时事实上已由中旨直接调度，而不由李鸿章指挥者也[6]。盖平败后，宋庆催援孔急，中旨促刘坤一，

---

[1] 参看《交涉史料》卷30，页3下—4上（2373）；页34下—35下（2439），余联沅二折；卷31，页9下（2465），易俊折之后半；页14下—15上（2479），谢隽杭折；页20下—21上（2490），高燮曾折；页35上一下（2508），附件三，恩溥片；卷32，页4上（2520），附件一，戴鸿慈片等。又《翁日记》册34，页4下，乙未正月十日，所记"……午后，督办处晤夔石，两邸诸公毕集，欲商略北洋事而无发言者，余则喋喋论列，不能也"。亦可参证。

[2] 参看《交涉史料》卷32，页28下—29上（2586），王文韶折。

[3] 参看《实录》卷359，页12下—13上；《翁日记》册34，页8上一下，正月十八日；页10下，正月二十四日。

[4] 参看《翁日记》册33，页109上—110下，十月初九至十一日及页117上一下，十月二十七日。

[5] 参看《东方兵事纪略》卷2，页6下—7下，《奉东篇》第三；卷3，页1上—4上，《辽东篇》第五。

[6] 详见本章第三节。

出驻山海关督师[1]。刘虽于二十四日（1月19日）出京，然以兵械皆不齐备，前途毫无把握，勉强而行，牢骚甚大[2]。

刘坤一离京之次日，而日军在山东荣成湾登陆，威海攻防战开始，主战派所深为推许之李秉衡亦连连丧师失地。警电纷至中枢[3]。翁同龢等亦一筹莫展，徒唤"奈何"[4]。正月十八日（2月12日）刘公岛陷，海军降，丁汝昌等殉。刘坤一于正月十三日到榆关[5]。正月三十日（2月24日）宋庆军再败于太平山。二月初八日（3月4日）吴大澂所部湘军初试锋芒，即大败于牛庄，损失甚重，十二日（3月8日）营口陷。十三日（3月9日）宋庆军又大败于田庄台，诸军西退至锦州外围[6]。于是湘军声望亦堕。主战派之希望，乃益暗淡。

二月十九日（3月15日），李鸿章离京，东渡议和[7]。是时，则威旅要港辽东半岛，全在敌手，渤海之内，已任人横行矣！

第二节　和议之酝酿及其成熟

和议之起，发自太后，恭亲王主持之于外廷，枢臣则孙毓汶、徐用仪（皆兼总署），总署大臣则户部侍郎张荫桓，皆为策划奔走之重要人物。而张荫桓尤为活跃。此外，则李鸿章以过去久主交涉，情形熟悉，关系亦广，向为外国所重，故亦不能置身事外，颇为恭王等所咨询，并参预实际之工作。

----

〔1〕原上谕见《实录》卷356，页14下—15上。
〔2〕参看《刘忠诚书牍》卷11，页33上—34上，《复奎乐峰》；页34下，《复张野秋》；《翁日记》册33，页137下—138上，十二月十九日、二十日。
〔3〕参看《东方兵事纪略》卷3，页21下—28上，《山东篇》第六；《交涉史料》卷29、30；山东巡抚及北洋大臣诸电，并散见于《翁日记》中（甲午十二月二十六日以后）。
〔4〕参看《翁日记》册33，页140上，十二月二十六日；册34，页4上—下，乙未正月初九日。
〔5〕见《刘忠诚奏疏》卷23，页8上，《留军扼重关防折》。
〔6〕参看《东方兵事纪略》卷3，页9上—14下，《辽东篇》第五。
〔7〕参看《东方兵事纪略》卷4，页30下，《议款篇》第八。

至于德宗，对此自甚不愿，然而亦无可如何也[1]。

平壤败后，太后开始出而积极问政，连日召见礼庆两王，有所商讨[2]。至八月二十八日（9月27日）分起召见庆王、军机大臣及翁同龢、李鸿藻，开始吐露谋和之意。翁同龢《日记》记之曰：

> 二十八日……传庆亲王、军机、翁某、李某凡三起，在颐年殿东暖阁见起。遂至河沿朝房敬俟。申初，庆邸入二刻，军机一刻，余与李公同入。皇太后皇上同坐……首言倭事……次及淮军不振，并粮械无继种种贻误状。皇太后曰："有一事，翁某可往天津，面告李某，此不能书廷寄，不能发电旨者也。"臣问何事？曰："俄人喀希尼前有三条同保朝鲜语，今喀使将回津，李某能设法否？"臣对："此事有不可者五，最甚者，俄若索偿，将何以畀之？且臣于此等始未与闻，乞别遣。"叩头辞者再，不允。最后，谕曰："吾非欲议和也，欲暂缓兵尔，汝既不欲传此语，则径宣旨，责李某何以贻误至此！朝廷不治以罪，此后作何收束？且退衄者，淮军也。李某能置不问乎？"臣敬对曰："若然，敢不承？"则又谕曰："顷所言，作为汝意从容询之。"臣又对曰："此节只有李某复词。臣为传述，不加论断。臣为天子近臣，不敢以和局，为举世唾骂也。"允之。……既又谕："明日即行。往返不得过七日。"遂退，与诸公略说。归，己酉初矣。检点行李，秘不使人知。甚苦！……[3]

次日（9月28日）翁即动身去津。初二日（9月30日）到津[4]。

---

[1] 德宗之反对和议，在翁同龢《日记》中透露甚多，本文后节颇多征引，但以其地位不能与太后立异，故亦不能明言反对，处境盖甚苦也。
[2] 见《翁日记》册33，页87下八月二十一日书眉所记。
[3] 同上书，页89下—90下。
[4] 同上书，页90下—91上，八月二十九日至九月初二日。

翁氏日记中记其与李鸿章之谈话曰：

初二日……入督署。见李鸿章。传皇太后、皇上谕，慰勉。即严责之，鸿章惶恐，引咎曰："缓不济急，寡不敌众，此八字无可辞。"后责以水陆各军败衄情状，则唯唯而已。余复曰："陪都重地，陵寝所在，设有震惊，奈何？"则对曰："奉天兵实不足恃，又鞭长莫及，此事真无把握。"论议反复数百言。对如前。适接廷寄一道寄北洋及余云：闻喀希尼三四日到津，李某如与晤面，可将详细情形告知翁某，回京复奏云云。余曰："出京时曾奉慈谕：现在断不讲和，亦无可讲和，喀使既有前说，亦不决绝。今不必顾忌，据实回奏。"李云："喀以病未来，其国参赞巴维福先来云：俄廷深恐倭占朝鲜。中国若守十二年前之约，俄亦不改前意，第闻中国议论参差，故竟中止，若能发一专使与商，则中俄之交固，必出为讲说。"云云。又云："喀与外部侍郎不协，故喀无权。"余曰："回京必照此复奏。余未到译署，且此事未知利害所在，故不加论断。且俄连而英起，奈何？"李云"无虑也，必能保俄不占东三省"云云……[1]

当晚翁即离津返北京。初五日（10月3日）到，次日，先至书房向德宗报告所闻见[2]，中午太后召见。翁氏《日记》记之曰：

（甲午）九月初六日……旋闻皇太后召见，遂西至河边朝房待。……午初入见于仪鸾殿。皇上亦在坐。详述情形，并力言……喀事恐不足恃，以后由北洋奏办。臣不与闻。二刻退……[3]

〔1〕见《翁日记》册33，页91上—92上。
〔2〕同上书，页92上—94上。
〔3〕同上书，页94上。

翁同龢去津之使命至此告终，而和议酝酿亦由此发端。

恭王出山之时，正翁同龢衔命去津之际，翁归，恭王已与太后数度商讨[1]。九月初六日（10月4日）恭王即致函李鸿章，探询和议途径。李鸿章即于十二（10月10日）、十四（10月12日）两日，先后晤见由烟台过津去北京之英俄两使。时英国已开始发动联合各国调停战事，而以中国许朝鲜独立及赔偿兵费为条件[2]。故两使皆劝中国早和，并允入京后与各国使臣联络，谋协助之道。十四日（10月12日）李即函复恭王，报告会谈经过[3]。

在京中主战人士对和议事亦有所闻。除猛攻李鸿章以为釜底抽薪计外[4]，同时志锐及文廷式等三十八翰林亦先后上疏，请联络英德，约其共攻日本，而即以拟赔日本之数千万军费作为酬劳，以取消和议之论[5]。志锐折上，德宗立即召见，以其折专交恭王核议。次日（九月初九日，即10月7日）恭王召海关总税务司赫德（Sir Robert

---

〔1〕见《翁日记》册33，页94下，九月初七日。

〔2〕MORSE书，Vol. Ⅲ，p. 34 Ch. 2§11 中称此次调停及议和条件系由中国首先提出者，但据所有中文有关材料，皆可见出，此次调停乃英国所创议，而以偿费及朝鲜独立为条件，希望中国接受。参看《李文忠译署函稿》卷20，页54上—下，《述商议和停战》一函之前半，述与英使问答之语。及《中东战纪本末》3编，卷2，页50下，由伦敦、巴黎使馆抄存之《节录龚大臣中、英、法往来官电》（以下简称《节录龚电》）中九月三十日《接总署电伦敦中国钦差》，语气之间皆证明中国事先未尝预闻也。MORSE书于本节之末有注云，据 U.S.Foreign Relation APP.1, pp.70—71, No.56—59 诸电，其中 Oct. 6. 1894 驻英、美使报告国务院一电中亦仅云英国拟联合各国在前述两条件下调停中日战事，征美国政府同意，绝无中国首先提出之证据。未知 MORSE 此说究何所据也。

〔3〕此一段情形，略见于《李文忠译署函稿》卷20，页54上—56下，述商议和停战及《与俄国喀使问答节略》中。

〔4〕九月初七日有翰林院丁立钧等35人连衔折及张謇折，皆严劾李鸿章，语气甚峻，几于无所不攻，原折皆见《文献馆奏折》，折59：23、24，张折全文见于《张季子九录》册1，《政闻录》卷1，页10上—12下，政治类《呈翰林院掌院代奏劾大学士李鸿章疏》。丁等连衔折原文亦见于《谕折汇存》（慎记书庄石印本）卷14，页52下—54下，《翰林院联名特参李鸿章折》。

〔5〕志锐折原文，今不可见，惟略见于《翁日记》中，参看册33，页94下—95上，九月初八、初九日，文廷式等38人连衔折见《交涉史料》卷21，页24上—25上（1793）。

Hart）来总署，以志锐建议，征询其意见[1]。赫德认为不可能，而亦劝恭王联络各国调停战事，以求和局[2]。盖前一日，英外部已向英、法、俄、德诸国提议，联合调停中日战事。赫德为英国在华之重要人物，对此当已有所闻，故趁此劝说也。次日，恭王见起，遂主赫德之议，翁同龢则"坚不与闻"也[3]。

主和之军机大臣徐用仪，此时亦发动若干同乡之京官，联名上书，请罢战言和。九月十三日（10月11日），御史张仲炘奏折，则预先揭破之[4]，然和议酝酿则继续进展。十五日（10月13日）英使奉政府命，来总署谈各国调停事。翁同龢等极力反对，无效。中午，见太后。再陈，仍无效。大愤[5]。其《日记》记此事曰：

> 十六日……访枢曹，始知昨日英使欧格讷到署，议各国保护事，限即日定议。飞促恭邸到署。议至亥正散。日本索兵费，至是发露矣。邸既入此言，孙、徐汹汹，以为不如此，不能保陪都，护山陵。余与李公谓：英使不应要挟催逼，何不称上意不允以折之？俟俄使到（北洋来信，喀希尼昨晚起身来京）再商。孙、徐不可。午初，恭邸见起五刻。余与李公同起二刻五分。军机起三刻。余等见皇太后，指陈欧使可恶，且所索究竟多少？如不可从，终归于战，宜催各路援兵速进，悬爵赏以励九连城前敌，催海军修好六船，严扼渤海。此二条允行。论款事，语极长，然天意已定，不能回矣！退，再至枢曹，小坐即散。……归而愤懑，求死

---

〔1〕见《翁日记》册33，页94下—95下，九月初八、初九、初十日。

〔2〕同109页注〔2〕所引 MORSE 书。

〔3〕参看《翁日记》册33，页95上一下，九月初十日。

〔4〕张仲炘折首言徐用仪唆使同乡京官上书言和事，见《交涉史料》卷21，页34上一下（1767）。随后果有浙江京官编修戴兆春、陈昌绅等14人上恭亲王书，见《交涉史料》卷22，页12上一下（1801），瑞洵折、瑞折，即专驳此事者。

〔5〕参阅《翁松禅致张嵩庵手书》〔第9页下，按：原书无页数〕。原函仅署"十六"，无月份，末谓："昨译署夜分始散……"据《翁日记》册33，页97上，知九月十五日英使与总署诸人议各国保护朝鲜事，"至亥正散"，可知此"十六"日之函必在九月。

不得。噫!

十七日……昨译署致语欧使,如所请矣,措辞甚非体
也[1]。

然此次和议酝酿终于无成。盖各国意见并不一致,而日本亦拒绝外人
干预,故不久即无下文[2]。

主战派则于此时,纷纷进言,痛斥和议之非,猛攻枢臣、北洋之
误国[3]。然随之而日军渡鸭绿江,九连城败讯至;随之而金、旅告
警,京师人心惶惶,纷纷迁徙,谣言四起[4]。主战派则无策可施也。
翁同龢所欲从事者,迁都而已。卒以无人敢言于太后而止[5]。

恭亲王等则分电驻外诸使,继续寻求谋和之路[6]。十月初三日
(10月30日)驻美使臣杨儒来电,报告美政府对中国之善意,并盼

---

[1] 见《翁日记》册33,页97上—下。
[2] 同109页注[2]所引MORSE书,并参看《中东战纪本末》3编,卷2,页50下,由
  巴黎使馆抄存之《节录龚电》中,"九月三十日接总署电伦敦中国钦差"条。
[3] 参看《文献馆奏折》折,59中,九月二十一以后诸折之斥和议,并攻李鸿章及枢臣者
  (折59:65以下)。折多不列举,此外《交涉史料》中亦有一部分,见卷21,页34上—
  下(1767);卷22,页12上—下(1801);卷22,页36上—下(1856)等。
[4] 参看《涧于日记》甲午下,页30下,十月十二日。
[5] 此事《翁日记》中隐约其词,然连前后数日所议观之,并参照文廷式《闻尘偶记》,
  似可断定其必为言迁都之事,兹录之于次,以证:
    十月朔……送唐君(按:为唐仁廉)晤之,告以大连湾有贼登岸,伊扼腕长吁曰:
    "奉天不守矣!"此间亦可危,宜图长安居,颇有远虑,不似武夫。
    初二日……晤恭邸,痛谈。
    初三日……与孙兄入见于养心殿东暖阁,上体大安。……入门跪安,力陈京师阽
    危情形,请勿再迟。一刻退。……辰初,与李公至隆宗门外大公所见恭邸,痛哭流涕,
    请持危局,卒无所发明,志伯愚亦在……
    初四日……入见如昨,退……至西边访恭邸,传上语,令请起,邸不敢,遂止。
  散见于《翁日记》册33,页105下—107上。《闻尘偶记》中之有关记载,本节
  正文中将引录,文长,此不赘。
[6] 参看本页注[2]所引《龚照瑗接总署之电》及《交涉史料》卷23,页15下(1885)《发
  出使龚大臣电》,《交涉史料》卷23,页13上—下,《出使杨大臣来电》,由其内
  容知其亦为复电,故可知当时必曾分电各国使臣。

息兵之后[1]，恭王遂于初六日约美使商谈，希望美国能出调停[2]，同时并电驻外诸使臣分头活动[3]。十一日，中枢诸人并有秘密会商[4]，次日，见德宗及太后，遂定议，遣张荫桓去津，与李鸿章商讨和议入手办法。翁同龢《日记》记之曰：

> 十一日……谈密事，直至黄昏月上始归。
> 十二日……先往上前见起。……见于养心殿（两邸及李公）。邸以昨事上陈，上可之。出……巳正，入见于宁寿宫（四人一起，军机一起）。恭邸奏昨事，太后遍询臣等，臣对释疑忌则可，其他未敢知。且偏重尤不可。盖连鸡不飞，亦默制之法，凡四刻，乃退。是日，恭奏对语颇杂，不得体。余不谓然。出至直房，孙、徐拟密寄，自书之，不假章京手。待递下，未初三刻矣。余携之赴督办处。两邸咸在，樵野亦来，当面交讫。申正，余与邸语不洽，拂衣先归。……[5]

张荫桓至津与李鸿章商洽结果，深知日政府"欲中国自与商办而不愿西人干预"。但"目下彼方志得气盈，若遽由我特派大员往商，转虑为彼所轻"，不得已而谋折中办法，遂定议遣洋员德璀琳往[6]。

张荫桓于十七日离津[7]，十九日返京[8]，二十二日而德璀琳东

〔1〕同 111 页注〔6〕所引《出使杨大臣来电》。
〔2〕参看 MORSE 书，Vol. Ⅲ，pp.35–36 及 note〔31〕。
〔3〕参看《交涉史料》卷 23，页 24 上（1916），《出使杨大臣来电》；《中东战纪本末》3 编，卷 2，页 51 上，《节录龚电》中，《十月初七日总署去电》。
〔4〕所谈"密事"内容，今无从详知，然自日记下文，可知其一必为遣张荫桓去津，与李鸿章商谋和途径；而又一点，则顺便看看李鸿章是否有异心也。此点下节将论之。
〔5〕见《翁日记》册 33，页 110 下—111 上。
〔6〕详见《李文忠译署函稿》卷 20，页 56 上—57 下，《拟令洋员赴东探议折》。
〔7〕见《李文忠电稿》卷 18，页 43 下，《寄督办军务处》末句。
〔8〕见《翁日记》册 33，页 114 下。

渡（后二日而旅顺陷）。二十九日抵日本，日政府不与议。德遂于次日（十一月初一日）离日回华[1]。先是，二十一日，日政府对美国之调停正式答复，认为中国如欲议和，须与日本直接谈判。至是日本遂再以此通知美国，恭亲王此时尝一度希望美国调停，亦遭日本谢绝[2]。十一月初七，美使通知总署：仍须由中国派员直接与日本会商，于是太后召见枢臣及张荫桓，决定照办。张荫桓随即再奉命去津（十一日）就商于李鸿章[3]。结果，认为会商地点最好是在中国之上海或烟台，俾不为人挟制[4]。张荫桓十三日离津，十五日回京[5]。次日，见太后，决定派员在上海会商。美使转达之后，日本拒绝，认为必须在日本境内。美使再转知总署，于是十一月二十四日，枢臣见起于西苑，遂决定加张荫桓尚书衔，使之与湖南巡抚邵友濂前往日本议和，由美使转知日本。十二月初一日，复信至，定在广岛开议，此后复经由美使往返电商一应细节。至十二月初十日（1月5日），而张荫桓陛辞[6]，上谕下云：

> 朕钦奉……皇太后懿旨，张荫桓、邵友濂现已派为全权大臣，前往日本，会商事件。所有应议各节，凡日本所请，均着随时电奏，候旨遵行，其与国体有碍，及中国力有未逮之事，该大臣不

---

[1] 详见《东方兵事纪略》卷4，页25上，《议款篇》第八；MORSE书，Vol. III，pp.37-38，Ch. 2，§15。

[2] 同上引MORSE书。

[3] 见《翁日记》册33，页121下—122上，十一月初七、八日。张荫桓十一日到津，见《张文襄公电稿》卷17，页1上，《委员汪乔年来电》。

[4] 详见《李文忠译署函稿》卷20，页57下—58上，《报德璀琳回津》。

[5] 张十三日离津见本页注[3]引《张文襄公电稿》，汪乔年电；到京，见《翁日记》册33，页125，十一月十五日。

[6] 此一段交涉情形参看《中东战纪本末》3编，卷2，页32下—33上，《节录中日议和往来转电大略》（由北京美使馆抄录）。中国政府内动态则依据《翁日记》册33，页125下—126上，十一月十六日；册33，页128上—下，二十四、二十五日；册33，页134下，十二月初一日；《实录》卷354，页21上，加张荫桓尚书衔条。

得擅行允诺。懔之！慎之[1]！

和议事至此乃由中国政府公开宣布，正式进行。

主战人士对和议一事，自极反对[2]，然翁同龢等在中枢者，则态度已较妥协，认为和议亦可进行，但不可因和议而致军事上受限制；而尤反对先停战后讲和。盖当时主战人士皆有一种论调，认为日本畏寒，冬季冰封时间，正我军反攻之良机。如停战，则正中日人下怀也。此种主张亦为太后所接受，故虽遣张荫桓等前往议和，而同时又不准议停战[3]。翁同龢等衷心本不欲和。彼明知国际惯例议和即须停战，其意盖希望以不停战阻和也，然而战又无把握，故甚郁闷。观翁氏日记中云：

> 十一月十三日……饭后到督办处，与恭邸言停战即在派全权之中，全权既派，战必自停。失此隆冬可乘之机，明春更难为力。邸亦无可如何也。可恨者，兵未到齐，到亦无械，且须休息操练，然则终亦缓不及事而已。……[4]

不过后来李鸿章去日，正式开议之日，则情势又已迥异，彼时已至春融季节，而中国在冬季又已连经失败，固急求停战之不遑矣。

张荫桓携随员于十二月十二日离京，十六日（1 月 11 日）由塘沽

---

〔1〕 见《实录》卷 355，页 13 下；并参看《翁日记》册 33，页 134 下，十二月初十日。

〔2〕 主战人士之反对和议诸奏疏，原文今不可见。《翁日记》中，常略及之，参看《翁日记》册 33，自十月下旬至十二月初旬间之零星记载，其中最著者，则文廷式之参孙毓汶（十一月初一日）及安维峻之反对和议，参李鸿章并牵及太后之折（十二月初二日）。参看本章第五节。

〔3〕 参看《翁日记》册 33，页 110 下—111 上，十一月十二日；册 33，页 116 下，十一月二十五日；册 32，页 122 上，十一月初八日。

〔4〕 参看《翁日记》册 33，页 124 上一下。

乘船赴上海[1]，是时朝中主战派则继续交章论奏，反对和议[2]。荫桓过津时，吴大澂适在，彼建议张等延至二月间再东渡，俾彼得趁此期间，在前敌获得胜利，以利大局。张等于十二月十八日（1月13日）到沪时，则"匿名揭帖，遍布通衢，肆口诋諆，互相传播……"[3]，使张荫桓于晤见在沪相候之邵友濂，并洽定东渡船只之后，不得不先于二十四日（1月19日）电北京请示，以为"现闻边军次第出关，恐因臣等之行，意存观望，实非战事之益"，而问究竟应否立即动身[4]。二十六日（1月21日），中枢复电到，仍着立即启行，于是张、邵遂携随员于乙未年正月初一日（1月26日）搭英船东渡[5]，初六日（1月31日）至广岛，日方首相伊藤博文、外相陆奥宗光见之，以张等全权不足，拒绝开议；并不准留广岛候信，亦不准发密电。初十日（2月4日），张、邵等遂被送往长崎，经由美方代转消息到北京[6]。中国方面则仍图补救，愿换国书，依照国际公法，将议妥定约、画押、互换各节，全权叙入，并请美方转知张、邵等暂留长崎，勿返沪[7]。但日本既据公法催张、邵等出境，又已透露中国须派位望甚

---

〔1〕见《交涉史料》卷33，页21下（2636），张荫桓、邵友濂联衔折。

〔2〕参看《交涉史料》卷2，页31下—32上（2212），高燮曾折；卷27，页35下（2223），王荣商折；卷28，页1上—下（2236），洪良品折；卷28，页5上—6上（2244），戴洪慈折；卷28，页9上—10上（2251），附件一，王荣先等条陈，第一条；卷28，页11下—13上，张仲炘折；卷29，页21上—23上（2319），文廷式折；卷29，页25上—26上（2320），恩溥折；卷29，页26下—27上，瑞良折；卷29，页30下—31上（2331），易俊折；卷31，页33下—34下（2508），恩溥折。

〔3〕见《交涉史料》卷33，页22上（2636），张荫桓、邵友濂联衔折。

〔4〕见《交涉史料》卷29，页17上（2313）。

〔5〕见《交涉史料》卷33，页22下（2636），附件一。

〔6〕同上书，页5下（2610）。此外，卷32，页34上—36上（2598）至（2602）诸电，亦可参看。又《中东战纪本末》3编，卷2，页33下，《节录中日议和往来转电大略》（以下简称《节录中日议和转电》）中，正月初十日有驻日美使代转来张、邵等电一件，亦可参看。

〔7〕参看《中东战纪本末》3编，卷2，页33下—34上，《节录中日议和转电》，正月初十至十七日（2月4日—11日）；《交涉史料》卷33，页5下（2610）、10下—11下（2616），伊藤及伍廷芳之问答。

尊之人来议，则易成功之语，于是正月十七日（2月11日）北京电旨遂着张、邵等先回沪。次日张、邵等一行遂搭轮回上海，又次日（十九日，即2月13日）而派遣李鸿章之上谕下。

自张、邵出使碰壁后，以至派遣李鸿章此一段时间中，中枢之情，颇可由翁同龢《日记》中见其大要，兹节录如后：

> 正月十二日……辰正三刻，偕庆邸入见皇太后于养性殿。首谕：战事屡挫，今使臣被逐，势难迁就，竟撤使归国，免得挫辱。于是恭邸、孙、徐两君嗫嚅委婉谓："宜留此线路，不可决绝，述田贝言，若决绝则居间人亦无体面。"谕曰："若尔，中国体面安在？"诸臣略劝慰。臣谓："定约画押，既添入国书，则批准一节亦宜叙入，或稍可维持。"慈意韪之。言，顷间上请安时，亦言若不待批准，则授权一介矣。于是定改国书添定约画押，而批准二字亦轻笔逗出，并令将复田贝函稿，速拟呈递。三刻退。孙毓汶起稿致田使，略如上指。递后，退。……汪柳门来，欲北洋议和，异以十足全权。

> 十三日……军机与庆邸同见第二起，三刻退，所论皆昨日英法使议论国书事，大约必去批准二字而后可，圣意亦俯允矣。

> 上元日……见起四刻。上询诸臣以御贼策（按：中枢于十四日获悉刘公岛失守，当日，得悉威海舰艇尽失，皆载日记中），流汗沾衣。退而拟旨，皆孙、徐笔也。午初，退。

> 十六日……上召余至书房东暖阁，问时事，兼及里边事。见起四刻。上以唐景崧电有巡幸语，问诸臣：时事如此，战和皆无可恃。言及宗社，声泪并发，臣流汗战栗，罔知所措矣！孙、徐皆奏使臣事，余以为特梦呓尔！退后，郁郁不能食。……薄暮归，柳门来告：田贝得信，须另派十足全权，曾办大事，名位最尊，素有声望者，方可开讲，张、邵不准驻彼境中。

> 十七日（按：是日太后病）……照常入。……谕：如何办法？

语多，三刻退。令张、邵即日先回上海……议论未归一，巳正，匆匆散。

十八日……上询昨日定议否？对：已定。谕：今日至蹈和门候起。不及一刻退，仍由书斋议，辰初，见起三刻，拟旨毕，巳初三刻，皇太后召见枢臣、庆邸于养性殿。起居毕，谕：今日强起，肝气作疼，左体不舒，筋起作块。论军事，即及田贝信，所指自是李某，即着伊去，一切开复，即令来京请训。恭邸以上意不令来京，如此恐与早间所奉谕旨不符。谕云：我自面商，既请旨，我可作一半主张也（略记于此，可知邸之措词，往往趁口，不甚思索）。二刻退，孙秉笔，拟廷寄北洋稿。明日，先递。午初，同散。……灯后，沈子培来，深谈[1]。

《日记》中之柳门，即总署大臣汪鸣銮也；田贝，乃美驻华公使也。观此数日所记，则可见和议之事，全由太后主持；德宗与翁同龢则沉瀣一气，甚不愿和，亦不信其能成。张、邵碰壁后议改国书，翁则坚持批准之权宜保留，以后因英、法诸使之劝告，始不得不取消。是时则威海全陷，海军覆没。德宗、翁同龢等不欲和，而战又不可恃。迁都之议，此时虽有人正式提出，而战意不决，则必不能行，故惟有郁郁尔。随后中枢获悉日人之意，而决定派李鸿章议和时，德宗则仍不令其来京。其对李之不满与不信任可见。终以太后做主，始有正月十九日（2月13日）之上谕。

正月十九日（2月13日）军机大臣密寄上谕致李鸿章，原文曰：

前派张荫桓、邵友濂为全权大臣，前往日本会议条款，讵日本意存延宕，借敕书有请旨之语，谓非十足分际，不与开议，送回长崎。迨令田贝再电询问，乃又答云：无论何时可以再行开商

〔1〕见《翁日记》册34，页5上—8下。

和议，总须中国改派从前能办大事，位望甚尊，声名素著之员，给予十足责任，仍可开办，等语。现在倭焰鸱张，畿疆危逼，只此权宜一策，但可解纷纾急，亟谋两害从轻。李鸿章勋绩久著，熟习中外交涉，为外洋各国所共倾服。今日本来文，隐有所指。朝廷深维至计，此时全权之任，亦更无出该大臣之右者。李鸿章着赏还翎顶，开复革留处分，并赏还黄马褂，作为头等全权大臣，与日本商定和约。直隶总督、北洋大臣，着王文韶署理。李鸿章着星速来京请训，切毋刻迟。一切筹办事宜，均于召对时详细面陈。该大臣当念时势阽危。既受逾格之恩，宜尽匪躬之义，谅不至别存顾虑，稍涉迟回也……[1]

李鸿章于正月二十日（2月14日）接到上谕，随即于二十五日（2月19日）交卸离津[2]，二十八日到北京[3]。而此时则中枢又已接美使通知，谓日方来电称：非有让地之权者，不必派来[4]。于是朝中和战两派对于割地与否，又大起争执，翁同龢《日记》记李鸿章到京以后中枢之情形云：

> 正月二十八日……是日李鸿章到京。先晤于板房。召见乾清宫，与军机同起。……来见之先，内侍以灯来迎，在养心殿东间见，立奏数语，出。迨见起时，合肥碰头讫，上温谕询问途间安稳，遂及议约事，恭邸传旨，亦未尝及前事，惟责成妥办而已，合肥奏言："割地之说，不敢担承，假如占地索银，亦殊难措，户部恐无此款。"余奏云："但得办到不割地，则多偿当努力。"孙、

---

〔1〕 全文见《李文忠奏稿》卷79，页46上一下，《军机大臣密寄》。

〔2〕 参看《李文忠电稿》卷20，页16下一17上，《寄张侍郎》。

〔3〕 见《翁日记》册34，页11下。

〔4〕 参看《中东战纪本末》3编，卷2，页33下一34上，《节录中日议和转电》，正月二十三日（2月17日）电；《翁日记》册34，页11上，正月二十七日。

徐则但言："不割地，便不能开办。"问海防，合肥对以实无把握，不敢粉饰。合肥先退，余等奏日行事毕，退，不过三刻尔。……李相、庆邸及枢臣集传心殿议事，李欲要余同往，余曰："若余曾办过洋务，此行必不辞。今以生手办重事，胡可哉！"合肥云："割地不可行，议不成，则归尔！"语甚坚决，而孙、徐怵以危语，意在撮合，群公默默，余独主前议，谓偿胜于割。合肥欲使英、俄出力，孙、徐以为办不到，余又力赞之，遂罢去。合肥今日偕孙、徐访田贝，以敕书底就商。又，合肥独拜英使。……

　　二十九日……先入一次，嗣与合肥、庆邸同见起，合肥奏对语稍多，似无推诿意。惟令其子经方自随，以通日本语，且与陆奥有旧也。上温谕询以体气何如？并论各国事，甚爽而密。三刻许，庆邸、合肥先退，余等奏事又二刻退。

　　晦日……到传心殿。李相、庆邸及枢廷七人议事。李相赴各国馆，意在连结，而未得要领，计无所出。孙公必欲割地为了局，余持不可。德使申珂告李相：若不迁都势必割地，至言哉！午，到署。出城访若农，未值，乃至筠庵处小坐，知若农归，乃造之。数语即退。

　　二月朔……召见两起，李相头起，军机二起，（李四刻，军机一刻十分）事简，闻昨日英、俄、德使晤合肥，然无切实相助语，合肥面奏，略及割地。恭邸亦发其凡，余却未敢雷同。同人亦寐寐也。……中怀愁结，殆不能堪[1]！

当时主战派坚持不能割地，但不割地，则惟有继续作战并迁都，为持久之计。然迁都之议，又无人敢于在朝堂正式献言。且即主战人士之间，亦顾忌甚多，主张不一，文廷式《闻尘偶记》记之云：

---

〔1〕见《翁日记》册34，页11下—13上。

……至甲午之役，张孝达制军，李芍农侍郎，皆主西狩之议，余亦以为不顾恋京师，则倭人无所挟持，俄王保罗之败法主，拿破仑第一，空都城以予之，是良法也。沈子培员外，蒯礼卿检讨，则主暂避襄阳。而内城旗人汹惧，尚书孙燮臣师致书李芍农云：勿奏请迁都，若倡迁议，必有奇祸。盖李是时方考历代迁避之得失，欲有所论也。得是函而止。既而寇愈迫，翁尚书亦主迁，孙尚书（毓汶）则主乞和。两人争于传心殿，孙之言曰：岂有弃宗庙社稷之理，翁亦不敢尽其辞，然密遣人询李所考历史得失，盖讲帏之间，当偶及之。而是时所传上谕：慈圣暂避，朕当亲征云云，则实无其事（近时中东战辑所载多属伪传，故附订之）。余乃疏言，此时战既不足恃，和更不宜言，惟有预筹持久以敝敌之法。同时，黄仲弢、沈子封数前辈联衔所奏四条，亦兼及迁都之计……[1]

文中所云张孝达为张之洞字；李芍农即李文田，又字若农；蒯礼卿为蒯光典字；孙燮臣则孙家鼐字；黄仲弢为黄绍箕字；沈子封则沈曾桐，为沈曾植（子培）之弟，二人皆当时翰林院编修也。文廷式折，及黄等联衔所奏四条，皆见于清光绪朝《中日交涉史料》乙未年二月十四日（3月10日）[2]。惟联衔折为丁立钧、黄绍箕等八人，无沈曾桐。而二月初七日另有黄、丁等七人联衔折[3]，则有沈。想系文廷式之误记也。以此文与前引翁同龢《日记》正月三十日出城访李文田事合并观之，则可推知其当为商讨迁都之问题也。

主和人士于二月初一日（2月25日）已知非允割地，不能成和，然枢译诸王大臣，又皆不敢担当此不名誉之责任，时太后正病，于是

〔1〕见黄氏《掫忆》页498—499所引。
〔2〕《交涉史料》卷35，页15下—17上（2790），为丁立钧、黄绍箕等八人折（四条）；卷35，页18上—下，为文廷式折。
〔3〕参看《交涉史料》卷34，页18上—19上（2736）。

德宗遂令俟太后病愈，再禀请作最后决定〔1〕。但是日德宗在宫中见太后，言及此事时，太后则大不悦，又将此责推还于德宗，翁同龢《日记》记此事曰："二月初二日……先入见，知昨李鸿章所奏，恭邸所陈，大拂慈圣之意，曰任汝为之，毋以启予也……"〔2〕德宗此时之地位，盖极为难堪，彼本不欲和，岂愿担此让地之责，然而又不能违太后之意，以弃和言战也。至初四日（2月28日）又再度示意枢臣，请见太后，决使臣之权（时太后自正月二十五日即2月29日召见恭庆两邸后，始终因病，未再见大臣），然太后则称病不见。翁同龢《日记》记之曰：

> 初四日……先入一次，见起三刻，电三，恭邸奏田贝云，初二日倭回电，驳敕书稿何以用汉字？因改洋文再电云。上曰此借事生波矣，汝等宜奏东朝，定使臣之权，并令李相速来听起。比退，奏事太监传，慈体昨日肝气发，肾疼腹泄，不能见，一切遵上旨可也〔3〕。……

于是德宗不得已，于次日（二月初五，即3月1日）军机大臣见起时，遂主持决定大计，以商让土地之权授予李鸿章，而催其即往议和。翁同龢《日记》中，对此则无只字提及，盖为德宗讳也。但吾人今犹可于李鸿章二月初六日（3月2日）之奏疏中见之，其辞略曰：

> ……连日据美使田贝函称：日本来电……若无商让地土及办理条约画押之全权，即无庸前往等语，迭与王大臣等会议，均以敌欲甚奢，注意尤在割地，现在事机紧迫，非此不能开议。当经总理衙门函复田贝，以日本电内欲商各节均有此全权责任，尚未接准复电，顷军机大臣恭亲王等，传奉圣上面谕，予臣以商让土

〔1〕 参看《李文忠电稿》卷20，页18下—19上，《复张侍郎》。
〔2〕 见《翁日记》册34，页13上—下。
〔3〕 同上书，页13下—14上。

地之权。闻命之余，曷胜悚惧！……伏念此行，本系万不得已之举……臣受恩深重，具有天良，苟有利于国家，何暇更避怨谤？惟是事机之迫，关系之重，转圜之难，均在朝廷洞鉴之中，臣自应竭心力以图之，倘彼要挟过重，固不能曲为迁就，以贻后日之忧；亦不敢稍有游移，以速目前之祸。……臣俟日本复电，定在何处会议。即行出都，取道天津，乘轮东渡……[1]

折上，次日清廷密谕李鸿章，一切照办，同时军机处王大臣与总署庆亲王等再公奏太后，报告已予李鸿章以商让土地之权，原折略曰：

　　……臣等伏思，倭奴乘胜骄恣，其奢望不可亿计。现在勉就和局，所最注意者，惟在让地一节，若驳斥不允，则都城之危，即在指顾，以今日情势而论，宗社为重，边徼为轻，利害相悬，无烦数计。臣等前日恳请召见，本拟详细面陈，旋奉传谕，命臣等恭请谕旨遵办。皇上深维至计，洞烛机宜，令臣等谕知李鸿章，予以商让土地之权……昨据田贝，送到日本复电，定于长白会议，李鸿章自应迅速起程，免致另生枝节，所有臣等遵旨办理缘由，谨切实沥陈，伏乞皇太后慈鉴……[2]

中枢决策至是全定，然而在形式上，在文件上，则割地之议先由中枢大臣建议接受，然后由德宗裁决准行，固无与太后之事也。夫以太后一向之大权独揽，乃于此紧要关键之处，避不出面，以转嫁割地之责

<hr>

[1] 见《李文忠奏稿》卷79，页47上—48下，《预筹赴东议约情形折》。《张文襄公电稿》中，有汪乔年二月初八日电云："倭要割地，上意勿许。初六，太后召相议，以辽东或台湾予之；如不肯，则两处均予。事甚秘。……乔年禀庚。"见《电稿》卷19，页18下，《汪委员来电》。今按：此电所云，当非事实。李鸿章于初六日见起，乃见德宗，非见太后（见《翁日记》册34，页14下，二月初六日）；且当时宫禁情形，太后正有病，亦并无秘密召见李之可能与必要，则割辽东、台湾云云自亦附会之谈也。

[2] 同上书，页50上—下，《军机处王大臣庆邸等公奏折》。

与德宗，其自谋可谓巧矣！

李鸿章于二月初八日（3月4日）陛辞，次日出京，十一日（3月7日）到津[1]，十八日（3月14日）遂携随员乘专轮东渡[2]。对于此次出使，李亦深知其所任之艰，晋京前后，曾屡与张荫桓（时在沪）往返电商，关于随行人选，及外交上之若干措置，皆颇得张之赞画[3]，到京后，曾请以张为会办，然中枢及外使皆以为张已见拒，再使不宜，只得作罢[4]。返津后，张适由沪北归后相见，多所献替[5]，赴日前之诸般筹备，实深得张之协助，盖真为当时环境中，李鸿章之一知己也。

第三节　李鸿章与淮军之失势

自平壤败后，以至马关议和，半年之间，朝中和战两派争持无已。主战派无力阻和，遂尤集矢于李鸿章，以为旁敲侧击之计，环攻丑诋，层出不穷。而德宗与翁同龢等又主持之于上，于是前敌败衄，淮将往往特受重谴，李氏本人，虽赖太后之维持，终获保全，然亦数遭薄惩。而前敌统帅与后方调度之大权，亦渐次分割于人。

平壤败讯至京，翁同龢、李鸿藻首先创议处分李鸿章与军机诸大臣，并曾为此发生争执。翁同龢《日记》记之曰：

> （八月）十八日……先在吏部朝房与高阳谈……比入……辰初，上至书房，发看昨日三电，戌刻一电，则平壤不能守。……旋至枢曹会看事件。高阳抗论，谓合肥有心贻误。南皮与争，他

〔1〕见《李文忠电稿》卷20，页20下，《复盛道黄道》。
〔2〕同上书，页22下—23上，《复译署》。
〔3〕同上书，页16下—22下诸电，特别是与张荫桓往来诸电。
〔4〕同上书，页17下—18上，《复张侍郎》。
〔5〕同上书，页22下，《寄江海关刘道》，由此电可知张、李在津相晤，张必向李作不少建议也。

人皆不谓然。余左右其间曰：高阳正论，合肥事事落后，不得谓非贻误。乃定议两层：一严议；一拔三眼花翎，褫黄马褂，恭候择定。写奏片……午正一刻递。礼王见慈圣起，未初三刻发下，李鸿章处分，用拔去花翎、褫黄褂一道。遂散[1]。

南皮即张之万，张与李鸿章为同年，又为亲家，一向交往甚密[2]。太后盖于征询世铎意见后，遂决定予李鸿章以较轻之处分。

于是八月十八日（9 月 17 日）上谕下云：

> ……北洋大臣李鸿章总统师干，通筹全局，是其专责，乃未能迅赴戎机，以致日久无功，殊负委任。着拔去三眼花翎，褫去黄马褂，以示薄惩！该大臣务当力图振作，督催各路将领，实力进剿，以赎前愆[3]！

李鸿章奉到此上谕后，随即于八月二十日（9 月 19 日）上《据实陈奏军情折》，表明自身之处境与立场，详述平壤失败之因，比较敌我器械之优劣，以为："固由众寡之不敌，亦由器械之相悬，并非战阵之不力也。"然后又叙述军队之不敷用，新募诸军之缓不济急，以致军事迄无起色，致受微惩。而"际此时艰方亟，断不敢自请罢斥，致蹈规避之嫌。惟衰病之躯，智力短浅，精神困惫，以北洋一隅之力，搏倭人全国之师，自知不逮。若不熟思审处，据实陈明，及至贻误军机，百死讵足塞责？！"。然后提出彼个人之希望："伏愿圣明在上，主持大计，不存轻敌之心，责令诸臣，多筹巨饷，多练精兵，内外同心，南北合势，全力贯注；持之以久，而不责旦夕之功，庶不堕彼速战求

---

[1] 见《翁日记》册33，页86上—下。

[2] 由《李文忠公尺牍》上，李对张之称呼（子青宫太保、仁兄、亲家、同年、中堂、阁下）可见二人关系，且信札往返甚多，足证交谊之密，参看原书，函多不列举。

[3] 见《实录》卷347，页5上。

成之诡计。"最后提出具体建议，请特派重臣督办东北军事，而北洋海防，则彼本人可以负责，但请拨发充分饷项备用[1]。

折上，八月二十二日（9月21日）太后优诏答之云：

> ……日人构衅以后，办理军务为难情节，早在深宫洞鉴之中，北洋门户，最关紧要，该大臣布置有素，筹备自臻严密。……畿辅安危所系，该大臣责无旁贷……至奉省边防……本月已派宋庆为帮办大臣，驰赴九连城驻扎，与定安、裕禄合力筹防。该大臣亦应统筹兼顾，不得稍有诿卸。近闻该大臣因军事劳瘁，体气不甚如常，着随时加意调摄，毋负朝廷委任至意，勉之！……[2]

二十四日（9月23日），接李鸿章奏报《平壤败退自请严议折》[3]后，上谕仍颇多谅辞，对李鸿章等之自请严议，皆予宽免[4]。

关于当时之军事布置，李鸿章之意，原欲留宋庆守旅顺，而以淮军刘盛休部守鸭绿江、九连城之线。曾于二十一日（9月20日）电中枢请示[5]，然中枢对此则不同意[6]。二十二日（9月21日）上谕以宋庆帮办北洋军务[7]。九月初二日（9月30日），再谕前敌诸军："……除依克唐阿一军外，所有北洋派赴朝鲜各军，及奉省派往东边防战各营，均归宋庆节制，如有不遵调遣者，即以军法从事！……"[8]次日又谕令撤销叶志超总统，以一事权[9]。至十一日（10月9日），又电谕李鸿章："宋庆到防后，应行奏报事件。

---

〔1〕原折全文见《李文忠奏稿》卷78，页61上—63上。
〔2〕见《实录》卷347，页12下—13上。
〔3〕原折见《李文忠奏稿》卷78，页64上—66上。
〔4〕原上谕见《实录》卷347，页19上—20下。
〔5〕参看《李文忠电稿》卷17，页24上—下，《寄译署》。
〔6〕参看《交涉史料》卷20，页27上（1634）。
〔7〕见《实录》卷347，页12下。
〔8〕见《实录》卷348，页3上。
〔9〕同上书，页4上下—5上，九月丙子。

着径电总署代奏，毋庸由北洋转电，以期迅速，其电报新法，着李鸿章寄与一份应用，未到之前，仍由李鸿章代奏。"[1]此盖由安维峻一折所建议，以防李鸿章之私自改易压搁电报者也[2]。自此以后，中枢遂常不经北洋而直接指挥前敌军事，李鸿章之事权，无形中乃大为削减[3]。

自十月初旬，直至太后寿诞（十月初十日，即 11 月 7 日）前后，为中枢空气最感紧张时期。宋庆九连败后，辽沈告警。继之，日军在辽东半岛登陆，金州（初一日，即 10 月 29 日以后）旅顺（十一日，即 11 月 8 日以后）亦警电频至，京师人心惶惶，纷纷迁避。是时则有中枢遣张荫桓去津之事，张之去津，主为寻求和议途径，前节已有述及。同时，似亦有其他使命，即查看此担负京畿外围防务之李鸿章，是否如若干言官所称之老病昏聩，或别有异心是也[4]。此犹可于翁同龢《日记》中略见其痕迹。撮录如次：

> （十月）十一日……子正，有叩门者，乃荣金吾送信，为之惊起，盖旅顺警电也。遂不寐，照常入一刻，见起二刻。……请派唐仁廉赴旅顺，许之。唐以只身蹈海，何济于事哉！……访巡防处，见北洋丑刻电，南关岭已失，徐邦道败退。旅顺仅半月之粮，此绝证矣！仍发电，令合肥速援，毋坐视。谈密事，直至黄昏月上，始归。……

---

〔1〕 见《实录》卷 349，页 2 上。

〔2〕 参看《文献馆奏折》折 59∶56，《奏宋庆电奏军情宜径达总署录呈御览片》。

〔3〕 由《实录》中之上谕，即可看出中枢自九月底以后，直接电寄宋庆等之谕旨日多，而在《李文忠电稿》中，则与宋庆之电讯远少于昔日。参看《实录》卷 349 以下及《李文忠电稿》卷 18，页 16 上以下；又《周悫慎年谱》卷上，页 30 上，六月二十九日所谓"时某枢请由中旨径调各军，不问北洋。相国无权，亦不便有所言……"，此所谓某枢当指翁同龢，与《实录》卷 349，页 2 上所引之上谕（按：为令宋庆直接通消息，不经李鸿章）合观之，可以互证。惟时间则可权衡。周氏年谱出自追记，又为外官，甲午时又久在前方，时日之误，当属自然。其事则诚有之也。

〔4〕 参看第四章第一节末段及注。

十二日……先在上前见起。……（恭）邸以昨事上陈，上可之。出……巳正，入见于宁寿宫……恭邸奏昨事。太后遍询臣等。臣对：释疑忌则可，其他未敢知，且偏重尤不可，盖连鸡不飞，亦默制之法。凡四刻，退。是日，恭奏对语颇杂，不得体，余不谓然。出，至直房，孙、徐拟密寄……余携之赴督办处，两邸咸在，樵野亦来。当面交讫。申正，余与邸语不洽，拂衣先归。……

十九日……樵野、月汀从津门归，至督办处，盛称合肥之健，及惶悚之忱……樵次日请安，见起，却无东朝起……[1]

十一日（11月8日）日记中先言旅顺事，次及合肥，然后即谈"密事"，时间甚长，次日，见太后时，答语有"释疑忌则可"之语，夫谋和之事，固无所谓释疑忌，惟察看李鸿章，乃可以释中朝君臣之疑忌也。故张荫桓归后，盛称李鸿章身体之健及惶悚之忱，盖正报告查看之结果也。至释疑忌以下所谓"其他未敢知，且偏重尤不可"则指和议而言，"偏重"云者，盖不赞成偏重于某一国之协助，故下文有"连鸡不飞，亦默制之法"语，怪恭王语杂，后来又与恭王语不洽，而拂衣径去。意者，或先一日所谈之"密事"，两人之着重点不同，翁着重查看，而恭则着重谋和也。

张荫桓回京后五日（二十四日，即11月21日）旅顺失守。二十七日（11月24日）消息至京，主战人士极为愤懑激动[2]。当时上谕致李鸿章云：

……据电：旅顺失守，览奏曷胜愤懑！该大臣调度乖方，救援不力，深堪痛恨，着革职留任，并摘去顶戴，以示薄惩，而观后效。刻下敌谋益炽，各海口处处吃紧，着李鸿章迅即亲赴大沽、

---

〔1〕见《翁日记》册33，页110下—111下及页114下。
〔2〕同上书，页117上一下，十月二十七日。

北塘等处，周历巡阅，严密布置，不准再事迁延，致干严谴。……
至旅顺失守情形，仍着李鸿章迅即查明复奏[1]。

旅顺守军，大多数为淮军，不属宋庆，而由李鸿章直接指挥者，故旅顺失守，李鸿章自责无旁贷。然中朝所以仍未能如翁同龢等大多数主战人士之意，而予以重谴者，又颇赖太后之维持也。翁同龢《日记》记之云：

> （十一月）初二日……午初三刻，传太后见起。午正二刻，入见于仪鸾殿。论兵事，斥李相贻误，而深虑淮军难驭，以为暂不可动。礼邸、高阳颇赞此论。……[2]

李鸿章虽仍得留任，然其部下此后则获罪者益多（详后文）。至十二月初四日刘坤一受命就任钦差大臣，节制关内外防剿各军之后，李鸿章之统帅地位，遂全被剥夺，事实上成为刘坤一之部下，专防津、沽一路之统兵大员，并兼辖威海之残余海军而已。至月底，王文韶又任为帮办北洋事务大臣，中枢之不信任李鸿章，乃益以明。张佩纶《涧于日记》记曰：

> ……闻王文韶派帮办北洋大臣，上之疑合肥深矣，处此地位，诚亦进退维谷也[3]。

王文韶尚未到任之际，威海刘公岛海军之噩耗已至津。李鸿章于十四日电知总署信称："鸿章相距过远，救援无及，保护无方，咎实难辞。

---

〔1〕见《实录》卷352，页23上一下。
〔2〕见《翁日记》册33，页119上。
〔3〕见《涧于日记》甲午下，页48下，十二月二十九日。

应请旨立予罢斥！……"[1]

电到，中枢次日降旨加以严饬云：

> 据电奏：海军各舰被击覆没情形，览奏曷胜愤懑！北洋创办海军，殚尽十年财力，一旦悉毁于敌，堕防纵敌，震动畿疆，李鸿章专任此事，自问当得何罪！惟现值海防益紧，若立予罢黜，转得置身事外，兹特剀切申谕，李鸿章当自念获咎之重，朝廷曲宥之恩，激发天良，力图补救。……[2]

至此，李鸿章军权所及，仅余津沽海防，而犹有王文韶为帮办。回首三十年来，在中国政局中，领袖海疆，举足轻重之声势地位，相形之下，盖真难堪之至矣！

吴汝纶于平壤初败之后，与友人函，曾慨乎言之曰："……朝中不信李相，颇有意摧折之，幸太后尚倚重尔。然军事棘手，君臣之间，亦在危疑。"[3]此数语，甚可概括半年来李鸿章之处境也。

幸王文韶到任不久，李鸿章即因太后之借重，而得开复一切处分。以奉使出国议和，乃得脱出此内外钳制之尴尬局面，而稍获转机。

至于北洋属下之文武亲信大员，在此半年期间，亦大遭厄运，多成主战人士攻击之对象。盖诸人之被劾，即所以劾李鸿章之任用非人也；诸人之获罪谴，即所以断李鸿章之羽翼爪牙也。

主战人士之举劾诸人，往往仅凭风闻传说，加以自身之成见或臆测，即以登之奏牍，以致查办之事，累累不绝，而结果则常以查无实据告终。淮军将领以军事失利，经查办认为咎有应得者，其所获罪谴，

---

[1] 见《李文忠电稿》卷20，页13下—14上，《寄译署》。按：此电及下文所引上谕，皆系根据王登云等驾鱼雷艇私逃冲出后之报告，其中颇多不实，刘公岛此时实犹未陷也。参看页15上—16上，《寄译署》另电（正月十七日发）。

[2] 见《实录》卷359，页7上。

[3] 见《吴挚甫先生尺牍》卷1中，页30下—31上，《与治甫函》，甲午八月二十七日。

亦往往特重。而淮系以外人，如有同罪，则往往可得较轻处分。视此，盖真可谓"有意摧折"矣[1]。兹请列举其事之荦荦大者如次。

关于卫汝贵、叶志超，自平壤败后，李鸿章奏报至京，请予议处[2]。然八月二十四日（9月23日）上谕尚称：

> ……叶志超等督战不力，本有应得之咎，惟念该军深入异地，苦战连日，此次退出平壤，实因众寡不敌，伤亡甚多，尚无畏蒽情事。……叶志超等均着加恩，免其议处……[3]

然而此后，主战人士之攻击则纷然并起，众口一词，于卫则痛斥其贪鄙骄悍，又疏敌先逃，军纪不堪问。于叶则斥其畏蒽无能，诸将不服，兵败先奔，等等[4]。至九月十一日（10月9日）安维峻一折，猛劾卫、叶及丁汝昌，并牵及李鸿章之子李经迈[5]。于是上谕下，令吴大澂、宋庆分头查办[6]。至十五日（10月13日）上谕再下，乃全接受主战派议论，令将卫、叶二人撤职查办。称：

> 叶志超驻军平壤，漫无布置，以致疏敌溃退；卫汝贵所统盛军，兵数较多，全行溃散，枪械尽失，且劣迹甚多，屡被参劾。叶志超、卫汝贵均着先行撤去统领，听候查办。……[7]

---

[1] 例如旅顺失守，淮军将领如赵怀业、卫汝成、黄仕林等皆拿问，而毅军将领姜桂题、程允和则止于革职留营（赵、卫、黄等事，见下文，姜、程处分，见《实录》卷354，页24上—下）。又如宋庆总统全军，虽屡败，而上谕则皆恩免议处（参看《实录》甲午九月底以后有关上谕，例多不录）。至最后与吴大澂在牛庄、田庄台先后两次大败，始皆处降级留任，与叶志超之平壤一败，即处死罪相比，诚不可同日语矣。宋、吴处分，参看《交涉史料》卷36，页26下—27下（2905）。

[2] 参看《李文忠奏稿》卷78，页64上—66上，《平壤败退自请严议折》。

[3] 见《实录》卷347，页20上。

[4] 参看《文献馆奏折》折59：62包中有关诸折；折58一包中，八月份亦略有，折多不列举。

[5] 参看《文献馆奏折》折59：58《奏请将临阵脱逃之将领立正典刑片》。

[6] 两上谕见《实录》卷349，页1上—2上。

[7] 见《实录》卷349，页9上。

此后参卫汝贵者，词益峻烈，十月初四日（11月1日）文廷式等七翰林复奏陈其罪不容诛[1]，于是次日上谕下云：

> 宁夏镇总兵卫汝贵，统带盛军，临阵退缩，以致全军溃败，并有克扣军饷，纵令兵勇沿途抢掠情事。卫汝贵着革职拿问，交刑部治罪。……[2]

十月二十三日（11月20日）叶志超亦奉旨："着先行革职以肃军纪！"[3]

十一月二十一日（12月17日），宋庆复奏查办卫、叶、丁等之参案到京，对于所参诸事，实地调查甚详，亦颇为三人辩护，以为虽各咎有应得，固决不如言者之甚[4]。然中枢乃竟据以下令拿问叶、丁二人，其称叶志超之罪状，亦与宋庆原奏有出入，颇有"欲加之罪"意。最后乃咎其不守安州而退扼鸭绿江，盖几已忘其八月二十二日上谕先已许之矣[5]！

十二月十三日（1月8日）刑部奏：卫汝贵解送到部，上谕令严讯[6]，二十一日（1月16日）刑部奏上，奉旨："……卫汝贵着依律论斩，即行处决。"[7]当日下午在"观者如堵"情形下，斩于西市[8]。太后于最后决定之前，曾先征询枢臣之意见，翁同龢《日记》

---

[1] 参看《文献馆奏折》折 62：6《奏军事危急条陈办法折》。

[2] 见《实录》卷 351，页 10 上—11 下。

[3] 见《实录》卷 352，页 15 上—下。

[4] 宋庆原奏，见《交涉史料》卷 26，页 6 上—8 上（2121）。

[5] 拿问叶、丁之上谕见《实录》卷 354，页 13 上—下，试与本页注〔4〕宋庆原奏比观，便可见其出入。令叶志超等退扼鸭绿之八月二十二日上谕，见《实录》卷 347，页 13 下—14 上，其末云："……与其株守孤城，不若全军渡回江西，于九连城一带合力严防，先立于不败之地，一俟各军征调之军到齐，再图进攻。着李鸿章统筹进止机宜，妥为调度，朝廷不为遥制。"

[6] 参看《实录》卷 356，页 4 上。

[7] 见《实录》卷 357，页 1 下。

[8] 参看《缘督庐日记钞》卷 7，页 10 下，十二月二十一日。

记之云：

> （十二月）二十一日……闻慈圣请驾，恭邸丞趋而东，余等
> 不得不随……午正一刻余等入见四刻，谕：今日卫汝贵罪，刑部
> 奏上，奉旨改立决，汝等有无议论？可从宽否？三问，莫对。谕：
> 吾非姑息，但刑部既引律，又加重，不得不慎。诸臣因奏：不杀，
> 不足以申军纪。臣亦别有论说，语甚多。二刻许，始定。……[1]

据此可见，力主从重治罪者，乃德宗及翁同龢等也。

次年正月初三日（1月28日）刑部奏：叶志超解送到部，奉旨"严
行审讯"[2]。而御史杨福臻（正月初九日，即2月3日）、高燮曾（正
月二十日，即2月14日）又连劾之，请正典刑[3]，正月二十四日（2
月18日）刑部奏上[4]，上谕："……着照该部所拟，斩监候，秋后
处决。"[5]

关于丁汝昌，则自开战以来，即饱受攻击，前章已有述及，此后
则有加无已。其罪名则无非惛怯畏避，庸懦无能也。九月十一日（10
月9日）安维峻严参卫、叶、丁三人之奏上，旨令宋庆等查办。九月
二十五日（10月23日）中枢方据李鸿章之奏报黄海海战战绩，予丁
汝昌等议叙[6]，然不久至十月初五日（11月2日）则又因戴鸿慈等
62人之连衔指劾[7]，而撤销丁之议叙[8]。此后，旅顺日益紧急，

---

〔1〕见《翁日记》册33，页138上—下。
〔2〕参看《实录》卷358，页3上。
〔3〕杨折及高折见《交涉史料》卷30，页38上—39上（2441）；卷32，24下—25上
（2576）。
〔4〕参看《交涉史料》卷33，页28上—31下（2640）及附件一。
〔5〕见《实录》卷360，页8下。
〔6〕见《实录》卷350，页9上。
〔7〕戴鸿慈等62人连衔折反对和议，另附片请撤销丁汝昌议叙，见《文献馆奏折》折
59：90。
〔8〕见《实录》卷351，页10下—11上。

十三日（11月10日）中枢又严旨申饬丁汝昌修理诸舰，久不能成，"倘两船（按：指定远、来远，为黄海战时受伤者）有失，即将丁汝昌军前正法！"[1] 至十九日（11月16日）上谕以："近日旅顺告警，海军提督丁汝昌统带师船不能得力，着革去尚书衔，摘去顶戴，以示薄惩，仍着带罪图功！以观后效。"[2] 随后旅顺失守，李鸿章革留摘顶，十月二十九日（11月26日），丁亦以"救援不力，着即革职，仍留本任，严防各海口，以观后效"。[3]

十一月二十一日（12月17日）中枢接宋庆十一月十五日（12月11日）复奏查办卫、叶、丁等参案，对丁汝昌亦颇为之辩解，称其受伤是实，尚非置身事外。惟统领兵船多年，未能得力，咎亦难辞[4]。然是日上谕，丁与叶乃同奉旨拿问，称其罪状云：

> ……革职留任海军提督丁汝昌，统领海军多年，自日人启衅以来，叠经谕令统领师船，出海援救，该革员畏葸迁延，节节贻误。旅顺船坞，是其专责，复不能率师援救，实属恇怯无能，罪无可逭！……着拿交刑部，分别治罪[5]！

次日，更电李鸿章，征询海军提督继任人选，提出李和、杨用霖、徐建寅，令李酌度[6]。二十四日（12月20日）李复电对三继任人选皆不以为然，而婉转陈词，仍请留丁汝昌，称："威海正当前敌，防剿万紧，经手要务过多，一时难易生手，可否吁恩，暂缓交卸，俟遴选得人，再行具奏。"[7] 电到，旨令刘步蟾暂署提督，丁则"俟事

〔1〕见《实录》卷351，页24下—25上。
〔2〕见《实录》卷352，页9上。
〔3〕同上书，页29上。
〔4〕宋庆原奏，见《交涉史料》卷26，页6上—8上（2121）。
〔5〕见《实录》卷354，页13下。
〔6〕同上书，页15下—16上。
〔7〕见《李文忠电稿》卷19，页18下—19上，《寄译署督办军务处》。

件交替清楚后，速即起解！"[1]。在此前后，东海关道刘含芳、威海守将戴宗骞等及海军刘步蟾等，皆先后电请暂留[2]。而二十七日（12月23日）朝旨，仍令："俟经手事件完竣，即行起解，不得再行渎请。"[3]于是李鸿章转电诸人云："查经手事件，所包甚广，防务亦在其内，应令丁提督照常尽心办理，勿急交卸。"[4]于是丁汝昌事实上又得暂留。

此后，不及一月，而威海战起。正月十八日（2月12日）丁于海军议降，事无可为之顷，自杀殉节[5]。消息至津，李鸿章于二十三日（2月17日）电中枢，为之请恤，并予开复一切处分[6]。次日，上谕令王文韶确切查复[7]。二月初十日（3月6日）因御史余联沅奏：丁汝昌等死事情形可疑，又令李秉衡就近查复[8]。王复奏于二月十六日（3月12日）到，但述事实，未置可否[9]。李秉衡奏于三月初三日（3月29日）发出，于其他死事诸人皆致奖词，惟于丁汝昌则云："丁汝昌以旅顺失事，奉旨革职，拿交刑部。其历次罪案，已在圣明洞鉴之中。战败死绥，仅足相抵。倘日后有以请恤之说进者，朝廷必力斥其非，无俟臣下过虑……"[10]

于是三月十五日（4月11日）上谕下，从李议，刘步蟾、张文宣

〔1〕见《实录》卷354，页22上。
〔2〕刘含芳电见《李文忠电稿》卷19，页18下，《寄译署督办军务处》；戴宗骞等及刘步蟾等二公电，亦见《电稿》卷19，页22下，《寄译署督办军务处》）。
〔3〕见《实录》卷354，页26下—27上。
〔4〕见《李文忠电稿》卷19，页25上，《寄威海戴道、张镇、刘镇等》。
〔5〕丁汝昌自杀情形参看《甲午中日海军战绩考》，见《清华学报》（1935年1月）第10卷第1期，页31—35。
〔6〕见《李文忠电稿》卷20，页16上，《复译署》。
〔7〕参看《实录》卷360，页9上。
〔8〕余联沅原奏见《交涉史料》卷35，页7上（2763），附件二；上谕原文见《实录》卷361，页14上，二月壬子。
〔9〕王文韶复奏见《交涉史料》卷35，页26上—28上（2808）。
〔10〕见《李忠节公奏议》卷7，页8下—11上。

等皆获优恤，而丁汝昌则仍着毋庸议恤[1]。

丁汝昌盖为当时获罪之淮军将领中最冤者，彼之处境与心情，可于其致戴宗骞一函中见之，原函略曰：

> ……汝昌以负罪至重之身，提残余单疲之舰，责备丛集，计非浪战轻生，不足以赎罪，自顾衰朽，岂惜是躯？惟以一方气谊，罔弗同袍，骖靳之依，或堪为济。然区区之抱，不过为知者道，但期共谅于将来，于愿足矣！惟目前军情，多顷刻之变，言官遥论列曲直，如一身际艰危，尤多莫测，迨事吃紧，不出要击，固罪；既出，而防或有危，不足回顾，尤罪。若自为图，使非要击，依旧蒙羞，利钝成败之机，彼时亦不暇过计也，曲折之隐，用质有道，尚希有以见教。……[2]

生当彼时风气未开之中国，统新式之海军以外临强敌，上有不知兵机，不审敌我，而尤不谙新式作战之主战派君上大臣；下则有结党揽权，骄恣自私，善能欺蔑长官，而又畏葸无能之海军将校，如刘步蟾辈；若丁汝昌者，安得不获罪？又安得不一死以殉之！？

旅顺陷后，淮系人士又有一批得罪，十一月初一日（11月27日）李鸿章奏报旅顺失守经过折到京，以为"推原其故，实由众寡不敌，精械悬殊，伤亡枕藉，尚非战阵不力"[3]。同日，上谕则因言者奏参龚照玙，令李查复龚之职任及是否有潜逃惑众之事[4]。李于十一月十二日复奏，则为之辩解，惟以其为管理船局之员，船坞失陷，自

---

〔1〕参看《实录》卷363，页17上。

〔2〕此函见于《中东战纪本末》卷2下，页6下—7下，《丁汝昌遗墨》中，遗墨共包括信札五通，皆致戴宗骞者，为日本随军记者，于日军攻下威海时获得。后有跋，前附中国海军纳降文件二通，并有日海军司令伊东之序，皆石印仿影，略可见真迹。本文所引之函，日期署"初二"或当在十二月初二至早不过十一月初二也。

〔3〕见《李文忠奏稿》卷79，页35上，《旅顺失守折》。

〔4〕参看《实录》卷353，页2上。

有应得之咎。请予革职，而又保荐其"在北洋办理机器制造逾二十年，深得西法奥妙，一时无出其右"。请准其留营效力[1]，然上谕下，则"着即革职，不准留营"[2]。至十一月十九日（12月15日）御史张仲炘更严参旅大诸淮军将领及龚照玙等丧师辱国，称龚畏葸先遁，贻误大局，以致人心涣散，士卒解体[3]。于是上谕令驻津团练大臣侍郎王文锦查办[4]。二十一日（12月17日）再下上谕，拿问龚照玙，称："该员总理船局工程，兼办水陆营务，久驻旅顺，当敌氛逼近之时，不能联络诸军，同心固守，迨船坞失陷，避至烟台。仅予革职，不足蔽辜……着即拿交刑部治罪！"[5]十二月二十八日（1月23日）刑部奏：龚解到部，奉旨严讯[6]，至次年正月二十四日（2月18日）刑部奏上，议斩，上谕，秋后处决[7]。

失守旅顺之淮军将领，如赵怀业、卫汝成、黄仕林，皆李鸿章所特加赏识，曾专折保举，认为"堪胜专阃之任"者[8]，此时皆先后被参，奉旨拿问。赵、卫二人则以"不知下落"闻[9]，黄则由广东原籍拿解到部后，亦论斩，秋后处决[10]。

总办军械之张士珩，则以日本间谍案及盗卖军火之谣传，屡为人所参，称其通敌[11]。九月二十五日（10月23日）因余联沅一折，而

---

〔1〕 详见《李文忠奏稿》卷79，页36上—下，《查参龚照玙片》。

〔2〕 参看《实录》卷353，页2下。

〔3〕 张仲炘折见《交涉史料》卷26，页4上—下（2113），附件一。

〔4〕 参看《实录》卷345，页8上。

〔5〕 参看同上书，页12上—下。

〔6〕 参看《实录》卷357，页12下。

〔7〕 刑部原奏见《交涉史料》卷33，页25上—28上（2639）；上谕见《实录》卷360，页8下。

〔8〕 参看《李文忠奏稿》卷75，页8上，《保举将才折》，后附名单赵、卫、黄三人皆列名其中，而赵名列第一，考语最优，此为光绪十八年七月事也。

〔9〕 诸人被参事，参看《交涉史料》卷26，页4上—下（2113），附件一，《张仲炘片》及《李忠节公奏议》卷5，页34上—35下，《奏请将贻误军机之将领明正典刑折》；拿问上谕皆见《实录》卷353，页12下，卷355，页2下及12下；赵、卫不知下落，参看《交涉史料》卷27，页25上—下（2193），《李鸿章奏片》（《李文忠奏稿》无此）。

〔10〕 黄仕林处斩，参看《交涉史料》卷48，页27下（3478）。

〔11〕 参看《文献馆奏折》折59：17、23、24、80、81，折60：12及《交涉史料》卷22，页27上。

上谕下，令王文锦彻查[1]，十月十七日（11月14日），王文锦复奏称："众口一词，盗卖属实。"[2]时张已丁忧在南京，于是上谕署两江总督张之洞等"设法密速查拿"。张士珩闻讯，亦随即投案，张之洞予以收押呈报，随再奉上谕，令"穷究根源，详征证据，务得确情，按律惩办。无任饰词狡展！"。一再研讯，辗转经年，结果并无证据，至次年九月初九日，案结复奏。张士珩终以日谍案失察之咎，革去候补道之职[3]。

铭军统领刘盛休，则与宋庆始终有芥蒂。九连城之败，宋诉其坐视不救[4]。于是十月初七日（11月4日）上谕李鸿章"着传谕刘盛休，回津另候差遣，其所部铭军，即归宋庆统带"。[5]电到，李鸿章为之缓颊，称其已率部进援金、旅，请暂缓归并[6]。初九日（11月6日）上谕云："刘盛休统带铭军，不能为毅军后继，力战却敌，实属畏葸无能。兹既行抵半途，难令折回，即着刘盛休赶紧前赴金州一带助战，倘再有玩误，定按军法从重惩办！"[7]此后刘军仍在宋庆指挥下作战月余，与毅军关系仍不佳，宋对之亦不满[8]。至十一月下旬刘遂称病请假，其军则由毅军将领姜桂题整编[9]。而中枢十二月初八日（1月3日）电寄宋庆，亦令"销假后查看，如竟不能得力，即着毋庸留

---

〔1〕余联沅折，见《文献馆奏折》折59：80《奏派员查办招商局及军械所片》；旨令王文锦查复见《交涉史料》卷22，页19上（1814），《军机处奏片》及《实录》卷350，页8上。

〔2〕见《实录》卷352，页2下。

〔3〕详细情形，参看《张文襄公全集奏议》卷39，页27—35下，《查讯张士珩参款拟议惩办折》，系光绪二十一年九月初九日发。

〔4〕参看《李文忠电稿》卷18，页23下—25上，《寄译署》。

〔5〕见《实录》卷351，页15上—下。

〔6〕参看《李文忠电稿》卷18，页30，《复译署》。

〔7〕见《实录》卷351，页18下。

〔8〕参看《交涉史料》卷24，页21上（2006），《宋帮办来电》论铭军一段，及《甲午中日战争纪要》，页115—119；缸瓦寨之战斗一节，言铭军力战，毅军坐视不救事甚详，虽未知所据，然当有所本，是非真相虽难据以为断，然二军之不和可见。

〔9〕参看《李文忠电稿》卷19，页23上、27上—下、28下，与宋庆诸电。

营"。〔1〕于是刘等遂离军而去。

驻英公使龚照瑗，亦曾为文廷式所劾，称其为李鸿章私人，与盛宣怀、张士珩等相勾结，而数月来洽购船炮，则一事无成。又电报亦每多文理不通，请立加谴斥〔2〕，奏上，龚奉旨申饬〔3〕。

此外，文员中如盛宣怀、李经方，在沪之候补道马建忠，在烟台之东海关道刘含芳，以及留津办理粮台之广西按察使胡燏棻，办军械之江西督粮道刘汝翼等，武员中如守山海关之副将卞得祥，守北塘之总兵吴育仁等，皆曾被纠弹，奉旨查办。卒皆以查无实据，或主管长官力保，得无事〔4〕。其中盛宣怀尤为众矢之的〔5〕。然以

---

〔1〕参看《实录》卷355，页12下。
〔2〕文廷式折见《文献馆奏折》折59：105《奏请斥龚照瑗令许景澄筹办军火折》。
〔3〕参看《交涉史料》卷22，页38下（1862），军机处奏片及《实录》卷350，页28下。
〔4〕盛宣怀，详下注。李经方，参看丁立钧等35翰林联衔折（《文献馆奏折》折59：24）；或《谕折汇存》（慎记本）卷14，页52下—54下；《交涉史料》卷22，页28下（1841），安维峻折后段；又《谕折汇存》（慎记本）卷14，页54下—55上，安维峻折，惟皆不报。李经方惧，后回安徽，至李鸿章出使议和时，始出，参看《李文忠电稿》卷20，页18上，《寄芜湖交伯行、马建忠》。参看《文献馆奏折》折59：381钟德祥及余联沅参折，称其在沪私运米粮济敌，九月初一日，上谕曾令刘坤一查复，二十八日刘复奏至，称并无其事，参看《实录》卷348，页2上—下及《交涉史料》卷22，页23上—下（1828）。刘含芳于九月初六日为御史管廷献所劾，次日丁立钧等35翰林参李鸿章，亦波及之，上谕令李秉衡查复，李复奏称全无实据，亦颇称许之，参看《文献馆奏折》折59：17及前引丁立钧等折以及《李忠节公奏议》卷5，页10上—12上，《奏查明道员被参各款据实复陈折》。胡燏棻参看《交涉史料》卷26，页3上—4上（2113），张仲炘折，上谕令王文锦查复（参看《实录》卷354，页7下—8上）；后文廷式、余联沅又先后劾之，参看《交涉史料》卷29，页23上—下（2319），附件一及卷32，页30上—下（2587），附件一。刘汝翼被劾事，参看《实录》卷360，页1下—2上。卞得祥各案，参看《刘忠诚奏疏》卷23，页35上—36上，《复查军器营员事实片》。吴育仁各案，参看《交涉史料》卷30，页17下—18上（2403），附件一、蒋式芬片；页22上—下（2420），《王文锦复奏折》；《实录》卷358，页10上—下；《李文忠电稿》卷20，页8上—9上、16上—下，《复译署》两电；《交涉史料》卷33，页36上（2651），王文韶电。
〔5〕盛宣怀参案，参看《文献馆奏折》折58：58（安维峻）、59：3（钟德祥）、69（文廷式）；《交涉史料》卷22，页26下—27下（1841），安维峻折；卷26，页2下—4上（2113），张仲炘折；及《实录》卷350，页2下—3上；卷354，页7下—8上。

彼活动能力甚大，内外奥援亦多，颇营狡兔三窟之谋，故其地位反蒸蒸日上焉[1]。

同时，李鸿章以外之二淮系疆臣，川督刘秉璋与粤督李瀚章，随后亦皆免职。刘秉璋自开战以前，即已数为言路所攻，由中枢派大员查办，旨令革职留任[2]。十月二十二日（11月19日）又令开缺来京，另候简用[3]。而调闽浙总督谭钟麟继任[4]，谭则与翁同龢交厚者也[5]。刘同时亦疏称病势增剧，请开缺回籍调理[6]。李瀚章亦于乙未年初，先后为御史谢希铨、管廷献所劾，旨令广东巡抚马丕瑶查复[7]。李瀚章亦于二月初四奏称衰老多病，请开缺[8]。旨令准假一月[9]，至三月二十日（4月14日），马复奏到京，称：被参各节，或查无实据，或并无不合。于是上谕："着加恩准其开缺，回籍调理。"[10]次日，而两广、四川新任人选同时发表，谭钟麟尚未赴四川任，即又调任两广，四川总督则以陕西巡抚鹿传霖升任[11]。鹿亦属李鸿藻一

---

〔1〕盛宣怀之活动能力，参看《愚斋集·书牍》卷6，页11上—12上，《致李兰孙师相》及《交涉史料》卷26，页2下—4上（2113）所引张仲炘之参折。当时盛除为北洋得力人物之外，与翁同龢、张之洞皆常通消息，并献策，由《翁日记》及《张文襄电稿》中皆可概见。

〔2〕刘秉璋被参原折及刘受处分上谕，均见《谕折汇存》（慎记本）卷14，页7下—9上，《奏四川吏治蠹蚀污浊折》。此外并参看《李文忠公尺牍》册28（倒数页16下—15上），《复四川藩台王》。

〔3〕参看《实录》卷352，页14下。

〔4〕参看同上书，页14下—15上。

〔5〕谭、翁之交厚可由《翁松禅相国尺牍真迹》中，翁致谭之书信见之，参看册5—11。

〔6〕参看《实录》卷353，页9下。

〔7〕参看《实录》卷358，页9上—下；卷362，页6下—7上；《交涉史料》卷30，页18下（2405）；卷35，页42上—下（2836），军机处两奏片后段。

〔8〕李瀚章请开缺折，见李瀚章《合肥李勤恪公政书》（李氏石印本）册10，页26上—下，《请开缺折》。原折列于甲午年二月初四日，由内容考之（例如云，马丕瑶已经到粤抚任；又云，去夏以来，忙于海防军事，皆是甲午开战后事也），知当为乙未年，最后一折（《感谢天恩折》）于四月十四日发，语气亦皆与前折相连也。

〔9〕参看《实录》卷364，页5下，准李开缺上谕中。

〔10〕同上。

〔11〕参看同上书，页9上。

系之清流主战人物，并与张之洞为至戚也[1]。至此，而全国督抚之中，遂无复淮系人士。李鸿章与淮军之失势，至此极矣！当时举国舆论之痛斥淮军可谓无以复加，称其骄悍疲惰，军纪懈弛，每战必溃，万不可用[2]。张之洞令李先义在广东募粤勇，曾切嘱之云：

> ……一切照湘军营制，不可言照淮军。淮军屡战不利，朝廷深不喜之。此系粤勇，万勿袭淮军之名，切切[3]！

此甚可反映当时一般人对淮军印象之劣也。

其实，客观探讨当时战况，则纣之不善，亦岂若是之甚？淮军纪律不佳，内部相当腐化，将领中亦颇有庸劣者，此当为事实。然其屡遭溃败之故，主要似在李鸿章所谓之"众寡不敌，精械悬殊"[4]，而非如主战派所谓遇敌即溃，全不中用也。若聂士成、吕本元、章高元固皆有相当战绩者，何莫非淮军？亦岂可一概而论[5]。观当时前敌诸军，除宋庆直属之毅军老队（马玉崑、宋得胜部）比较能战，或稍胜于淮军外，其他关外练军，各省杂凑之军，以及最后临战场之湘军，其奔溃难恃程度，盖犹逾于淮军也[6]。即名冠一时之毅军，亦何尝

---

〔1〕鹿之为李高阳一系清流，可于《涧于集·书牍》中张佩纶与彼信札中之语气见之，函多不录，鹿为张之洞姐婿（见许同莘《张文襄公年谱》卷1，页6上，咸丰三年）。其主战态度及其与张关系，参看《张文襄公电稿》卷21，页13下，《致西安鹿抚台》。

〔2〕当时斥淮军者极多。略举三四例如下：《交涉史料》卷35，页16下（2790），丁立钧等条陈时务折中所谓："……历数去年失事之军，无一非李鸿章所辖之军，溃逃之将，无一非李鸿章所遣之将。倭人奸狡，深知我海军淮军之能走而不能战，故专一抵瑕蹈隙，侥幸成功……"又如《交涉史料》卷30，页23下—24上（2421），李培元折历陈六条，其一则为"淮军万不可用"。又如《李忠节公全集》卷7，页26上，《奏力阻和议折》所谓："……淮军更将骄卒惰，畏贼如虎……"此外，《实录》卷355，页8上，拿问叶志超上谕之末，令宋庆整顿关外败退淮军，亦可参看。

〔3〕见《张文襄公电稿》卷16，页10下，《致广州李镇台先义》。

〔4〕见《李文忠奏稿》卷79，页35上，《旅顺失守折》；并参看卷78，页61上—63上，《据实陈奏军情折》。

〔5〕诸军战绩，参看《东方兵事纪略》及《甲午中日战争纪要》。

〔6〕同上。

不屡战屡败？败而能振，便已甚为难能。甚矣！当时士大夫舆论之不足凭信也。

第四节　军事上之难题与新式陆军之创始

平壤败后，战争之规模益大，而中国军队之运转不灵、捉襟见肘情形，亦益以著，当时身任实际作战之军事长官，莫不为两大难题所困：其一，则军队内部人事系统之复杂，使负统帅责者，极难指挥如意；其二，则军械供应之不足，使第二线兵力之补充，亦极为难。战术配备本已不如人，益以此二点致命之伤，战事遂成绝症矣！

叶志超平壤之偾事，颇由内部人事之摩擦，前章已有述及（参看第三章第三节），宋庆于奉命东出御敌之后，即于八月十八日（9月17日）电李鸿章，声述其困难与请求曰：

> ……惟毅军本仅步队八营……如果责令续进剿日，必须自练三十营，方有把握；然实缓不济急，仅庆力量，驻义，徐容布置，一面派员赶募，一面就地开招，求赏发枪械，成军之后，军火粮饷无缺，方可率以御寇。若以某军某营归庆节制，徒有增兵之名，无济实事，庆甘受国法，亦不敢遵，谅中堂必不驱之死地也。谨先切实陈明，免致日后朝命责重，无以诿咎。……[1]

宋所求者，自练数十营新兵，所惧者，朝令拨其他军队归其节制，盖即因自练之兵，可以运用自如，而他处之军，则系统不同，绝难指挥如意也。

宋庆添募军队之请，虽得中枢准行，然自开招至成军，亦需数月，枪械则北洋已经无存，须俟冬季，订购外洋新枪到后，始得发

---

[1] 见《李文忠电稿》卷17，页16下—17上，《寄译署》。

给[1]。而是时则中旨已派宋庆帮办北洋军务，节制除依克唐阿以外之前敌诸军，而此诸军，乃正其前电所云不愿指挥之各种系统不同之部队也。周馥自订《年谱》曾记当时军队系统之复杂曰：

> ……时鸭绿江西岸上游百里，为伊将军旗兵防守，而旗兵又有别树一帜者，西岸下游，则淮军、奉天军、山东军、山西军，后又添湘军及各省军，仓猝调集，且不归宋祝帅统辖。自来军务之散乱无纪，莫过于此矣[2]。

伊将军即依克唐阿，宋祝帅即宋庆字祝三也，此段后面所言不归宋庆统辖之诸军，当指甲午十二月间出关之吴大澂军而言。宋庆自九月初到防以后，即始终率领此复杂之军队，对外临强敌，内则应付人事，以转战而西，虽败而勉能自持，诚非易事也。

吴大澂军于十二月出关，随即奉命与宋庆同任刘坤一帮办[3]，关外正面，两军并列，不相统属，而吴本书生，不知兵，惟憨勇猛进期胜，而竟大败。又不善驾驭将士，所部湘军，一败之后，纪律竟不可维持，而吴犹自负，欲再战，与宋庆争防区，不肯后移，袁世凯时任前敌转运，电告胡燏棻，痛陈前敌紊乱情形，胡为之转电督办军务处曰：

> ……顷接袁道世凯来电云：宋帅距石八里，拟请吴退锦，自驻石遏寇，吴亟图再战，不从。凯调停，仍未定。湘兵溃馁不振，吴一人勇，何用？且令太宽，将领多不得力，如不严办，遇寇必又溃。连日请从严整顿，奈吴生性太慈，除期拼命外，他无奇着，……惟湘勇无纪律，运车均为拉散，吴宽容，运务无法办，

---

〔1〕参看141页注〔1〕引电文，后半及卷17，页23上—下。
〔2〕见《周悫慎年谱》卷上，页31下。
〔3〕参看《实录》卷357，页3上。

拟自今起，凯将痛杀之？等语，焜菜伏念：石山站为辽沈后路，锦西门户，若再疏失，辽锦皆难保，而陪都与榆关震动矣！宋虽未必确有把握，然究属宿将，焜菜与吴帮办三十年乡榜同年。袁道与其儿女姻亲，决不抑吴助宋，现为国家大局起见，不得不据实直陈，可否奏请电旨，饬吴退锦，收拾余烬，徐图再举，伏乞钧裁是幸……[1]

电到，次日（二月十九日，即 3 月 15 日）中枢为之严饬吴大澂，令退屯锦州[2]。后二日，而上谕再下，撤去吴大澂帮办，令来京听候部议[3]，所统湘军，则交魏光焘暂带，由刘坤一调度[4]。于是关外前线遂又专任宋庆，而湘军指挥始亦统一，然战争亦旋停。

军械供应之不足，为当时作战之另一难题。随战事之扩大，不得不扩充军队，以为后继。中国地大人众，人力本不虞匮乏，而难在于饷械，饷犹可以借外债[5]；械则中国当时仅有津沪汉粤等数厂，产量有限，决不足以应当时之急需，不得已，惟有购自外国，而往返需时，运输途中，又须防日人探悉，照国际公法查扣（九月间，在新加坡即有一批北洋订购之械弹等，即为日领事查扣）；及运到中国，多在南方起卸，以其较安全也，又需陆运北上，更需时日[6]。

---

〔1〕见《交涉史料》卷 35，页 38 上—下。

〔2〕参看《实录》卷 362，页 5 上—6 上。

〔3〕见《实录》卷 362，页 8 下。

〔4〕见同上书，页 10 下。

〔5〕东事初起，原有"不准借洋债"之严谕（见《翁日记》册 33，页 58 上；《张文襄电稿》卷 15，页 27 上，《李中堂来电》〔按：此电不见于《李文忠电稿》〕），但后来则以财政支绌，首先由赫德经手，借英款一千万两（参看《翁日记》册 33，页 9 上—10 下，九月二十一日、二十五日）。此后，又借外债先后共达数千万两，参看 MORSE 书 Vol. Ⅲ, pp. 448-449; App. *A Foreign Loans of China* (*1874-1991*), pp. 52-53, Ch. 2, §34.

〔6〕当时购运军械困难情形，参看《李文忠电稿》卷 19，页 5 下—6 下，《复译署》。此外材料尚多（《张文襄公电稿》中亦多），不列举。

战事起后，北洋增练新军数十营，而天津之存械皆尽[1]。以后宋庆、曹克忠等所练新军，则直至十一月间，犹无械可应[2]。在南方，则湘军奉旨成军北上，而江鄂之存枪，亦罗掘殆尽，犹不敷用[3]。广东存枪，亦多分济他省[4]，至十月以后，旅大军事日紧，中枢催援孔急，而以枪械不齐，遂使增援之能力大受限制[5]。张之洞曾慨然以为："方今求一千之枪，难于筹十万之饷。"[6]而当时内外大员之中，焦急于洽购械弹，供军用，以通筹全局者，惟李鸿章、张之洞等少数人而已[7]。至京中主战人士，则惟放言高论，竞作纸上之谈兵也。

至十二月间，刘坤一到京就任钦差大臣之后，京畿内外，各省之军云集，数不下十万人[8]，然而有人无枪之军，则随在皆有也。

刘坤一于奉命督师之后，亦深悉此二大难题，故迟迟不出京，期俟彼所信靠之湘军到齐，而军械亦具备，然后再行，则可以稍有把握。然而中枢对此等情形，则似甚为隔阂，督办军务处诸人数数催刘出驻榆关[9]，刘则"执队不齐，械不备，不能轻试之语，百折不回"[10]。

---

〔1〕参看《李文忠电稿》卷17，页23下，《寄旅顺宋宫保》后半；卷17，页36上一下，《寄江督刘岘帅》；卷17，页38下，《复江督刘岘帅》。

〔2〕参看《李文忠电稿》卷19，页5下，《复译署》后面。

〔3〕参看《张文襄公电稿》（以下简称《张文襄电稿》）卷16，页6下，《致山海关吴抚台》；卷16，页12上，《致烟台李抚台》。

〔4〕参看《李文忠电稿》卷17，页39上，《寄译署》，转粤督李电。

〔5〕参看《李文忠电稿》卷18，页27上，《复宋宫保》；卷18，页27下，《复威海戴道》及《张文襄电稿》卷16，页1上，《致总署》。

〔6〕见《张文襄电稿》卷15，页19上，《致译署》。

〔7〕参看甲午开战以后数月间，张李二人之电稿，电多不列举。

〔8〕参看《张文襄电稿》卷17，页20上，《致苏州奎抚台》所谓"关内外既有二百余营，统归岘帅节制……"语，每营约五百人，则总数当在十万以上也。又《交涉史料》卷29，页10上（2289），御史郑思贺折所谓："窃惟数月以来，外省调防陆路之兵，陆续均到，不下十数万人……"亦可参照。

〔9〕参看《翁日记》册33，页134上，十二月初八日；页136上，十二月十五日；页137下，十二月十六日、十七日。

〔10〕参看同上书，页136上，十二月十五日。

而是时前敌败讯又至，盖平失守，宋庆乞援[1]，于是十二月十九日（1月14日）上谕下，以太后懿旨令吴大澂率军出关，而令刘立即出驻榆关[2]，吴大澂则夙愿得偿，欣然就道[3]。刘坤一固久历行间知兵事者，则"闻命惶悚，具陈所处之难，慰藉良久，乃平"。次日到督办军务处会商，犹"语甚不平"也[4]，十二月二十一日（1月16日）刘上《奉命出师筹画军前事宜折》，声述其困难曰：

> 窃臣……奉旨授为钦差大臣，节制关内外防剿诸军，自顾才力难以胜任，当经具折固辞，未蒙俞允。因请酌调江南果胜、健胜、长胜等军前来，拟俟到日，与臣先派赴京之福建提督程文炳一军及新疆提督董福祥一军，随臣赴关，会合关内外诸军，分途进剿……今江南诸军经署督臣张之洞奏留健胜五营，而以尚未成军之张国林五营代行，现在上海与果胜等军，均无起程确信，又督办军务处王大臣传谕程文炳、董福祥两军留守都门，是臣拟带各营……尽归无着，仅与左右数十人赴关，四顾旁皇，不知为计，且先在关之前新疆藩司魏光焘，总兵吴元恺、刘树元等劲旅皆随湖南抚臣吴大澂出关。所留守关之总兵熊铁生十营，队伍未齐，总兵余虎恩十营，枪械多缺，万一有警，何以支持？……臣不敢久待江南各营，惟请抽调程、董全军，及现驻乐亭之总兵刘光才五营，记名提督申道发五营；现驻静海之总兵宋朝儒三营，随臣赴关，倘蒙恩准，臣即刻启行，一面分檄各军，拔营前进……[5]

---

〔1〕参看《翁日记》册33，页136下，十二月十七日及《交涉史料》卷28，页8上（2247），宋庆电。

〔2〕参看《实录》卷356，页14下—15上及卷356，页16下。

〔3〕参看《张文襄电稿》卷17，页22上，《吴抚台来电》及《吴窬斋先生年谱》，页233—234，十二月初四日、初十日之电，皆可见其急欲出关之意。

〔4〕皆见《翁日记》册33，页137下—138上，十二月十九、二十两日。

〔5〕见《刘忠诚奏疏》卷22，页60下—61下。

此外，则请以吴大澂、宋庆为帮办，并申明与李鸿章及东三省裕禄等划清防区职责，然后陈明事宜八条，以为行军后必须办理之事。其中第四条则筹划饷、械也，其言曰：

> 臣查前大学士曾国藩东征，前大学士左宗棠西征，兵则一手召募，所派将领必择有用之才，饷亦一手经营，所指省关，必系有着之款，至于资粮军械，务须十分充足，而后从容进兵，是以所向克捷。臣今遵旨陛见，猝蒙恩命督师，兵则各省凑拨，强弱莫知，饷则各省分承，赢绌莫必，查问枪炮，均属阙如。臣徒拥虚名，以临诸将，所有一切粮械，无不仰给于人。万一应付稍迟，前敌诸军，何能枵腹荷戈？徒手搏贼？惟有仰恳天恩，责成各原省，将各营勇饷，按月接济，先期报解，以资饱腾。其由户部支放各营，自不至有延误。倘各省款项，有时不能应急，应请户部暂为垫发，仍由各省解还，至所需子药等项，应请责成南北洋制造机器各局，宽为筹解。臣前在南洋，续购比枪万杆，奏明为各省军营之用，惟南洋新勇需枪，拟请酌提一半，解归臣营，以便前敌各营分领。又闻南北洋新购大批快炮、快枪，正初可到，并请酌提一半，解归督办军务处，随时由臣请给各营，以期便捷。……[1]

观以上所引两段，则可知当时中国身负军事重责之督师大臣所面临之具体问题所在。外临强敌，而其所以为战之种种准备，乃反不如昔日对内用兵时之事权划一，指挥应手，夫刘坤一又安得不迟回瞻顾，不肯即赴前方也？

刘坤一奏上，其他皆准，而抽调较有战斗力之程、董两军随行，

---

[1] 见《刘忠诚奏疏》卷22，页63下—64上。

则终未获准也[1]。刘到关以后，幸无战事，遂得从容布置防务，至二月初，而津沽以东，直至山海关一带，大致皆有眉目，于是二月初八日（3月4日），上《布置关内外及东西两路防军折》，详细报告各军分布情形，同时申明对关外前敌之宋、吴两军不为遥制[2]。而亦即在此时，吴大澂、宋庆先后有牛庄、田庄台之大败，榆关以东日紧，刘坤一对于新布置之关防，则亦无充分信心，以为："……关门各军，多系新集之众，与坤一初同袍泽，不审兵之强弱，将之勇怯何如，诚难保其尽能得力，不至偾事，惟有懔遵圣训，豫为部勒，谆谕诸将，联络声援，勉图报称……"[3] 盖亦仅此尽其主观上所能为者而已。

甲午战起，两军对垒之后，中国方面，有识者已见出中日间之优劣得失，不但在器械，亦在战术，叶志超于平壤战役之始，已发现："日兵不带锅碗笨重之物，惟仿西法，身负皮包干粮，零星四散，剿不胜剿。"[4] 袁世凯于十月间，由前方电告盛宣怀，亦痛论中国战术之落后，谓：

> 西人用兵，大概分为四排队，前一排散打，败则退至第三排后整队，以第二排接应，轮流不断，后排队伍严整，亦以防包抄傍击。又队后数里，驻兵设炮，遏止追兵，掩护残卒，虽败不溃。今前敌各军，平时操练亦有此法，乃临阵多用非所学，每照击土匪法，挑奋勇为一簇，飞奔直前，宛同孤注，喘息未定，已逼敌军。后队不敢放枪，恐误击前队，只恃簇前数十人拥挤一处，易中敌弹，故难取胜。后队又不驻兵收束，一败即溃。请告统帅，饬各军照西法认真练习……[5]

---

〔1〕 参看《翁日记》册33，页138下，十二月二十一日。
〔2〕 原折见《刘忠诚奏疏》卷23，页11上—14下及15上，《宋吴两军未便遥制片》。
〔3〕 见《刘忠诚电奏》卷1，页11下，《复督办军务处》。
〔4〕 见《李文忠电稿》卷17，页13下，《复译署》。
〔5〕 见《容庵弟子记》卷2，页2上。

聂士成于十一月间在前线闻旅顺失陷后，亦电李鸿章曰：

> 倭寇战捷，猖獗已甚，我军宜早设阵法，方可临时得力。……
> 考制敌之效者，教练新军及榆芦留防各营二，共约有万余，倘沿
> 海有警，恃此足能效命，筹思至再，实以练新军较守岭之利多……
> 否则请将武备学生鄢玉春调出，充当教习，使其教练新军灯号，
> 以备日夜制敌虚实妙法……[1]

不仅战术之不如人也，即就军队之组织言，湘淮军制与西洋军队
编制相较，亦甚嫌松散，不如西法之灵活有效率，盛宣怀曾于十月初
一电中枢论之云：

> 湘淮将领多不服西法，虽亦购其枪炮，习其操阵，仅学皮
> 毛，不求精奥……平壤九连两战两败，可信西法用兵实胜中法，
> 查德国陆队二百五十人为一哨，一千人为一营，六千人为一小军，
> 一万二千人为一大军，额不缺，饷不扣，枪炮不杂，号令不歧。
> 敢请速练枪队两大军，计二万四千人，炮队一军，计三千人，马
> 队一军，计三千人，募德国带兵官五百余人为统领。营、哨官皆
> 一汉人，一西人……[2]

盛宣怀电张之洞，亦述及中日军制之异，云：

> 倭兵照西法，一提督统一万数千人，亲临前敌，指挥画一。
> 傅相与岘帅皆经略也，寿帅、清帅亦文臣，即如目前，寇分两枝，
> 一犯旅，一犯辽，仅一宋帅带数千人，往回援救，必致两失……[3]

---

〔1〕见《李文忠电稿》卷19，页8上一下，《聂提督来电》。
〔2〕见《交涉史料》卷23，页4上一下（1869）。
〔3〕见《张文襄电稿》卷16，页9上，《盛道来电》。

傅相指李鸿章，岷帅为刘坤一字岷庄，寿帅为裕禄字寿山，中西军制优劣，由上两电中所述，亦可概见。

日军彻底仿效西法，战斗力遂远胜中国。中国方面，于是始亦谋军队之改革，于湘、淮军制之外，试行训练纯仿欧西之新军焉。

创练新军，实始于德员汉纳根（Von Hanneken）之建议。汉为德国陆军军官，受聘来华，协助修筑北洋诸要塞工事[1]，甲午战起，入海军，参预黄海之战，以勇著[2]，以后遂颇为主战人士所称颂[3]。九月二十五日（10月23日）中旨招其来京，供总理衙门咨询[4]。汉到京后，九月三十日（10月28日）在总署与诸大臣及翁同龢、李鸿藻相见，诸人问以制胜之道，汉提三点，其中之一即加练新军十万，全以新法教练，用为他日反攻之主力。诸人皆赞同之[5]。十月初四日（11月1日）再谈，乃益具体化[6]。次日，翁同龢又于太后前力保之[7]。是日督办军务处奉旨成立，此事遂由督办处推动，至十月十八日（11月15日）而上谕下，着立即开办建军诸事，并令胡燏棻与之会同办理[8]。然同时督办处内对此意见又不一致，翁同龢《日记》记之曰："十七日……赴督办处，两邸皆集，议洋队事，仲华力争不可，乃发电致胡桌，谓三万最好，至多不过五万，非余意也。"[9]仲华，荣禄字也，胡桌，胡燏棻也。荣禄何以力持反对？而翁同龢以外诸人，

---

〔1〕参看《李文忠奏稿》卷75，页40上—下，《请奖汉纳根片》。

〔2〕参看《李文忠奏稿》卷79，页22上，《海战请奖恤洋人片》及页26上—下，《汇复铁路电报等折》中，关于汉纳根者一段。

〔3〕参看《文献馆奏折》折60：6文廷式等七翰林折，60：35文廷式折；《张季子九录·政闻录》卷1，页12上。

〔4〕参看《实录》卷350，页8下。

〔5〕参看《翁日记》册33，104下—105上，九月三十日；《交涉史料》卷23，页2下—3下（1866），附件一，《总署与汉纳根问答节略》；卷23，页10下—11下（1876），附件一，《汉纳根条陈节略》。

〔6〕参看《翁日记》册33，页107上—下，十月初四日。

〔7〕参看同上书，页107下，十月初五日。

〔8〕参看《实录》卷352，页6下—7上。

〔9〕见《翁日记》册33，页114下，十月十七日。

何以又变计减少人数？则已不可知其故矣。

胡燏棻于十月二十九日（11月26日）上疏报告筹办诸事情形，对于新军人数，则已以"时势急迫，十万人未能骤集"为理由，照督办处之意与汉纳根定议减为"先练三万人，再购五万人之械，并募洋将八百员"，请中枢先筹付一千四百万两之巨款，然后始能与汉签订合同正式开办。然随又提出其个人之意见，以为有筹饷、购械、求将弁三难，盖所需数量皆甚大，恐仓促难致，缓不济急也。此外，则又顾虑所用洋员过多恐将来难于驾驭[1]。

十一月初二日（11月28日），疏到。上谕即令督办处及户部核议，而是时，则胡燏棻与汉纳根之间意见日深，摩擦日烈。胡则中朝有人，颇为之活动[2]，于是十一月二十三日（12月19日），中枢遂依督办处奏，令洋队暂停办，留经费为购船置械之用，汉纳根等订购之枪械，则照数拨银[3]。于是，汉纳根练新军之事，遂归乌有，翁同龢对此则甚不满意于胡燏棻，日记云："（十一月）二十日……夜草驳洋队稿，此军全系胡燏棻簧鼓，以致中变，余不谓然也。"[4]此后胡燏棻即开始自行试办，按新法创练新军三营，规模虽小，而步骑炮工皆备，用费亦较汉纳根原议为省，至十二月下旬，成军。奏报至京，称颇见成效，请准予扩充，募足万人[5]。奏上，交督办处核议，十二月二十七日（1月22日）督办处复奏云：

> ……拟照该臬司所议，先练十营，足成五千人之数，责成如法教练。此五千人如能得力，自可独当一面，已不为少，果其用

---

〔1〕详见《交涉史料》卷25，页3下—5上（2052）；页5上—下（2052），附件一。

〔2〕参看《翁日记》册33，页119上—120上，十一月初一、二日；页124下—127下，十一月十二日至二十日诸有关记载。

〔3〕参看《实录》卷354，页18下。

〔4〕见《翁日记》册33，页127，十一月二十日。

〔5〕参看《交涉史料》卷29，页31上—下（2332）前半。胡之原奏今已不可得见。

之有效，则将来就现有之营，再事扩充，亦不为难[1]。

奏上，上谕准行[2]。

于是此十营新军遂"顿小站，号定武军"[3]，而"小站练兵"自此始矣。

第五节　宫廷问题与政局之关系

专制时期，臣子不得妄议君上，故宫廷中一有变故发生，少数知其事者，必极力隐讳，不肯亦不敢公言，以招奇祸，致失臣节。而外间则捕风捉影，纷纷猜测，其偶有一鳞半爪，为当事人所泄，则辗转传言，更增益附会之，于是曲折离奇之宫禁故事，遂层出不穷，而确然可信者，则又甚少。官书讳莫如深，野史则记载多，出入互见，真伪难明，故兹篇所述，于野史传说，力避引据，惟就少数可信之资料，稍加编述，以求略见甲午、乙未间，宫廷问题发生之轮廓，并阐明其与外朝政局之关系而已。

甲午年宫廷问题发生之最早迹象，见于翁同龢《日记》记中官文德兴受惩事云：

> （七月）二十一日……奏事处中官文德兴者，揽权荐贿久矣，昨打四十，发打牲乌喇，盖慈圣所定也，闻有私看封奏，干预政事语[4]。

此文德兴者，何人也？即二年以后，御史杨崇伊劾文廷式时所称，

---

〔1〕参看《交涉史料》卷29，页31下—32上（2332）后半。
〔2〕参看《实录》卷357，页11下—12上，十二日己巳。
〔3〕语见《清史稿》，页1420·1，《列传》229，《胡燏棻传》。
〔4〕见《翁日记》册33，页74上。

与文廷式结为兄弟之文姓太监也，或云姓闻。文廷式于丙申（光绪二十二年）二月被劾，奉旨革职，永不叙用，并驱逐出京；而随之文德兴亦奉旨在黑龙江就地正法。盖皆太后之意也[1]。而文廷式固与珍瑾二妃有相当之关系，又深为德宗所亲信者，此文德兴为地位相当高之太监，而又为太后所深恨，则其必为珍瑾二妃所亲信者，无疑也。

自文德兴被逐后，阅三月，而太后与两妃之冲突，正式爆发，十月二十九日（11月26日）上谕下，二妃皆受惩，降为贵人，谕旨曰：

> 朕钦奉……皇太后懿旨，本朝家法严明，凡在宫闱，从不准干预朝政。瑾妃珍妃，承侍掖廷，向称淑慎，是以优加恩眷，洊陟崇封。乃近来习尚浮华，屡有乞请之事，皇帝深虑渐不可长，据实面陈，若不量予儆戒，恐左右近侍，借为夤缘蒙蔽之阶，患有不可胜防者。瑾妃、珍妃均着降为贵人，以示薄惩，而肃内政[2]。

此事之内情，今犹可于翁同龢《日记》中，见其大略，录之于次：

> （十月）二十九日……午初先散。……又传有诏，驰入。……皇太后召见枢臣于仪鸾殿。先问旅顺事，次及宫闱事。谓瑾、珍二妃有祈请、干预种种劣迹，即着缮旨，降为贵人等因，臣再三请缓办，圣意不谓然。是日，上未在坐，因请问：上知之否？谕云：皇帝意正耳。命即退，前后不及一刻也。回直房，余与莱山拟稿，似尚妥协，递上，传散。……[3]

---

[1] 杨崇伊参文廷式原折，今不可获见，可略由《实录》卷386，页2上，上谕中见之；《翁日记》册35，页17下，二月十七日所记见之。文廷式处分，参看同上引二书。文德兴或姓闻，及在黑龙江就地正法诸事皆出太后意，可参看《翁日记》册33，页74上；册35，页17下及页18下，二月二十日末尾所记。

[2] 见《实录》卷352，页28下—29上。

[3] 见《翁日记》册33，页118上一下。

另外，在日记空行内，又以双行密书云："鲁伯阳、玉铭、宜麟皆从中官乞请，河南抚裕宽，欲营求福州将军，未果，内监永禄、常泰、高姓皆发，又一名忘之，皆西边人也。"[1]所谓"西边"云者，指太后也。慈禧太后于慈安太后在世时，向有"西太后"之称，以别于慈安之称"东太后"也。观此，可知太后与两妃冲突之症结所在，乃实为"乞请"。在上者，因而有权势之争，而双方属下之亲信宦寺，则以利之所在，尤不相让，各自簧鼓于其主之前，以求得志，遂使摩擦日深，终于一发难收。翁同龢身为帝师，久值宫禁，内里情形，自较熟悉。对于太后之不能正己，而惟责人乞请之不当，自难心服，而又不能明言犯上，于是记出鲁伯阳一段，以示微词也。

两妃受惩后二日，珍妃位下之亲信太监高万枝亦处死。翁同龢《日记》记之曰：

> （十一月）初二日……午初三刻，传太后见起。午正二刻，入见于仪鸾殿，论兵事……次及言者。……次及二妃。语极多，谓种种骄纵，肆无忌惮。因及珍位下内监高万枝，诸多不法。若再审问，恐兴大狱，于政体有伤。应写明发，饬交刑部，即日正法，等因。臣奏言：明发即有伤政体，若果无可贷，宜交内务府扑杀之，圣意以为大是，遂言议退。退写懿旨，封固呈览发下，交内务府大臣，即日办理[2]。

二妃之间，珍妃以明慧，尤为德宗所宠信，预朝事当较多[3]，故其位下之太监，独蒙重谴。由此亦可推知，此次变故之发生，珍妃之关系，当尤大于瑾妃也。

---

〔1〕 见《翁日记》册33，页118上—下。

〔2〕 同上书，页119上—下。

〔3〕 参看龙顾山人《十朝诗乘》卷22，页28上—下，"珍瑾二妃……"条及卷22，页2上，"文芸阁……"条。

两妃获罪，德宗心境之不佳，当可想见，然亦无法违太后之意，以自立异。于势有所不能，于家法亦有所不可也。故只能不表示态度，而徐图补救于将来。此所以翁同龢于事发之次晨去瀛台见德宗时，德宗则"语昨事，意极坦坦"[1]。盖处境诚不易也。

外朝之清流主战人士，此时则大受刺激，彼等对太后之偏重主和，本已不满，而苦于无法反对，惟有力攻为太后用以主和诸大臣如李鸿章、孙毓汶、徐用仪等，以示己意，亦有直接提及太后者，则皆旁敲侧击，委婉讽劝，以反语称太后之必不主和，传闻之不足信[2]，然后来安维峻则犹因之获罪也（详见后文）。此外，太后之多私财，外间亦颇有传闻。言官且有以免致日人垂涎为理由，请速行处置者。而土木、宦官诸事之不洽清议，则尤昭然在人耳目，翁同龢且尝言于德宗之前。凡此，皆与清流主战人士之风习格格不入，而况往事之不愉快者犹多[3]？（详见后文）

清流主战人士所倚以主持大计者，为德宗，为翁同龢等，而二妃（尤其珍妃）当亦为皇帝之臂助。清流健者如文廷式、志锐等，固常借二妃之关系，得与闻宫禁事者也。今二妃获罪，实不啻与彼等以甚大之打击也，于是太后与翁同龢一系清流主战人士之间，遂发生直接冲突[4]。

文廷式于二妃获罪之次日（十一月初一日，即 11 月 27 日），即上

---

〔1〕见《翁日记》册33，页118下，十一月朔。

〔2〕此类奏折，今犹可见者，有高燮曾（甲午九月二十七）、文廷式（甲午十一月初一）及安维峻（甲午十二月初二）三折，高折云："……皇上宵旰忧勤，志意坚决，以军旅大事，不得不禀承皇太后，前者屡奉懿旨赏银二万两鼓励将士，发内帑三百万两筹备饷需，如谓皇太后不欲战，则虚费此数百千万，何为者？乃有知其不然矣……"（见《文献馆奏折》折59，页9）文折参孙毓汶借孙之口提出之，云："……倭之初动，可议和，和不成，误于李鸿章之鲁莽灭裂，而孙毓汶受命为响也，则疾首蹙额而告人曰：皇上轻率而言战。倭之既肆，而当战，战不成，误于李鸿章之乖张悖谬，而孙毓汶推波助澜也，又疾首蹙额而告人曰：皇太后将隐忍以求和，隐党疆臣，归过君上，牢笼同列，共肆欺蒙……"（见《谕折汇存》卷14，页55下）按：原折未载上奏人姓名，经考订，知为文廷式，考见155页注释〔1〕。安维峻折见正文不再录。

〔3〕参看《交涉史料》卷21，页34下（1767），附件（张仲炘奏片）。

〔4〕参看《翁日记》册33，页111下，十月十三日。

疏猛劾太后所亲信之枢臣孙毓汶，称其生活腐败放荡，专于欺蒙君上，与李鸿章相勾结，以揽权谋和，请诛之，以振朝纲。措辞极为峻烈[1]。

折上，德宗无所可否，太后则颇不满，翁同龢《日记》记德宗与太后之反应云：

> 十一月朔……访瀛台，上语昨事，意极坦坦，是日封事中（文学士）有弹济宁者，诋訾过当，上亦不甚怒也。二刻退，见起，语长，济宁辩语恳切，上云：但尽心竭力，不汝责……
>
> 初二日……传太后见起，午正三刻，入见于仪鸾殿……次及言者杂沓，如昨论孙某，语涉狂诞（孙今日赴总署，不在列）。事定，当将此辈整顿[2]。

于是此一雷霆万钧之参劾，以报二妃之受惩者，遂自然毫无结果。

言官之中，则御史高燮曾首先于十一月初三日（11月29日）上疏论二妃获罪事，未敢直指太后，而惟责备枢臣之不能匡救。折上，太后大怒，高亦几于获罪，颇赖翁同龢为之委婉陈说，始已。翁氏《日记》述其经过曰：

---

〔1〕文折原文见《谕折汇存》卷14，页55上—56下，标题为"特参孙毓汶折"，无署名，仅称"翰林院臣某某跪奏……"，由内容考之，知其即文廷式折，请举五证以明之：

（一）据翁同龢《日记》，知文折在十一月初一日上。而此折所云"兵连祸结，五月于兹""近以新简枢臣，事权相逼"，时间正相符合。

（二）文折为当时颇震动一时之参奏，此由翁同龢《日记》中可见（见正文所引），称其"诋訾过当"，而此折语气内容，亦相符合。

（三）文廷式曾于十月初四日与丁立钧等六翰林联衔条陈办法六条。其中之一，为指陈当时奉旨募勇之总兵田在田不可靠，田为山东人，与孙毓汶同乡，而此折中亦有"任田在田以辇毂重防，阴为自卫之计"语，亦颇与文廷式等联衔折辞旨相连。

（四）此折署名为"翰林院臣某某"，文廷式时正为翰林院侍读学士。

（五）《翁日记》对朝中大事，群臣封奏之较重要者，皆有记载，而在就任枢臣以后，尚距中日事起五阅月之期间，仅记十一月初一日文廷式一折，如同时另有劾孙毓汶折，翁氏必不能无记。

以上五证，合观之，似颇足确定此折即十一月初一日文廷式之折矣。

〔2〕见《翁日记》册33，页118下—119下。

（十一月）初三日……见起三刻。……封奏五件，高燮曾一件指斥前日懿旨，谓枢臣不应唯阿取容，无所匡救，并有挟私朋比，淆乱国是。若不精白乃心，则列祖、列宗在天之灵必诛殛之，云云，语多狂诞。午正，皇太后召见枢臣于仪鸾殿，首指高折，以为离间，必加辩驳，慈容鹱然，诸臣再三劝解，臣谓：明无弗照，圣无弗容。既调护于先，何不搜求于后？且军务倥偬，朝局嚣凌，宜以静摄之，毋为所动。圣意颇回，又泛论数事。上出宜麟私信三纸又一纸，不知何人，论库银不足（疑近日湘省解款灌铅事），迟回久之。谕曰：姑从汝等请，后再有论列者，宜加惩罚；否则门户党援之习成矣！时孙毓汶奏：言者结党陷害，夙习已然，请鉴悉，二刻退。已未初二刻矣……[1]

此一段，除叙述高燮曾事以外，宜麟私信一事，亦颇可见出太后与德宗间关系之微妙。宜麟为走"西边"门路者，乃为德宗获得把柄，太后之"迟回久之"，意者，或由此乎？随后乃转圜，释高燮曾不问，而禁止今后再有人论列。翁氏笔下，诚已达其微旨矣。

高燮曾以后，遂果不复再有人敢于论列。太后则同时继续处置两妃之兄志锐。志锐先已于上月奉旨派往热河练兵[2]。至是于十一月初三日，太后面谕恭亲王，降旨立即召回。所有经办事务，一律停办[3]。初八日（12月4日）更降旨，调充边荒辽远之乌里雅苏台参赞大臣[4]，同日，又令撤皇帝之满汉书房。于是德宗亦大不悦，而又无可奈何，终赖恭亲王与翁同龢等之弥缝，始成过去。翁同龢《日记》记此事经过曰：

〔1〕见《翁日记》册33，页120下—121上。
〔2〕参看《实录》卷351，页21下。
〔3〕参看《实录》卷353，页6上；及《翁日记》册33，页120上，十一月初三日。
〔4〕参看同上书，页14下，十一月庚辰及页19下—20上。

（十一月）初八日……是日恭邸请起，偕孙、徐、张（荫桓）见于仪鸾殿，余与李公先散，甫抵都虞司，传有起，驰入。与枢臣再见于殿中。慈谕周匝严厉，先论田贝电事，即以志锐充乌里雅苏台参赞大臣，次谕恭亲王授军机大臣，次命撤满汉书房，臣力争之，无人和也，命姑且听传，择日再发出。……三刻退……晚归，夜燮臣来相与嗟诧。……

初九日……卯初三刻始至书房，上色不怡，谓正典学，奈何辍讲？一刻退，见起五刻。……上问事毕，以书房不欲辍，命恭邸于谢皇太后恩，召见时，言之，并言：翁某常来，孙某当来否？上惓惓于旧臣如此，吾辈其捐糜不足为报矣。

初十日……卯初三刻，懋勤殿人以灯来，遂至补桐书屋（是日旁坐撤）。上命臣及孙家鼐以后仍在祥晖楼候起，然未敢断也。见起二刻，恭邸奏：昨皇太后召对，论及书房事，亦尚在辍不辍之间。巳正先散……传有起。驰入，知独传臣起，遂至五间房俟，午初入见仪鸾殿。上未在座，起居毕，略问前故军事，即及书房，臣力陈讲不可辍，太后谕曰：此恭亲王所陈，前日余所谕太猛，今改传：满功课及洋字均撤。汉书不传，则不辍之意可知。汝等仍于卯初在彼候旨。或传或否，或一人或二人，皆不拘可也。（常时见起后，书房功课则撤之矣）臣叩头称：圣明洞察，一一敬遵，因论人材贤否，及志锐举动荒唐，又回溯同治年事，臣不禁泪下如糜，慈颜亦为之戚惨，褒奖数十语，大略谓：汝信实可靠。臣又力保孙某谨慎无失，凡三刻始退[1]。

燮臣为孙家鼐字，太后盛怒之下，命撤书房，随后亦觉太过，乃转弯，撤无关紧要之满功课及洋字，并特召见翁同龢，加以笼络，手段之巧，可为叹止矣。至此而两妃事件所引起之波澜，乃始告一段落，而余波

〔1〕见《翁日记》册33，页122上—123下。

未尽，至十二月初，又有安维峻事件之起。

十二月初二日（12月18日）御史安维峻上疏，严劾李鸿章跋扈不臣，请予明正典刑，折内猛攻淮将，痛斥和议，语中竟牵及太后及太监李莲英之干预政事。虽亦仍作反语，而语气则甚为露骨也。其辞略曰：

> ……而又谓和议出于皇太后，太监李莲英实左右之，此等市井之谈，臣未敢深信，何者？皇太后既归政皇上，若仍事事牵制，将何以上对祖宗，下对天下臣民乎？至李莲英是何人斯？敢干政治乎？如果属实，律以祖宗法制。李莲英岂复可容[1]？

折上，安遂得罪，翁同龢《日记》记其事曰：

> 初二日……照常入，封奏七件……唯安维峻一件未下，比至小屋，始发看，则请诛李鸿章，劾枢臣无状，而最悖谬者，谓和议皇太后旨意，李莲英左右之，并有皇太后归政久，若遇事牵制，何以对祖宗天下之语。入见，上震怒，饬拿交刑部议罪，诸臣亦力言，宜加惩办。臣从容论说：以为究系言官，且彼亦称市井之言，不足信，良久，乃命革职，发军台。四刻退，到书房复论前事，退拟旨。午初散。……[2]

由此可见，翁同龢对之颇加维护，始得止于革职、远戍也，当日上谕曰：

> 近因时事多艰，凡遇言官论奏，无不虚衷容纳。即或措辞失当，亦不加以谴责。其有军国紧要事件，必仰承皇太后懿训遵行，此皆朕悫恭求治之诚心，天下臣民，早应共谅。乃本日御史安维峻，

---

〔1〕《安维峻折》原文见《谕折汇存》卷14，页54下—55上，《特参疆臣跋扈折》。
〔2〕见《翁日记》册33，页132上—下。

呈递封奏，记诸传闻，竟有皇太后遇事牵制，何以对祖宗天下之语，肆口妄言，毫无忌惮，若不严行惩办，恐开离间之端。安维峻着即革职，发往军台，效力赎罪，以示儆戒！再向来联衔封奏，必有言责者，方准列名。此外部院各官，均由堂官代奏。乃近来竟有一二人领衔，纠集不应具折之员，至数十人之多，殊乖定制，以后再有似此呈递者，定将列名呈递者，概行惩处[1]！

就当时德宗之处境，亦惟有如此处置而已。末段禁止一般臣工附名联衔上疏，盖亦对主战派少壮分子之过激不妥言论，隐示裁抑之意也。

安维峻以辞涉离间获罪，而同时则大受清流主战人士之推崇。《清史稿》本传记当时情景曰："安维峻以言获罪，直声震中外，人多荣之。访问者萃于门，饯送者塞于道。或赠以言，或资以赆。车马饮食，众皆为供应。……"[2]

视此，可见为德宗所亲信之清流主战人士，由于和战之争，宫闱之变，已渐次与太后形成对立，德宗介乎其间，此后乃益不易自处矣。

刘坤一之《文集》中，曾记其于甲午年十二月二十一日（1月16日），见太后时之对话，颇足以助吾人了解当时太后与德宗之关系，录之于次：

（十二月）二十一日，出京请训，仍召见养性殿，慰勉甚至。嗣因论及安御史前奏，太后以其辞涉离间，怒甚。至追念文宗、穆宗不胜怨感，数数以亵拭泪，坤一奏曰：言官措辞过激，意在纳忠，或者借沽直谏之名，断不敢稍涉离间。臣所虑者，不在外廷而在内廷，寺宦多不读书，鲜知大意，以天家母子异居，难免不以小忠小信，往来播弄是非，不可不杜其渐。语未毕，太后谕

[1] 见《实录》卷355，页3下—4上。
[2] 见《清史稿》，页1424，《列传》232，《安维峻传》，并参看《十朝诗乘》卷22，页8上—9上，"合肥相国……"条及《翁日记》册35，页17下，二月十七日。

曰：我不似汉太后，听信十常侍辈，尔可放心，但言官说我主和，抑制皇上不敢主战，史臣书之，何以对天下后世？对曰：和战国之大事，太后、皇上均无成心，天下后世无不共谅。但愿太后始终慈爱，皇上始终孝敬，则浮言自息，因历述宋英宗、明神宗两朝事。太后谕曰：听尔所言，我亦释然矣，皇帝甚明白，甚孝。我每闻军前失利，我哭，皇帝亦哭，往往母子对哭。我甚爱皇帝。在前，一衣一食，皆我亲手料理。今虽各居一宫，犹复时时留意，尔可放心。尔如此公忠，诚宗社之福。奏曰：臣老病无能，难以图报万一。谕曰：尔居心忠爱，天必佑尔俾享长年，第须善自保重，山海关天气冷，多带衣去。……[1]

由此一段对话中，颇可见出：此时太后与德宗间，虽未必有猜疑之意，而因内外廷权力之事，对立之迹，盖已显露。在专制时期，旧礼教之下，此实为一难于解决，而又有关国家命运之严重问题也。当时重臣之识大体者，如翁同龢、刘坤一等，面对此一问题，亦无法更有良策，惟于遇有机会时，即尽力调停其间，释除双方之误会，增进其感情，使二者之间能互信相安，以期渐泯裂痕于无形而已。翁同龢《日记》曾记其与刘坤一之深谈曰："（十二月）二十四日……送刘岘庄，有客在座。送客，留余深谈宫禁事，不愧大臣之言也，濒行以手击余背曰：君任比余为重。"[2]

此为刘坤一见太后后三日，而出发赴前方先一日之事也，翁、刘当时颇相结纳。湘军人士之见解，在当时大致与主战派相近，而京中清流主战人士亦最对湘军寄予期望，后来戊戌政变时，刘坤一为疆臣中惟一以坚定之态度，公然维护德宗者，其种因或即在此时乎？

---

〔1〕见《刘忠诚文集》卷1，页7下—8上，《慈谕恭记》。
〔2〕见《翁日记》册33，页139下。

第 5 章

和议之成与主战派之挣扎

第一节　议和时期

李鸿章于二月二十三日（3 月 19 日）到达马关，二十四日（3 月 20 日）开议[1]。次日日本提出停战条款，欲以天津、大沽、山海关及津榆铁路为质，归日军占领，限三日答复[2]。二十六日（3 月 22 日）李密电到京，中枢大震，翁同龢《日记》记之云：

> 二十六日……是日有李相密电一件。递后，上为之动容。欲请宁寿宫起，而慈躬未平，逡巡而退书房一刻余，到直房；递东朝奏片一件，与庆邸联名，余书之，并电报同递。须臾发下，无说。孙、徐两君先散，将往各国使馆商酌也，午正始散。……酉初归，意抑郁，若茹大鲠……[3]

然停战之事，不久即因国际之压力与李鸿章之被刺而解决[4]。

---

〔1〕 参看《李文忠电稿》卷 20，页 23 下，《寄译署》（二月二十四日申刻）。
〔2〕 参看同上书，页 23 下—24 上，《寄译署》。
〔3〕 见《翁日记》册 34，页 20 上。
〔4〕 国际压力，参看王芸生《六十年来中国与日本》，卷 3，页 4—5。李鸿章被刺后，日政府态度之变，参看《李文忠电稿》卷 20，页 25—26 上，《寄译署》。

三月初五日（3 月 30 日）停战协定成立，自即日起至二十六日（4 月 20 日）止，但只限于北方，台湾、澎湖一带则继续作战[1]。［是时日军已于二月二十七日（3 月 23 日）开始进攻澎湖，二十九日（3 月 25 日）占领之。][2]三月初七日（4 月 1 日）日本提出和议条款。大要为：朝鲜独立，割辽东半岛及台澎，赔款三万万，及许日本商务利益若干，限四日内答复[3]。初九日（4 月 3 日）电到京，中枢和战两派对于割地问题，又大起争议。主战派坚持不能割台湾，即太后亦一度主张强硬，然而至三月十八日（4 月 12 日），接李鸿章转来日方所提最后之条款（辽东地稍缩，赔款减一万万，商务稍让）后[4]，中枢终于不得不复电接受矣[5]。翁同龢《日记》记当时经过情形曰：

> 初九日……是日李相电，和约十条，殆难就范。入对，略陈梗概，退后，约庆邸至直房同看，钞毕两分，呈递时，已初三刻矣。邀高阳至馆略谈，胸中磊块，未易平矣！……
>
> 初十日……与庆邸同见起，庆邸先退，凡二刻余，电五，李电一商务极烦重，一大略言：彼武员专政，虽伊、陆不能争，并云：此事恐难结局，上意总在速成，余力陈台不可弃，与二邸语不洽，退而拟电，又删去秉草之稿十余行，已正退。小憩一刻，遂行，偕庆礼二王及诸公，同访恭邸处。以今日电旨与商……邸欲延议，而持之不坚，孙公力争，并言：战字不能再提，邸疾甚，唯唯，执其手曰：是，遂出……
>
> 十二日……入时早，封奏三，电二，余力言：台不可弃，气

〔1〕 停战协定全文，见《清季外交史料》（以下简称《清季史料》），卷 20，页 27 下—28 上，《寄译署》；卷 109，页 16 下—18 下，《停战条约》
〔2〕 澎湖失守情形，参看《东方兵事纪略》，卷 5，页 3 下，《台湾篇》上第九及《交涉史料》，卷 44，页 18 上—19 下，《唐景崧折》。
〔3〕 日本最初之和议条款，参看《李文忠电稿》卷 20，页 28 上—32 上，《寄译署》两电。
〔4〕 参看《李文忠电稿》卷 20，页 35 上—36 上，《寄译署》。
〔5〕 参看同上书，页 38 上—下，《译署来电》末尾。

已激昂，适封事中，亦有以此为言者，余以为是，同官不谓然也。因而大龃龉。既而力争于上前，余言，恐从此失人心。彼则谓：陪都重地，密迩京师，孰重孰轻，何待再计？盖老谋深算，蟠伏于合肥衔命之时久矣！见起三刻，书房一刻，不觉流涕，再到直房，将稿删改数十百字，然已落彀中矣！余之不敏不明，真可愧死！同诸公散直径访恭王府，以稿呈阅，王亦无所可否，似已入两邸之言，嫌余讦直也……

十三日……无甚要事，惟合肥回电，殊费斟酌尔……

十四日……见起三刻，书房俄顷。恭闻懿旨：两地皆不可弃，即撤使再战，亦不恤也……

十五日……合肥两电，尚无头绪，而停战不能展限，然竟无办法，姑听复音尔。

十六日……邀庆邸至直房，商发李相电旨。孙君秉笔，不甚惬意，以太繁也。

十八日……见起三刻，于上前，有所陈说，退而偕庆邸及诸公同访恭邸，邸稍愈矣，然于事无能补救也。再至直房拟旨递，午正二刻，始传散，无它语也……归而惘惘……

二十日……数日无封奏，而电亦稀，唯李相频来电，皆议和要挟之款，不欲记，不忍记也[1]。

中枢在此十日间之情景，由此已大略可见。恭亲王自三月初一日（3月26日）起即病，势颇沉重，缠绵月余，直至四月初八日（5月2日）始出视事[2]。故和战大计，常就商于恭王府也。主和派此时已甚占优势，翁同龢等虽力争，然除于字句上有所抑扬增损之外，并无实际之影响。三月十八日（4月12日），中枢收到李鸿章转来日本伊藤首

---

〔1〕见《翁日记》册34，页24下—28上。
〔2〕恭亲王病，散见《翁日记》册34，页21下—35下之间所记。

相相当于最后通牒之公函后，即电复李云：

> 倘事至无可再商，应由该大臣一面电闻，一面即与定约，该
> 大臣接奉此旨，更可放心争论，无虞决裂矣[1]。

至十九日（4月13日）、二十日（4月14日），两日复又连电致李，补充十八日（4月12日）之电旨，令即定约[2]。翁同龢《日记》于此则所记甚少，盖即所谓"不欲记，不忍记"者也。

李鸿章得电之后，遂于三月二十一日（4月15日）与日方定议[3]。二十三日（4月17日）草约签字，并规定双方批准之后于四月十四日（5月8日）在烟台换约。次日李鸿章等遂离日回国，二十六日（4月20日）到津。即以六百里驰驿，将条约正本及一应有关文件寄京，并附折片，报告交涉始末，并请假二十日休息养伤[4]。

三月二十七日（4月21日）和约等赍送到京[5]。然此时京中空气，又已中变，盖颇不同于三月十八日（4月12日）决定签约之前矣。

第二节　和约之批准与互换

三月十九日（4月13日），京中士大夫已获悉和款大略[6]。条件之苛，为前此所无，更益以谣言附会之推波助澜[7]。于是反对之

---

〔1〕参看《李文忠电稿》卷20，页38上—下，《译署来电》末尾。
〔2〕参看同上书，页39上—下，译署两电。
〔3〕参看同上书，页39下—40上，《寄译署》。
〔4〕参看《交涉史料》，卷38，页18上—19下（1984）及附件一，请假二十日片。
〔5〕参看《翁日记》册34，页31下，三月二十七日。
〔6〕参看《缘督庐日记钞》卷7，页14下，三月十九日。
〔7〕例如张之洞最初即闻自天津传言，谓和约中有"遍地通商""管各税局""管铁路""商办枢府"等，又闻有天津驻吏兵及交俘，索宋庆、依克唐阿、李秉衡等，后来张电奏中枢，争和约，颇据此等而言。参看《张文襄电稿》卷21，页3上—下，《致天津盛道台》两电及卷21，页5上—6上，《致总署电》。

声一时纷然大起，自三月下旬起直至四月中旬换约时为止，王公大臣、翰、詹、科、道，以至部、院司员，单衔联名之折呈，几如雪片飞来。京外则前敌将领以刘坤一等为首，各省疆吏以张之洞等为首，皆纷纷电达中枢，坚决反对。台湾士绅，痛于乡土沦亡，尤为激昂。而乙未春夏之交，又正逢会试之年，各省举人荟萃于京师，于是亦纷纷联名为公车之上书[1]。反对和约之举，至是，乃成为举国风从之一广大运动，声势之大，为开战以来所未有。

综其所持之主张，大都以为：（一）割地以后，南北之形势皆非，防卫益难。（二）大失人心，内变将接踵而起。（三）各国环伺，野心益增，将纷纷效尤。（四）前敌将士，非不能战，过去之失，在统率非人，又赏罚不严之故。（五）赔款过大，财力难支。且有此巨款，不如移作军费，再战，必可持久获胜。（六）日本国小民贫，必不耐久，故不足深畏。六点之中，割地又最为人所痛心疾首[2]。

其中于洋务较为通晓者，如张之洞等，则亦重视和约中商务之损失，并力谋所以联络外国以压服日本之道[3]。京朝言官则纷请宣示和约，交廷议，以重决大计[4]。其意盖皆以为即使议和，亦不能丧权辱国如此之甚，所以竟然者，皆当事诸人庸懦自私，别具怀抱，有以致之也。

由于举国上下之合力反对，痛斥和约之苛刻，坚决要求废约，遂使中枢面临极严重之关头，盖此时必须对和战大计作最后之抉择矣。

马关签约以后之最初数日，中枢态度犹趋向于速即成和，翁同龢

〔1〕据《翁日记》乙未三月二十一日至四月十七日及《交涉史料》卷38页4下—卷44页19下，反对和约，始于三月二十一日，丁立钧等五翰林联衔折，及给事中余联沅折。以后，遂日日增多，《交涉史料》卷38，页4下，丁立钧等折以后，直至第44卷四月十七日朱谕（页19下）止，其间绝大多数皆当时有关反对和约之折电，可参看。

〔2〕参看本页注〔1〕所引材料。

〔3〕参看《张文襄电稿》卷21—22诸有关电文，电多不录。

〔4〕此等主张，大多在三月底四月初时，参看《交涉史料》卷38页23上—卷39页10下，卷40，页3下—5上、页20下—22上，诸有关奏疏。

《日记》记此数日之情形曰：

（三月）二十三日……晚饭后，柳门来，长谈，激于时议，颇有深谈，抵暮去……

二十四日……连日因台事，与同官争论，入对时，不免愤激，二刻下，书房一刻，再至直房，无所补救。退，与高阳谈于方略馆，不觉涕泗横集也……

二十五日……见起二刻余，封奏二、电九，内一乃俄请暂缓批准和约也，书房一刻，极言批准之不可速，然无益也。……归后……得台湾门人俞应震、邱逢甲电，字字血泪，使我无面目立于人世矣……[1]

观此，可知在最初数日，翁同龢等虽已"激于时议"，再度奋起，与主和派之孙毓汶等在枢廷力争，坚持不能割台湾，然而犹"无益""无所补救"也；德宗对翁等之主张，衷心自极支持，但以一切须听命于太后，亦无可如何也。

适于此时，俄德法三国干涉还辽之消息至京[2]，遂使德宗及翁同龢等大为兴奋，认为此不啻于和战两途之外，别辟新径，大可以借外援以达到废约之目的也。因遂急电驻俄使臣许景澄，令探询详情，同时立即与驻北京俄使馆联络，以候三国交涉之复信，盖三国之中，俄实为首[3]，且过去一向与中国关系较密也。

三国与日本之交涉，则因法国内部意见之不一致，延至三月二十九日（4月23日）始正式向东京提出[4]。日本政府对此，则决定"对

---

〔1〕见《翁日记》册34，页30上。
〔2〕同上书，页30下。以下正文中，所有不加注之史事，皆出自《翁日记》，以正文之后部，即为节录日记中之有关材料，故皆不复另为注。
〔3〕参看《清季外交史料》卷109，页7下，《盛宣怀致总署电》。
〔4〕参看《六十年来中国与日本》卷3，页11上；《清季史料》卷110，页8上一下，许景澄电。

三国全然让步，对中国一步不让"之策略，与三国往返商谈，将近两周，直至四月十二日（5月6日）始大致定当，接受三国要求，放弃辽东半岛[1]，至四月十六日（5月10日）日政府之正式宣言发表[2]。

中国方面在此期间则焦候三国谈判之结果，屡次探询各国，皆不得确实复语，京内外文武大员之愤慨主战者日益多，而批准换约之日期亦日益迫，德宗进退两难。四月初一日（4月25日）曾与总署之庆王等请见太后，面陈和战事，然太后则因仍故技，称病不见，令"一切请皇帝旨办理"，己则深居宫内，遥加指使，以使德宗出面，成此和局。

四月初一日（4月25日）中枢电旨分致主持前敌军事之钦差大臣刘坤一及署北洋大臣王文韶，征询在军事上之把握，借以决定和战，其内容极可反映中枢之为难情形，原电云：

> 新定和约条款，刘坤一、王文韶谅皆知悉，让地两处，赔款二万万，本皆万难允行之事，而日人恃其屡胜，坚执非此不能罢兵。设竟决裂，则北犯辽沈，西犯京畿，皆在意中，连日廷臣章奏甚多，皆以和约为必不可准，持论颇正，而于沈阳、京师两地，重大所关，皆未计及，如果悔约，即将决战，如战不可恃，其患立见，更将不可收拾。刘坤一电奏有云："战而不胜，尚可设法撑持。"王文韶亦有"聂士成等军颇有把握，必可一战"之语，惟目前事机至迫，和战两事，利害攸关，即应立断，着刘坤一、王文韶体察现在大局安危所系，及各路军情战事究竟是否可靠，各抒所见，据实直陈，不得以游移两可之辞，敷衍塞责[3]。

─────────────

〔1〕参看《六十年来中国与日本》卷3，页13—23；《李文忠电稿》卷20，页48上，《寄译署》首句；《中东战纪本末》3编，卷2，页61上，《节录龚电》，四月十二日发（北京总署、天津中堂）。

〔2〕参看《六十年来中国与日本》卷3，页23—24，所引《东亚关系特种条约汇纂》，页86。

〔3〕见《交涉史料》卷39，页8上—下（3004）。

刘、王等接此电后，遂于四月初三日（4月27日）与聂士成、丁槐等将领会于唐山，估计战守之把握，次日分电中枢，报告本人之意见。而四月初四、五日（4月28、29日）京津一带又适遇狂风骤雨，南北电线俱断，直至初六日（4月30日）电始到京，而中枢切盼已久，又已两次电催速复矣[1]。然两人复电，则仍使主战人士失望。王电较简，仅称所部聂士成等军"必可一战"。然关内外诸军则"不敢臆断"，对和战大局，则以为："现在事可胜不可败，势成孤注，与未经议约以前情形，又自不同。"而对胜利，则并无有把握之语，归结于闻三国颇肯相助，请中枢统筹，其意盖不在战也[2]。

刘坤一复奏电则主战，以为关内外诸军皆屡经大敌，"相机战守，似辽、沈后路，可无他虑"。对于京畿防务则以为防卫严密，兵力甚厚。"日寇岂易深入？纵或登岸究属孤军，则诸军可以夹击之，即不得手，自可再战三战，以期必胜。未必彼即长驱直入，我即一蹶不振。"万一吃紧，彼仍可率军入卫。然而对于军事"利钝"则以为"本难逆睹"，惟认为日人亦兵饷不丰，难于持久，故"持久二字，实为现在制倭要着"。最后则称："诸将一闻和约，义愤填胸，皆欲一决死战，坤职在兵戎，宗社所关，惟有殚竭血诚，力任战事，此外非所敢知。"则明言自身立于统兵人员之立场，和议之事，无预闻之理，语气则甚壮也。然而对于战事，亦无一确实有把握语，惟期拼力，尽其在我而已。此所以翁同龢《日记》称："刘虽电复可战，而同列颇摘其一二活字，谓其非真有把握也。"[3]

此二电到京，自不能使中枢据以废和言战也。

中枢于发电询问刘王之同时，亦仍继续探询三国与日本谈判之消

---

〔1〕参看《交涉史料》卷39，页23上—下（3023）；卷40，页31上（3066）。

〔2〕参看《交涉史料》卷40，页27上—下（3053）。王文韶之主和，可于其前此致总署电见之，所谓："……总之，各国即有后议，必在定约以后，约事未定，必无人挺身而出也。事机甚迫，不堪再起波澜，望垂察焉。"（见《清季史料》卷108，页25下—26上，三月二十日）。

〔3〕参看《交涉史料》卷40，页27下—28上（3054）。

息。翁同龢等屡次主张延缓批准换约之时日，借以观变，然主和派人士，则有所顾忌，恐招日人借口，又生事端，于是向俄国探询意见，欲明告日本，称三国公劝，暂缓批准[1]，盖缓批之意，最早本出于俄也。但三国对日态度亦甚持重，不欲过分刺激日人，以卷入中日漩涡，是以在形式上竭力避免将中日和约与三国干涉混为一谈，故俄国对于中国之欲以三国公劝为理由，向日本提出延期批准换约，不以为然[2]。是时，张之洞亦有电到京，四月初四日（4月28日）称密托赴俄贺即位归国之专使王之春，乘道经巴黎之便，与法方侧面联络，请保护台湾，已得有眉目（详情见下节），而台湾方面署理巡抚唐景崧更连电声述，称民意激昂[3]。遂使德宗及翁同龢等益欲延缓批准互换，不但候辽东之结果，对台湾亦抱希望也。四月初五日（4月29日）中枢电寄李鸿章，令与伊藤再商台湾事，以求挽回。电云：

奉旨：连日纷纷章奏，谓台不可弃，几于万口交腾，本日又据唐景崧电称，绅民呈递血书，内云：《公法会通》第二百八十六章有云：割地须商居民能顺从与否。又云：民必顺从，方得视为易主，等语。台民誓不从倭，百方呼吁，将来交接，万难措手，着李鸿章再行熟察情形，能否于三国阻缓之时，与伊藤通此一信，或豫为交接地步。务须体朕苦衷，详筹挽回万一之法，迅速电复[4]。

初六日（4月30日）总署转电到，李鸿章即复电云：

……初四、五狂风骤雨……电线俱断，顷京线始接通……各

〔1〕参看《清季史料》卷110，页7下—8上，电寄许景澄。
〔2〕参看同上书，页8下、20上—上，许景澄二电。
〔3〕参看《清季史料》卷109，页5上—下、7下—8上；卷110，页6上—下、14上—下，唐景崧诸电。
〔4〕见《李文忠电稿》卷20，页42下，《译署来电》。

国信息皆阻，互换期近，深为焦急。鸿到津后，尚未与伊藤复电，因原议祗批准可电知也。若令鸿为改约电议，适速其决裂兴兵，为大局计，未敢孟浪，且除电报外，亦无通信之法，只可俟另派大员，换约时，详切与商，或三国商阻定局，另有办法，请代奏[1]。

至此时中枢实已临必须决定之最后刹那矣。换约日期虽在四月十四日（5月8日），但以中国交通不便，自北京至烟台至少需四五日，而事前之准备亦需时，故至迟在四月初八日（5月2日）必须决定批准与否也[2]。四月初四日（4月28日）前后，太后曾再对德宗施压力，令速成和，主和派大臣亦着手准备批准之后宣示臣下之上谕底稿，在四月初六日（4月30日）即已拟就，而还辽保台则仍皆无结果。初七日（5月1日）中枢终仍决定请美使转电日政府请展期换约称：

> 现闻俄法德三国与日本商改中日新约，须候定议，十四日换约之期太促，拟展缓十数日再行互换……[3]

盖亦作一尝试而已。

初八日（5月2日）北洋王文韶电报至京，称初四、初五大风雨后，海啸成灾，沿海防军皆为大水所冲，人员装备，损失甚重[4]。电到，德宗颇受影响，遂终于不复待日方复电，而决定批准条约矣。惟加数语于批后云：

---

〔1〕 见《李文忠电稿》卷20，页42下—43上，《复译署》。
〔2〕 参看《清季史料》卷110，页7下，《总署致三国国电》；卷110，页7下—8上，《寄许景澄电旨》；《李文忠电稿》卷20，页43下—44上，《寄译署》末数句。
〔3〕 见《李文忠电稿》卷20，页43上，《译署致驻日美使》。
〔4〕 参看《清季史料》卷110，页23上—下，王文韶电。

惟闻俄德法三国现与日本商改中日新约，将来如有与此约情形不同之处，仍须随时修改[1]。

批准之后，随派前次随赴日本议和之候选道伍廷芳为换约专使，次日又应伍之请，加派升用道联芳同往，二人遂于四月初九日（5月3日）动身离京[2]。

同时日本对于四月初七日（5月1日）中国声请延期换约之复电亦到，表示拒绝，并称："如以俄德法三国请改约款为虑，则互换之后，更易商改。"[3]于是李鸿章于获知和约已经批准后，遂电告日方如期换约[4]。

换约专使离京之后，法国保护台湾事，又有进一步消息至京（详下节），至十二日（5月6日）中枢又获悉日本与三国之交涉发生顿挫，盖日政府允许归还辽东大部，而仍欲保留旅大两港及金州一带也。三国则仍不同意，于是翁同龢又认为有机可乘，主张趁此照会日本，展期换约，孙毓汶、徐用仪等则坚不赞成，双方大起冲突。至十三日（5月7日），终在德宗之前定议，即又请美使转电日本，请缓换约，同时电李鸿章转电烟台伍廷芳等知照[5]。然次日徐用仪又引德使意见，促换约。随之许景澄电到，称俄外部云："已经明告，则中国换约大臣自能办理。"于是枢廷之中，除翁同龢外，几于人人皆主立即换约，德宗亦催令即刻电伍廷芳等，仍如期换约，于是中日和约终于在四月十四日（5月8日）晚十时，亦即停战期间之最后二小时内，在烟台互换矣[6]。

即将互换之前，李鸿章接日方复电，允将换约展期五日，然李以

[1] 见《交涉史料》卷38，页19上（2984），李鸿章折末尾批语。
[2] 参看《清季史料》卷109，页19下—20上，伍廷芳等呈总署文。
[3] 见《李文忠电稿》卷20，页43下—44上，《寄译署》。
[4] 参看同上书，页43上—下，《译署来电》及页44上，《寄译署》后半。
[5] 参看同上书，页51上，《急寄烟台伍道》等。
[6] 参看《清季史料》卷109，页20上—下，伍廷芳等呈总署文。

为伊藤必已直接电知烟台换约专使，遂至次日上午十时许，始分电中枢及烟台[1]。于是伍廷芳等遂不及知，而和约终如期互换。李鸿章此举究为有意延缓抑真为估计错误，今已无从得悉。翁同龢于十六日获悉此等情形后，则大为恨叹，然已无可如何矣。

四月十七日（5月11日）特降朱谕公告全国臣民，宣示和约已定云：

> 近自和约定议以后，廷臣交章论奏，谓地不可弃，费不可偿，仍应废约决战，以期维系人心，支撑危局。其言固皆发于忠愤，而于朕办理此事，秉权审处，万不获已之苦衷，有未能深悉者。自去岁仓猝开衅，征兵调饷，不遗余力；而将少宿选，兵非素练，纷纭召集，不殊乌合，以致水陆交绥，战无一胜；至今日而关内外情势更迫，北则竟逼辽沈，南则直进京畿，皆现前意中之事。陪都为陵寝重地，京师则宗社攸关，况二十年来慈闱颐养，备极尊崇，设一朝徒御有惊，则藐躬何堪自问？！加以天心示警，海啸成灾，沿海防营，多被冲没，战守更难措手；用是宵旰彷徨，临朝痛哭，将一和一战，两害熟权，而后幡然定计。此中万分为难情事，乃言者章奏所未详，而天下臣民皆应共谅者也。兹当批准定约，特将前后办理缘由，明白宣示。嗣后我君臣上下，惟当艰苦一心，痛除积弊，于练兵筹饷两大端，尽力研求，详筹兴革。勿存懈念，勿骛空名，勿忽远图，勿沿故习，务期事事核实，以收自强之效，朕于中外臣工，有厚望焉[2]。

翁同龢为当时力争废约之极重要人物，其《日记》记当时中枢最后决和战之争持情形极详，而德宗处境之难，心情之苦，亦皆曲笔达出，迄今读之，历历如绘。上文所叙中枢情况，颇多据此，兹不避重复，

---

〔1〕参看《李文忠电稿》卷20，页54下，《寄烟台伍道等》及《寄译署》两电。
〔2〕见《实录》卷366，页3下—4上。

特节录自三月下旬至四月中旬之有关记载于后，借可与前文比观互参，以求更有助于具体明了当时之真相焉。

（三月）二十六日……盛电谓巴兰德甚出力，令德纠约俄法出论云云。同官或讥为不足恃，余与兰孙力斥之，在上前亦切陈之。三刻退，书房复申言之。巳初散，小憩起饭，访张樵野，彼亦谓，此机不可失。诣督办处，要庆邸与语，似尚有入处，欲谒恭邸，而昨夜不眠，未敢以请也。……

二十七日……见起二刻，命以电询许景澄，俄所要倭者何语，书房一刻。李鸿章六百里报，携至书斋示臣，明日始下。……归后，樵野来，便饭去。不得俄信，悬盼殊急。是日庆邸有起，在军机起前。

二十八日……有李电，云：倭已批准，见起二刻，上促令总署往俄馆问回信，本欲奕劻同徐用仪去。孙云：一人犹可，多则恐英知。书房一刻，力陈批准宜缓。……夜得樵野、柳门函，知许有回电，未知云何。……

二十九日……与庆王同见起，上以李鸿章复电言，台湾事不能与伊藤说，甚怒。又诘问昨日徐用仪见喀使语如何，用仪奏：喀希尼云：得本国电码多误，不能读。今电回国，但云，辽东地不允倭占，请缓批准约章。又云，俄廷不食言，至问以如何办法，则无的实语。上遂命奕劻、孙毓汶、荣禄今日往见喀使，传感谢之意，并告以批不能过缓，即电俄要之音。又命发电旨询许景澄，亦以此节详告。论及台民死守，上曰：台割则天下人心皆去，朕何以为天下主。孙毓汶以前敌屡败对，上诘责以赏罚不严，故至于此。诸臣唯唯，引咎而已。伏睹皇上乾纲一振气象聿新，窃喜，又私自憾也。四刻退，至书房，亦颇有论列，事已难回矣！退而看电稿，尚切至。巳正二刻散。……午赴督办处。李长两君同坐，有部院奉天籍者六十□人具呈，请督办处代奏，有六难，锋锐殊甚，拟明日商递。归后，樵野来饭，柳门亦来，谈至上灯。……是日封奏九件，八件言款不可行，有请廷议者，有驳条款者，有劾枢臣者。内一片，责吴大澂，又指余徇庇。噫！余敢辩哉！

三十日……照常入，言者大率谓和约当毁，余虽懦不敢赞成，而公论不可诬，人心不可失，则日夕在念，思所以维持之，卒不能得，则叹息且抑郁，瘀伤成疾矣！见起二刻，天颜又霁，不似昨日威严矣，命将昨今论和款折十一件持与恭亲王面商。早散，巳正，赴恭邸处，邸少愈而夜不眠，语多即汗。看折（先令章京送去）后，一无断语，大略谓：廷议徒扰，邦交宜联而已。……归后文芸阁来谈，此人毕竟多材。

四月朔……封奏六……封奏中五件言和者，内阁则一百五十六人。见起二刻，无书房。上命枢臣偕庆邸请见皇太后，面陈和战事，并将两日封事十五件一并呈递（数月来，凡封奏皆递，昨因赴恭邸商量未递）。顷内监传懿旨，今日偶感冒，不能见。一切请皇帝旨办理。到直房，看电底。一予许使，催回信。一饬刘、王查各军是否堪战。巳正散……归。有湖南举人一百二十人，合词请改和约。呈三件，数千言，已递都察院。致书余，责备甚至。来者十四人（文俊铎等）。未见，答以惶恐而已。……

初二日……见起三刻，是日先召臣入养心殿，数语即退。军机见时，传懿旨，谓和战重大，两者皆有弊，不能断，令枢臣妥商一策以闻。书房片刻，退。至直房，散时晚。发三国二电，上意然也。三国无回信，而言者益多，劝成者益促。噫！难矣！……晚李木斋（盛铎）来辞行，长谈。木斋御史第一，在军务处文案。今告归，他日封疆选也。……

初三日……见起五刻。……许使有电，俄不能用力，语转松懈……

初四日，竟日雨。午，大风起，而云不开，顿寒，凄其如深秋，亦奇事也。封奏十（二件别事）……载泽封事，请起。召对五刻，张荫桓三刻，军机不过二刻。上以和约事，徘徊不能决，天颜憔悴。书斋所论，大抵皆极为难，臣憾不能碎首以报。已正散。是日许电语虽云：可无误限期，其实皆延宕尔。午正访高阳于黄酒馆，痛谈，相对欷歔。归后，未决，如在沸釜中。江西举人（宜黄人）涂朝弼来递条陈，未见，彻夜小雨。

初五日，雨未止。乘车入。……见起二刻，书房数分而已。恭闻东朝犹持前说，而指有所归，许电杳然。刘、王之奏未至，极徘徊也。已正渐散，雨渐止，大风，午后见日，晚仍阴，天气如此，可异也。……归后，麟芝庵、汪柳门先后来，丁生立钧、沈生曾植同来，谈至亥初去。……

初六日……无电信，线断也。见起二刻，亦无所可否。命往恭亲王邸会商，令定和战之议。已初退，小憩。即至黄酒馆。同李公访恭王府，同人先后集。邸疾渐起，孙君以所拟宣示稿就正，邸以为是。宣示者，俟批准后，告群臣之词也。大意已偏在和字。拟于后日强出销假矣。……未正，赴总理衙门，缘状师科士达（亦名法思得，从李相定和约者也）欲见庆邸及李、孙二公及余，故特晤之。荣、张、敬、汪在座。科先叙李相之忠，次言国政，首练兵改西法，次造铁路，次赋税。其言反复悚切，谓果实力变更，十年后，中国无敌；若因仍不改，不可问矣！末言，约宜批准。如是而去，谈一时许。……

初七日……封奏八，有二不干军事，实十三件。……先召入养心殿，见起四刻。孙所拟件，上斥其"奉养有阙，不能稍展微忱"句。又台湾一段俱删……刘虽电复可战，而同列颇摘其一二活字，谓非真有把握也。许电回，未得确实语。书房一刻，事多。午初始散。又九刻，始传军机散。于奏片语，必颇斟酌尔。……归……得盛杏孙函，言：三国不足恃。游说耶？抑实情耶？专弁来，犒以二金，即复之。

初八日……恭邸力疾销假。晨入，见北洋报：初四、五天津大风雨，初五寅卯间，海啸，新河上下各营被冲，水深四五尺，淹毙甚多，计六十余营被其害，北自秦王岛，南至埕子口，皆然。此时值此奇变，岂非天哉！封奏六件（都代奏一封，十五件）……见起三刻，上意幡然，有批准之谕，臣对以：三国若有电来，何以处之？上曰：须加数语于批后，为将来地步。于是战栗哽咽，承旨而退。书斋入侍，君臣相顾挥涕，此何景象耶？退，拟批，与孙力争。……归……得季士周函，言津防诸将不可恃。

初九日……照常入，恭邸亦来。……闻昨日喀使致书小云，阻用宝批准。今日午，庆、孙、徐三人往见施使问之，而仍请今日用宝发下，意恐误事也，见起二刻，请旨添派联芳偕伍廷芳送约，盖喀谓伍习于倭，而特举联以请也，此未奏明。……

初十日……晨入，知孙、徐晤施，施无言。傍晚施邀二公再往，则云：接本国电，倭允让辽地，但未知所让多少，及让后须添费尔。许电语无甚要紧，但云：俄亦主劝中国先批准，候〔信〕再换。唐抚电云：法有欲保护台、澎意，其外部告庆常，须先立一约，庶法护为有据。余乃创议今日务请电旨，一致许使，问辽地。一致王使之春，问台、澎，机不可失也。邸不了了。两君者，不谓然。遂以语侵之，卒如余议而罢。见起三刻……书房复切言之，午初散。……

十一日……照常入。电极多，目不给。封奏四件，都代者一封七折。……见起三刻，书房一刻余。许电仍无确信，闷极！急极！南洋张公多奇策，而未尽可用，如何，如何！已初散。……归后，柳门来谈。闻许有两电，稍切实矣。……穷思稍延换约之日，而不可得。……

十二日……晨入，见许电，倭复俄，以辽地分六段，五段暂押，一段旅顺不还，俄仍驳复也。余创议：乘此与日本照会，将换约展期，孙、徐坚不可，至于攘袂。……见起三刻余，书房一刻，颇有所陈说，退而定随约照会两件，一朱批，一暗言辽事，明告台难交。巳正散，午赴军务处，与恭邸深谈，邸似有会，仲华、石农亦共论之。晚归，曾怀清方伯来，仲华从俄馆来，喀使仍云，未得本国电。

十三日……余力言：发电告日本展期换约，与同列争论，声彻户外，又争于上前，乃定议。退，与莱山定政府致彼信，词甚卑柔，同列尚多方诘难也。……归，莱山过余，告今日偕庆荣访喀使馆，仍云无电来。施、绅两使同到俄馆，告以发展期换约事，三人皆云是。后同访田贝，托其电日本，田亦以为然也。早间看德使问答云：倭并旅顺亦可让。……

十四日……是日，徐君持德使绅珂函来，谓不换约则德国即不能帮，余笑置之。已而许景澄电至，谓旅顺肯还，至换约一节，俄外部云：已经明告，则中国换约大臣自能办理，固未尝催令换约也。而同人轰然，谓各国均劝换，若不换，则兵祸立至，而敬子斋特见恭邸，絮语刻余，恭邸亦为之动。余力争不回。见起（庆邸同见），则上亦催令即刻电伍廷芳，如期换约。因令庆王、孙、徐三人先退；余奏：昨日俄使请巳正见总署大臣，此当听其回信，三人者谓：即赴俄馆，若俄使语与许电同，当即将电旨译发，若有违异，则再请旨，匆匆而去。退后，忽思：允让全辽，三国虽电告中国，中国未尝与日本定明，设换帖后，各国瓜分此地（所谓别有办法也），奈何？告恭邸：当以此节饬伍廷芳等，备照会声明，邸不肯。退，又致书莱山，不答。在督办处见邸，又力言之，乃肯作札。令总办回堂速办，亦未知总署肯发此电否也。覆水难收，聚铁铸错，穷天地，不塞此恨矣！不食。……

十五日……到督办处。先与庆邸谈台湾事，复与恭邸切言之，似颇有意。晚归，柳门来。今日法使施阿兰到署，言台事。文芸阁来辞行，知昨日子初换约矣，并照会三件送交矣。伊东先不肯接，辩论良久，始接。此伍廷芳之电也。

十六日……晨入，电甚多，大率皆换约事。伊藤电：允展五日，旋作罢论，可见做得到，人自不做尔，可叹也！……心灰气短，百事懒散。……归……樵野来，谈至暮。……

十七日……是日奉朱谕一道，饬六部、九卿、翰、詹、科、道，至内阁恭阅，上以倭人肇衅，不得已讲和之故，宣示群臣，军机先已恭阅，不赴内阁，今日阅卷者，在南书房先阅，由领班章京赍往内阁，交侍读等，并传：不得抄录携出[1]。

第三节　和后余波

和约既已批准互换，朱谕亦已宣示，主战人士则犹作最后之挣扎，以求阻止日本之占有台湾。其重要之主持人物，为署两江总督、南洋大臣张之洞，及驻节台湾之署福建台湾巡抚唐景崧。而张之洞之策划尤多，在中枢则翁同龢等与之遥相呼应，以为表里。

远在二月初，张之洞等已闻日本有索台湾为和议条件之谈[2]。张亦知中国军队之不堪战，故亟着力于联络外国，许以重利，俾借其力以保护台湾，而伐日人之谋。二月初四日（2月28日）即分电总署及李鸿章，建议与英人谈判，即以台湾作保，向英借款，或许英人在台开矿，以为如此则英人利益攸关，必将以武力胁日而助我保台[3]。电到，李鸿章复以"英以局外谢，难成"[4]。总署则询问其详细办法[5]。于是张之洞遂于二月十一日（3月7日）、十二日（3月8日）分电驻英龚使[6]、驻俄许使[7]，以己意请就商英俄当局。

---

〔1〕见《翁日记》册34，页30下—39下。
〔2〕参看《张文襄电稿》卷19，页14上，《致台北唐抚台》。
〔3〕参看同上书，页16上—17上，《致总署》及《另致李中堂》。
〔4〕参看同上书，页18下，《李中堂来电》。按：《李文忠电稿》中无此电。
〔5〕参看同上书，页21下，《总署来电》后半。
〔6〕参看同上书，页22上—27下，《致伦敦龚钦差》。
〔7〕参看同上书，页23下—24上，《致俄京许钦差》。

许景澄随复电认为不可能[1]。龚照瑗则与英政府密商后，英亦以窒碍甚多拒绝[2]。

至三月初五日（3月30日）中日停战协定成立，而台、澎不在内，于是日人意向益明，而台湾亦愈紧张。三月二十三日（4月17日）马关和约消息至[3]。台湾终割与日。地未失，而拱手让人，自非台人之所能甘心，于是绅民愤激，誓不肯从。唐景崧连电入告，谓民心不服，如割必生奇变，又引国际公法，称当地民意当尊重，欲借以请中枢设法与日本重议台湾事，谋挽回之道[4]。中枢以之征询李鸿章[5]。李复电以为不可能，且称所引公法似断章取义，未可为据[6]。而京中主战健者，如沈曾植、汪鸣銮等，又与张之洞、唐景崧等电商，再度酝酿，联英保台[7]，亦仍无结果。而是时则法国干涉忽有希望。

三月二十九日（4月23日）张之洞曾电致过巴黎归国之赴俄贺俄皇即位专使王之春，令向法政府密商，请以兵助中国胁日废约而许以厚利相报[8]。盖王昔为张之属吏，颇受赏识，关系甚深也[9]。四月初三日（4月27日）得王复电，则已挽西友侧面向法外部探询，知法

〔1〕参看《张文襄电稿》卷19，页24上，《许钦差来电》。

〔2〕参看同上书，页22下，《龚钦差来电》。

〔3〕参看《张文襄电稿》卷21，页1下—2上，《致台湾唐抚台》，台湾获得最后之官方消息，似即张之洞此电。

〔4〕参看《清季史料》卷109，页5上—下、7下—8上；卷110，页6上—下、14上—下，唐景崧诸电。

〔5〕参看《清季史料》卷110，页14下—15上，唐景崧电后附上谕；或《李文忠电稿》卷20，页42下，《译署来电》。

〔6〕参看《清季史料》卷111，页1上—下，李鸿章电。按：此电不见于《李文忠电稿》。

〔7〕沈曾植电见《张文襄电稿》卷21，页10上—下，《致台北唐抚台代转京电》；汪鸣銮主张，参看卷21，页15下，《唐抚台来电》。

〔8〕参看《张文襄电稿》卷21，页11上—下，《致巴黎王钦差》。

〔9〕王之春于张之洞任两广总督时，在粤任职两次，署理广东藩司，颇受倚任。徐致祥参张之洞折所谓："藩司王之春，金任也……而该督以为有才，竭力保奏。"李瀚章复奏折内亦谓："王之春以江苏候补道奉旨补授广东粮道，张之洞因其才具尚好，加以任使，该员两次署理藩司……"（皆见《张文襄公年谱》卷4，页7上—8下，附录中）关系之深，由上引，颇可具见。后张调湖广，王寻任湖北布政使。由《张文襄电稿》中所见张、王间电讯往返语气，亦可见出。约自甲申（光绪十年）以后，电多不录。

政府有意阻台湾归日，但已未奉旨，无权正式商办。于是张之洞立即电奏中枢，并请旨命王就近与法交涉[1]。初七日（5月1日）中枢电旨致张，转王之春，即派王与法商办[2]。而是时龚照瑗已于初五日（4月29日）由英到法，亦获悉法政府企图，于四月初七日（5月1日）电复唐景崧，告法有保台、澎意。次日电告总署[3]。王之春同时亦有同样消息电告张之洞转中枢[4]。于是初十日（5月4日）中枢电巴黎，令龚、王会同办理[5]，而是时法方则已以中国二使不合西例为疑，停议二日，王遂电张，请设法由己专任此事，张即于十一日（5月5日）电中枢，力保王[6]。十三日（5月7日）中枢遂再电巴黎，令龚回英，王专办与法交涉台湾事[7]。然此时，法已完全变计，借口中国已经批准条约，碍难再进行[8]。王虽屡递照会皆置不复[9]。而王在巴黎，先曾为张之洞接洽借款及购船等事，所谋非人，亦颇召法人反感，最后终于四月十七日（5月11日），由驻北京法使示意总署，速招王回国，对于台湾问题，则以"倘日后台湾出有别项情形，法国或另有打算亦未可定"为辞，仍留一线希望[10]。

---

〔1〕 参看《张文襄电稿》卷21，页14下—15上，《致总署》。

〔2〕 参看同上书，页19下—20上，《致巴黎王钦差》。

〔3〕 参看《中东战纪本末》3编，卷2，页59下—60上，《节录龚电》、《四月初四日英领电总署》、《四月七日发台湾抚台唐》及《四月初八日发北京总署》诸电。

〔4〕 参看《张文襄电稿》卷21，页20上—下，《致总署》转王之春电。

〔5〕 参看《中东战纪本末》3编，卷2，页60下，《节录龚电》、《同日（四月十一日）接总署电》。

〔6〕 参看《张文襄电稿》卷21，页22下—23上，《致总署》。

〔7〕 参看《中东战纪本末》3编，卷2，页61下，《节录龚电》、《同日（四月十四日）接总署电》。

〔8〕 参看同上书，卷2，页60下，《四月十一日亥刻发北京总署》及《张文襄电稿》卷21，页23下—24上，《王钦差来电》。

〔9〕 参看《张文襄电稿》卷21，页26上，《王钦差来电》。

〔10〕 王之春在巴黎为张之洞接洽购船借款诸有关电文，散见于《张文襄电稿》中（卷20页22下—卷21页9上）。王之招法人反感，参看《中东战纪本末》3编，卷2，页60下，《节录龚电》、《四月初十日接总署电》及《清季史料》卷112，页5上—6上，《总署与法使商保台事问答笔录》。

在巴黎，王与龚之间，亦颇不相能，盖王为主战派，为张之洞亲信，龚则属李鸿章一系。张、王电讯所商，龚全无所知[1]。而龚对王亦颇加牵制[2]。盖亦仍是和战两派斗争之一部分也。

和约既换，法使又明言，法不欲再干预台事。于是十八日（5月12日）在中枢，徐用仪（时孙毓汶请病假五日）主张即断此议。而翁同龢、李鸿藻等则仍存希望，主张电驻俄许使，再商请三国保护台湾。同时候王之春复信[3]。二十三日（5月17日）许、王复电皆至，俄法皆拒[4]。而二十五日（5月19日）德政府复电至，则措词尤厉，直斥中国鼓动台湾民变。并称：如再开仗，则不但台不能保，赔款割地且将益增云[5]。于是寻求外援之企图至是完全碰壁。

许、王复电尚未至时，李鸿章转伊藤四月十八日（5月12日）电，于二十日（5月14日）到京，则关于接收台湾事也，称日方已派定桦山赍纪为台湾总督，两星期内即动身，并请中国速派大员，共同商办，李则建议，即令唐景崧就近办理[6]。电到，徐用仪主立即移交，而翁同龢等不欲[7]，盖犹仁候三国回音也。此外则惟欲以民变怵日人，冀延缓交割时间，再图后策而已。当日，中枢电旨致李鸿章曰：

　　……惟现在台湾兵民交愤，必不甘服听命，无论唐景崧系守台之官，万无交台之理；况现为台民迫留，危在旦夕，亦无权与

─────────

〔1〕参看《中东战纪本末》3编，卷2，页128下，《节录龚电》、《同日（四月十四日）立刻发天津李中堂》。

〔2〕王之受龚牵制，参看《张文襄电稿》卷21，页23下—24上，《王钦差来电》及卷21，页26上，《王钦差来电》。

〔3〕参看《翁日记》册34，页40上，四月十八日。

〔4〕许景澄电，参看《交涉史料》卷44，页27下—28上（3206）。王之春电，参看《张文襄电稿》卷22，页5上一下，《致总署》。

〔5〕参看《交涉史料》卷44，页32下（3221），《德国外部来电》。

〔6〕参看《李文忠电稿》卷20，页57上—58上，《寄译署》。按：李电中，称桦山名为资纪，官衔为台湾巡抚。兹据电稿卷21，页12下，李经方与桦山交接台湾之正式文据改为台湾总督桦山赍纪。

〔7〕参看《翁日记》册34，页40下，四月二十日。

之交割。李鸿章前电伊藤，有"重为虑及，另行筹商"之语。今伊藤来电，只云：中国派员与桦山会晤，所虑危险之事可免，其不受商量已可概见。台湾情形如此，该大臣设身处地，将何以措置？前所谓：另行筹商者，究竟有何办法？如何补救？着妥筹复奏……[1]

李鸿章于次日（四月二十一日，即5月15日）上午接此电后，即电伊藤婉商，告以台湾为难情形，希望再开会议解决，随即转电中枢，报告原电内容，但以为："彼即允再会议，亦必不肯放松，彼既弃辽，岂甘弃台？姑先商缓，看其电复云何，仍求朝廷熟思审处，设法开导唐署抚勿任固执，另起波澜，致以一隅误大局，是为至幸！"[2]

李鸿章复电二十二日（5月16日）到京，中枢议无所决[3]。次日，而许、王两使复电皆至，外国干涉遂归绝望，同时则张之洞转电全台绅民二十一日（5月15日）公电，及唐景崧二十二日（5月16日）电亦皆至京，台民公电略云：

> ……台湾属日，万姓不服，叠请唐抚院代奏台民下情，而事难挽回。……伏查台湾已为朝廷弃地，百姓无依，惟有死守。据为岛国，遥戴皇灵，为南洋屏蔽，惟须有人统率，众议坚留唐抚，暂仍理台事；并留刘镇永福镇守台南。一面恳请各国查照割地绅民不服公法，从公剖断，台湾应作何处置，再送唐抚入京，刘镇回任。……

唐电则云：

---

〔1〕见《李文忠电稿》卷20，页58下，《译署来电》。
〔2〕见同上书，页59上—下，《寄译署》。
〔3〕参看《翁日记》册34，页41上，四月二十二日。

台民知法不可恃，愿死守危区，为南洋屏蔽。坚留景崧与刘永福，经反复开导，再三力拒，无如众议甚坚，臣等虽欲求死而不得。至台能守与否？亦惟尽人力以待转机。此乃台民不服属日，权能自主，其拒日与中国无涉，恳旨饬下总署，商日外部，彼员从缓来台，则台与日尚可从容与议；若即以武相临，不过兵连祸害，彼断难驯致全台……[1]

台湾自主之意，自是正式向中枢显露，欲单独抗日，以武力自保，而徐待外国之干涉矣。

电到，翁同龢为之流涕[2]，亦更无他策，惟以电旨致李鸿章，转知此二电，电令"仍当熟筹办法，以期补救万一"而已。并问伊藤回电如何[3]？

次日（四月二十四日，即5月18日）上午，李鸿章转电伊藤复电至京，认为："台湾所有主治地方之权，业已交与日本，其了结地方变乱之法，毋庸两国会议，是以中国政府只须将治理台湾之事，并公家产业查照条约及前电，即派大员交与日本大员。"李并于电后附陈己见云：

……查伊电词意，甚为决绝，桦山已于二十三日起程，计日必到澎、台，应先行电知唐署抚筹备为要，至台地绅民公电有云：请各国查照割地绅民不服之公法剖断，询科士达；查洋文公法原本所载，并非战后让地之例，难以比拟。且日既不肯会议，俄法德亦不过问，孰为剖断？！应请传谕，毋得误会。此事恐开衅端，并连累他处，务祈慎重筹办，大局之幸[4]！

---

〔1〕见《李文忠电稿》卷20，页60上一下，《译署来电》中段及后半抄录台民公电及唐电。
〔2〕见《翁日记》册34，页41上，四月二十三日。
〔3〕参看《李文忠电稿》卷20，页59下—60上，《译署来电》前段。
〔4〕参看同上书，页60下—61上，《寄译署》。

当日电到，至此遣使割台已成箭在弦上，主战人士无可泄愤，给事中谢隽杭同日先已上疏请仍命李鸿章、李经方为割地专使。其词甚刻，略云：

> ……臣意：唐景崧之为人，以之效命疆场则志当靡他，以之旋转乾坤，则力恐弗胜。此事既系李鸿章、李经方始终主谋，岂有功届垂成，反自逍遥事外之理？且该大臣等，既能定割地请和之策，自必具用夷变夏之才。国家用人专一，若忽舍而他求，臣恐其迫胁朝廷，且未有已也，相应请旨饬派李鸿章、李经方等迅速亲赴台湾，依限交割，以终遂其志，而间执其口……[1]

于是当日，电旨下，即派李经方往台湾[2]。盖李鸿章则自四月二十日（5月14日）起，又已续假一月也[3]。

派遣李经方电到津，当日（四月二十四日，即5月18日）下午，李鸿章即电沪告李经方[4]。

经方复电力辞。于是二十五日（5月19日）李鸿章又为之转电中枢，称李经方因病重，已回南就医。且对台湾情形毫不熟悉，与日方人员亦不熟识，现正医病，恳辞。电后并为之申说云：

> ……查系实在情形，并无一语捏饰，商交台湾，事体繁重，自应责成台抚，督同藩司顾肇熙妥办，否则应饬闽督就近拣派大员前往，会同该处官绅筹办，似未便令情形隔膜、资浅望轻之员，搪塞外人，必致贻误。李经方实不胜任，理合自行检举，请旨收

---

〔1〕 见《交涉史料》卷44，页30上（3214）。
〔2〕 参看《实录》卷366，页12上。
〔3〕 参看《李文忠电稿》卷20，页58下，《译署来电》。
〔4〕 参看同上书，页60上—下，《寄上海交伯行》。

回成命，另行简派……[1]

此电未发之前，李鸿章接德璀琳转来柏林德国前驻华公使巴兰德电，告德政府对台湾问题之态度，即转中枢云：

> ……巴电传：德京皆云：天津设法阴令台民叛拒倭人，显系违约，倭必兴兵构怨，势极危险，若再战败，必将重议和约，视马关前约为更甚……云云。……其实阴令台民叛拒者，南洋及台抚也。今德君臣既疑中国违约，不愿帮助，俄亦未必与倭兴戎，中朝必应妥慎筹办，勿先违约，自贻后祸[2]。

此电二十四日（5月18日）晚发，次日到京。中枢当时亦由德使馆接到类似之德外部电[3]（惟语气稍缓和），因之颇感恐慌。当日，即电旨寄李鸿章，对于台湾事有所辩解，并急催李经方速行云：

> 李鸿章两电均悉。据称，伊藤复电，词气决绝，德国又疑中国阴令台民叛拒，恐致构兵等语。台湾一事朝廷深为焦虑，昨派李经方前往商办，可见中国并无不愿交割之意，现在日使将到，着李鸿章饬令李经方，迅速往台，与日使妥为商办，毋稍耽延贻误，一面仍将台民不服开导，竟欲据为岛国情形，再行电告伊藤，免致怀疑借口[4]。

中枢之主战人士，对台湾事，自是全屈服矣。惟以余愤加诸李经方，

---

〔1〕参看《李文忠电稿》卷20，页61下—62上，《寄译署》。
〔2〕见《交涉史料》卷44，页32上（3219）。
〔3〕许景澄电，参看《交涉史料》卷44，页27下—28上（3206）。王之春电，参看《张文襄电稿》卷22，页5上—下，《致总署》。
〔4〕见《实录》卷366，页12下—13上。

必欲使之前往割地而已。

四月二十六日（5月20日）电旨下，命署台湾巡抚唐景崧解职来京，并令台省大小官员内渡[1]。对李鸿章之为李经方声请辞差，则严旨申斥云：

> ……李经方随同李鸿章赴日，派为全权大臣，同定条约，回津后，尚未复命，何以遽行回南，昨派命前往台湾商办事件，又复借病推诿，殊堪诧异。李鸿章身膺重任，当将此事妥筹全局，岂得置身事外，转为李经方饰词卸责？本日已有旨，将唐景崧开缺，令其来京陛见，并令文武各员陆续内渡。现在日使将次到台，仍着李经方迅速前往，毋得畏难辞避，倘因迁延贻误，惟李经方是问！李鸿章亦不能辞其咎也[2]。

电旨到津，李鸿章即于当晚转知经方，并于电后附云：

> 谕旨如此严厉，似难违抗，若唐等遵旨离台，与福士达密商办法，相机进止，尚无不可，都中谣诼纷起，不便顶奏，候筹定酌复。[3]

后二小时，再电李经方云：

> 伍廷芳等在京密禀，续假折到后，众口诋毁，谓为偃蹇不即赴都覆命……固有明征。幸唐某等均调回，日船近岸，势当披靡，姑拟筹办数条，由汝酌量……[4]

---

〔1〕参看《实录》卷366，页14下。
〔2〕参看同上书，页14上。
〔3〕见《李文忠电稿》卷20，页63上，《寄伯行》。
〔4〕同上书，页63下，《寄伯行》。

此以下，则提出有关接收之数条应办事宜，与办理方法等。父子密谋，心境诚苦，由上两电亦可具见主战人士虽已无奈何于和局，而对李氏父子之攻击，则仍毫不放松也。

次日（二十七日）中午，李鸿章电复中枢云：

> 钦奉宥电谕旨，惶悚曷任，李经方患病未愈，且虑不能胜任，何敢饰词推诿，惟事势紧急，遵即电饬，力疾料理前往，顷据电禀……可否添派一人同往到台？或留署藩司顾肇熙、提督杨岐珍在台交接，并请令科士达偕往襄助，乞酌核代奏等因。查顾、杨二员，均与鸿章旧好，人亦明练，乞电饬暂留。与李经方会商一切。科士达亦愿偕往……[1]

电到中枢，留顾、杨二人协助交割之议，亦为翁同龢所阻，不准行。只准由天津酌调人员前往[2]。而侍郎长萃先一日（二十七日），又严疏劾李鸿章"玩视朝廷"，称其"怏怏非少主臣"，请以太后懿旨令其亲往交割台湾，以为考验，而决去留，如仍托病不行，则立置之重典[3]。奏上，军机处议，亦以为除李经方外，更无他人可遣[4]，于是同日，由军机处致李鸿章电旨云：

> 昨李经方因病辞差，已奉旨仍令迅速前往，贵大臣务当懔遵谕旨，谆饬该员力任其难，克期赴台，设法办理。如再固辞，必干严谴，慎勿率行渎请[5]。

---

〔1〕 见《李文忠电稿》卷20，页65上—下，《寄译署》。
〔2〕 参看《翁日记》册34，页43上，四月二十八日；《实录》卷366，页15下—16上。
〔3〕 长萃折全文，见《交涉史料》卷44，页37上—下（3231）。
〔4〕 参看《交涉史料》卷44，页38上—下（3234），军机处奏片。
〔5〕 参看同上书，页38下（3225）。

惟电到时，李经方已先应命，不敢再辞矣。

此后经李鸿章与伊藤往返电商，遂约定中日两使于台湾之淡水相见[1]。于是李经方于五月初七日（5月30日）偕随员乘轮离沪，初九日（6月1日）到淡水[2]。而是时则台湾先已于初二日（5月25日）宣布自主举唐景崧为总统（详后）。日使初四日（5月27日）到淡水，以岸上轰击，不得入。乃率军往攻基隆。留函，交兵船千代田，候李经方至，约往基隆会晤。于是李经方再随日舰往基隆[3]。初十日（6月2日）上午，遂与日使谈判，以台湾已自主，非中国力所能及，且战事延长，时间亦难估计，无从久候。双方协议之下，于是交割台湾，乃成为极简单之公文形式，当晚即完成签约手续。李经方随即开船动身。十二日（6月4日）下午到上海，即电李鸿章转，报告一应情形[4]。李鸿章为之转电中枢。于是十四日（6月6日）上谕电寄李鸿章曰：

> ……台事既经李经方与桦山交接清楚，立有文据。此后台湾变乱情形，即与中国无涉。应由李鸿章电知伊藤，以为了结此事之据……[5]

而是时，则台湾民主国已于五月十二日（6月4日）瓦解矣。

台湾自主之议，最早始于三月下旬。盖马关和约于三月十九日以后由京师传出，割台已成定案，翁同龢等在中枢力争无效，于是主战人士乃转而由地方着手谋求保台之道。三月二十七日（4月21日）沈曾植电张之洞转唐景崧，以为台湾如能以武力自保，联英国为助，则

---

〔1〕参看《李文忠电稿》卷20页68上—卷21页5下，诸有关电文。

〔2〕参看《李文忠电稿》卷21，页7上—8下，《寄译署》转李经方两电。

〔3〕参看同上书，页8下，《寄译署》转李经方电。

〔4〕参看同上书，页10下—12下，《寄译署》转李经方电，报告谈判详情；卷21，页12下—13下，《寄译署》转李经方电，报告文据内容。

〔5〕见《实录》卷367，页17上—下。

可以不沦日属，且亦不致连累中国[1]。同时，台湾本土绅民，于愤激之余，在籍主事邱逢甲（翁同龢之门生）等亦首先建议自主[2]。至四月十四日（5月8日）换约之后，继以法国放弃干涉台事。于是台民益绝望，自主之意益决，乃有二十一日（5月15日）之全台绅民公电（见前引）。张之洞、唐景崧皆一向欲以台民不服为最大理由，以阻止割台，借候外援者也[3]。此时亦势成骑虎，不得不进而继续努力，以成此自主自保之局，而观后变。唐景崧尤身当其冲，其自身之顾虑，以及对此自主国之见解与期望，可于其四月二十三日（5月17日）致张之洞一匿名电中见之。原电云：

> 三国护台，不知肯否？然当务者谓，台必自主后，与中日断绝，请外援，方肯来。但民主之国，亦须有人主持，绅民咸推不肖，坚辞不获，惟不另立名目，终是华官，恐倭借口缠扰中国。另立名目，事太奇创，未奉朝命，似不可为，如何能得朝廷赐一便宜从事，准改立名目，不加责问之密据？公能否从旁婉奏？此亦救急一策。台能自成一国，即日请各国保护，以及借债开矿，造轮购械，次第举行，始有生机，否则死守绝地，接济几何，终归于尽也。台之自主，与留不肖，事机凑拍，公能牵合，且坐实之，似尚易行，或由驻洋使者，商之各国谓：台不服倭，亦不强夺还华，公议台为自主之地，公同保护，持理既正，倭气略平，为解纷上策。先将台自主一层做到，再由台民自推主者，似更妥顺，不肖亦可进可退，乞速苪筹，名心叩漾[4]。

---

〔1〕沈电见《张文襄电稿》卷21，页10上—下，《致台北唐抚台》。

〔2〕参看《东方兵事纪略》卷5，页5上，《台湾篇》上，第九。

〔3〕张之洞持之尤力，且屡电唐景崧着重此点。参看《张文襄电稿》卷21、22，致唐景崧及总署诸有关电文，电多不列举。

〔4〕见《张文襄电稿》卷22，页6上—下，《唐抚台来电》。

张之洞此时则积极助唐筹划，电讯往返极繁，对于内外因应，多所指示[1]，并电驻守台南之刘永福，予以激励[2]。同时仍令上海道刘麟祥，密运饷械往台[3]。盖张此时之观点，以为"台民果能坚守，自有办法，能否阻其登岸，未敢必，若一鼓而下，断无此事。地广路险，瘴盛雨多，民强粮足，深入五十里以内，倭技穷，土兵利矣，一年亦未能得台也，惟军民须同心方好"[4]。而是时在东北珲春边地传来俄军欲假道攻日之消息[5]。于是张之洞又颇寄希望，以为俄之假道必是攻韩，而俄攻韩，自是逐倭。倭断不敢与俄战，亦断不肯轻舍韩，相持牵制，此一两月内，倭之水陆军必不能尽萃于台，台军民合力战守，足可取胜。各国见台能自立，当有转机[6]。

四月二十六日（5月20日）中枢电旨，令唐景崧开缺入京，并令撤全台文武官员内渡以后，唐景崧推敲电旨语气，以为"此只言撤官，未言撤兵，语甚囫囵，或以此旨应付倭人，了中国公案耶？"[7]，对中枢仍抱期望。而台湾绅民则益为激动，决立即成立民主国，拥唐景崧为总统，以谋独力抵抗日军之接收矣。

五月初二日（5月25日）唐就职。电告中枢曰：

> 四月二十六日奉电旨，臣景崧钦遵开缺，应即起程入京陛见。惟臣先行，民断不容，各官亦无一保全，只可臣暂留此，先令各官陆续内渡，臣则相机自处。台民闻割台后，望有转机，未敢妄动。今已绝望，公议自立为民主之国，于五月初二日齐集衙署，

---

〔1〕 参看《张文襄电稿》卷22，页7上—20下，张、唐往来诸电。
〔2〕 参看同上书，页6下—7上，《致台湾刘镇台渊亭》。
〔3〕 参看同上书，页7下—8上，《致上海道刘道台》。
〔4〕 参看同上书，页13下，《致福州边制台》后半。
〔5〕 参看同上书，页3下—4下，《唐抚台来电》；卷22，页8上—下，《致俄京许钦差》；卷22，页18上，《致齐齐哈尔增将军》；卷22，页18下，《增将军来电》。
〔6〕 参看同上书，页8下—9上，《致台北唐抚台》。
〔7〕 参看同上书，页11下—12上，《唐抚台来电》。

捧送印旗前来。印文曰：台湾民主国总统之印。旗为蓝地黄虎，强臣暂留，保民理事。臣坚辞不获，伏思倭人不日到台，台民必拒。若炮台仍用黄旗开仗，恐为倭人借口，牵涉中国。不得已，允暂视事，将旗发给各炮台暂换，印暂收存，专为交涉各国之用。一面布告外国，并商结外援，嗣后台湾总统，均由民举，遵奉正朔，遥作屏藩。俟事稍定，臣能脱身，即奔赴宫门，席藁请罪。昧死上闻，请代奏[1]。

同时又通电各省，告成立经过[2]。在境内亦出示晓谕，云将立议院，公举议员，详定法律，谋富强之道[3]。政府则设内外军诸部大臣[4]。

张之洞于获悉台湾自主后，立即于次日五月初三日（5月26日）电上海刘、赖两道云：

> 前奉旨济台之款，即速拨三十万，交汇丰汇台交唐抚台。如能一批全汇，即全汇亦好，但须妥稳，勿误交他人为要[5]。

而五月初四日（5月27日）电中枢，简略报告台湾自主消息，措辞颇为隐讳。将"自立为民主之国"改为"自约为民会之国"。对于军饷，则将前一日拨出之三十万两，称为获悉台湾自主以前拨付者，而台湾"现既自为民会之国，以后饷械等事，自未便再为接济，以免枝节"[6]。后来电闽浙总督边宝泉解释此点则云，其言及饷械者，

---

〔1〕此电诸书转录甚多，此据《李文忠电稿》卷21，页4下—5上，《寄伯行》。
〔2〕致各省电，见《张文襄电稿》卷22，页16上，《唐抚台来电》；或《中东战纪本末》卷4，页59上，《台湾自主文牍》内。
〔3〕见《中东战纪本末》卷4，页59上—下，《台湾自主文牍》。
〔4〕参看《东方兵事纪略》卷5，页6下，《台湾篇》上，第九。
〔5〕见《张文襄电稿》卷22，页13下，《致上海刘道台、赖道台》。
〔6〕同上书，页14下，《致译署》。

合肥电奏：台事系弟主使，故声明此后不解，以防谗口也[1]。电到，中枢随即于初五日（5月28日）电复，称："台事无从过问，饷械等自不宜再解，免生枝节。"[2]初十日（6月2日）再电令东南沿海诸省疆臣云：

> 现在和约既定，而台民不服，据为岛国，自己无从过问。惟近据英德使臣言，上海、广东均有军械解往，并有勇丁由粤往台，疑为暗中接济，登之洋报。或系台人自行私运，亦未可知。而此等谣传，实于和约大有妨碍，着张之洞、奎俊、谭钟麟、马丕瑶饬查各海口，究竟有无私运军械勇丁之事，设法禁止，免滋口实[3]。

然张之洞与唐景崧之间，电讯联络仍无间断，告以今后自处、恪守臣节之道[4]。告以俄日关系紧张，日断不能全力攻台之"确信"，以壮士气[5]。台北崩溃之际，张犹有长电致唐，建议驭众持久之道。许以"敝处仍可随时接济。船不便派，此外虽不易办，当相机为之"。对于战事之失利，则加慰勉，以为"基隆早知不守，勿以此为恨。总之，台地广，倭兵少，但存一府一县，即有生发，相持三月，各国必有出头者，仆当力筹。台北府即为倭占，仍可自存，何遽云事不可为耶？若至糜烂过甚时，可将总统印付刘渊亭（按：刘永福字），公在台南设法内渡，听刘与土民为之。公此时总以有亲兵，握巨饷，择便利为主，万勿气馁。昨许电，俄无意台，惟西班牙关注，法次之，若支数月，或冀二国以碍海局，纠俄德出论。并闻"。电末并问唐有何别号，

---

[1] 见《张文襄电稿》卷22，页17上，《致福州庆将军、边制台》末数语。
[2] 同上书，页15上，《总署来电》。
[3] 同上。
[4] 参看同上书，页15下—16上，《致台北唐抚台》。
[5] 参看同上书，页17上，《致台北唐抚台》。

以为秘密通讯之备，自身亦未署名[1]。然此电发时（十三日子时），唐景崧已于数小时前，十二日（6月4日）晚，弃台北出奔，转道内渡矣[2]。

唐景崧于五月二十七日（6月19日）到江宁，张之洞为之电告中枢，请示应否入京陛见。随得电旨，令唐即休致回籍[3]。

在台南，则刘永福继续抗战，颇尽心力，然而台南固远不如台北之富庶。饷械两缺，军心极难维系，而犹复节节退守，勉力支持，为时将近四阅月，至九月初二日（10月19日）始弃台南，登德轮内渡[4]。揆之当时情势，盖诚难能也。

刘永福力抗日军之时，所抱最大希望，为内地诸省能以各种方法协助，而尤寄希望于张之洞。然张此时则已变计，不复如昔日之对唐景崧矣！

闰五月初三日（6月25日）闽浙总督边宝泉电张之洞商助刘永福之道云：

> 刘镇专弁赍函来闽乞援，以存饷仅敷两月，嘱转求我公设法暗助饷械，以期恢复台湾，词直气壮；此人为外夷所惮，我辈若恝然不顾，听其孤立无援，势难持久，以弃地，失此健将，殊为可惜。第刻下动多窒碍，特此奏商，倘能设法接济，俾克成功，岂非全局一大转机？或由散处联诸公名，募壮士赍送回书，劝其出险，尊意云何？另有奇谋，均盼速示[5]。

电到，张复电云：

---

〔1〕参看《张文襄电稿》卷22，页19下—20下，《致台北唐抚台》（五月十三日子刻发）。

〔2〕参看同上书，页20下，《边制台来电》二件及《东方兵事纪略》卷5，页12上—下，《台湾篇》上，第九之末。

〔3〕参看《张文襄电稿》卷23，页5上，《致总署》及《总署来电》。

〔4〕刘永福苦战情形，参看《东方兵事纪略》卷5，页13上—26上，《台湾篇》下，第十。

〔5〕见《张文襄电稿》卷23，页8下，《边制台来电》。

……刘镇悬军孤岛，系念之至。惟五月内已奉旨，查禁接济饷械，自未便再为协济。前奏明拨台三十万，现正在饬查用过实数，陆续提回，碍难再拨。渠忠勇可敬，孤危可忧，然事已至此，只可任其自为之。成则为郑成功，败则为田横，皆不失为奇男子，听之于天，听之于数而已。……来电云：渠素有威名，为洋人所惮，若渠此时忽然舍台而去，则威名顿损，洋人亦不惮矣！如尊处必欲劝其离台，内渡，万勿列贱名为祷[1]。

全然不问之意，可谓极显明矣。

然刘永福则犹无所知也。彼于闰五月、六月、七月间，屡屡遣使渡海，赍送函电与张之洞[2]。初犹催援，迨后来屡不得复，则转而为痛哭呼救。其七月初三日（8月22日）到南京之一电曰：

谕福守两月，俄即出援。今两月有余，南中幸无恙，今仍未见，俄欺公乎？福不负命。今饷械俱绝，民兵将乱，何以战守？福死奚惜！……天下仰我公一人。乞为大局计，痛哭流血，乞速设法救援，守走死生，望公一言为定。……如不能接济，以及设法救福，亦请以一言为断，事急矣！乞即确切示复，以决行止[3]。

张之洞于收此电后，即电边宝泉曰：

请速设法转告刘镇永福，及台湾府黎守景嵩，屡次函电均悉。两次奉旨，禁止接济台饷械，散处实无从设法，万勿指望。俄国并无两月后来援之说，不知何人讹传？刘镇、黎守，或行或止，

〔1〕见《张文襄电稿》卷23，页8上—下，《致福州边制台》。
〔2〕刘永福致张之洞诸电今犹有一部分存于《张文襄电稿》，可参看，见卷23，页15下、16上、24上—下、25下。
〔3〕见《张文襄电稿》卷23，页24上—下，《刘镇来电》（七月初三日申刻到）。

听其自酌，务希转达。切祷[1]。

电到，刘又即于七月初四日（8月23日）再电张曰：

> 俄助，系五月间赖鹤年云：奉公命，寄蔡毂嘉转台。无论何如，乞为天下后世计，若难接济，亦乞寄饷遣散五、六十营弁勇。福奉命来台，未奉命而往；民又苦留，进退维谷。乞公始终成全设法，并赏轮船，俾福安然内渡，则生衔环，死结草，断不忘公前后大德，派员立候赐复。福，再闽督将军尚肯月月接济不辍，惟无多尔。望公垂怜[2]。

初五日（8月24日）电到，次日张再电复云：

> ……朝廷不得已割台，曾有旨召各官内渡，阁下自在其内。岂能专降一旨？阁下毅然以守台自任，壮志孤忠，岂敝人所得劝勉？今饷乏械缺，未竟大功，而保台数月，亦足千古，实深敬佩。奈派轮解饷，恐为敌人借口，贻累大局，必须与倭商明，方能办理。惟台向不归江南管辖，未便越俎，如闽粤能为奏明办理，则内渡后，江南可酌协遣饷若干。若须先行解台，倘倭人借口启衅，鄙人岂能任此重咎耶！务祈原谅为祷[3]。

至八月初八日（9月26日）张复有匿名电致刘永福曰：

> 守台之举，出自阁下义勇，鄙人并未置词。至守台两月，俄即来援之说，实系讹传。俄国在北，如何能顾及台湾？鄙人并未

---

〔1〕见《张文襄电稿》卷23，页23下，《致福州边制台》。
〔2〕同上书，页25下，《刘镇来电》。
〔3〕同上书，页25上—下，《致厦门钱宗汉转刘镇台渊亭》。

发此电。今或去或留，仍请阁下自酌，鄙人不敢与闻，至协济饷械，叠奉谕旨严禁，万不敢违。愧歉万分，务祈原谅，名心叩[1]。

此后，则刘永福不复来电矣。台南诸军则仍苦战，而饷则益缺。刘永福亦惟有慨叹"内地诸公误我！我误台民！"而已[2]。

九月初二日（10月19日）刘永福与其子成良及部将幕客数人，由台南最后据点之安平炮台，登德国商轮，内渡往厦门[3]。于是台湾始全沦陷，而中日之战争亦始于事实上结束。

〔1〕见《张文襄电稿》卷24，页22下，《致台南刘镇台渊亭》（八月初八日译交邹委员寄）。
〔2〕见《东方兵事纪略》卷5，页24下，《台湾篇》下，第十。
〔3〕同上书，页26上，《台湾篇》下，第十。

第6章

战后政局新形势

第一节　北洋局面

中日战争起甲午夏末，迄乙未夏初，前后将近一年，终以屈辱成和。北洋为京师形势所寄，战争期间，尤为军事中心地带，调兵转饷，源源不绝，迨和局大定，则善后万端，皆待整理，而北洋局面亦迥异从前矣！

李鸿章十年来苦心经营之北洋海军，此时则全归乌有。旅顺军港，辽东要地，直至十一月间，日军始依约撤尽[1]，而威港则依约驻兵，直至戊戌（二十四年）闰三月赔款偿清之日始撤[2]。渤海门户，从此大开。其在陆师，则三十年来由李鸿章一手创练改良，号称全国精华之淮军，此时亦屡经残破，声威扫地，为人所讪笑指目。盛军、铭军，昔为淮部大枝劲旅，今则皆就式微，惟聂士成所部直隶练军，尚足自立，为淮系中流砥柱。李鸿章本人，此时则以七十四岁之高龄，身负重谤，为全国所斥詈。马关归来，养伤津门，犹需卧治交涉未竟事宜，以终成和局。五月二十日（6月12日），续假期满，则又已受命，与王文韶在津候新任日使，续商有关和约事项[3]。而京朝之中，昔日主战

---

〔1〕参看《刘忠诚奏疏》卷24，页62上—下，《遵旨入都恭报起程日期折》。
〔2〕参看《实录》卷417，页12下。
〔3〕参看《李文忠电稿》卷21，页9下—10上，《译署来电》。

人士，则仍不断指斥，请予治罪，或加罢黜，而尤反对其回任直隶总督北洋大臣。对李经方亦屡与乃父并论，称其相济为恶[1]。

张佩纶固李鸿章之婿，而又与清流主战人士沆瀣一气者也，此时亦深为李鸿章危，尝为之致函李鸿藻，求曲保全之。略曰：

> 合肥素仁厚，止以喜用小人之有才者，晚年为贪诈所使，七颠八倒，一误再误，晚节若此，爱莫能助，夫复何言！惟综其生平而论，以功覆过，略迹原心，七十老翁，何所求乎？议约竣（此约如何能议得惬人意耶！？），能容其退归，以全恩礼，在朝廷亦是厚德。公笃故交，求曲保全之。此非黄私于亲昵也。春秋之法，罪有所归，宽子苛父，亦非平允，况安吴剿捻之绩，亦何可一笔抹煞？能使此老无不测之祸，是在仁人一言，黄知猜忌犹深，此老亦非见机者，恃公心手必不过辣也。此非所宜言，恃爱，姑放言之，盖以公凤性笃厚之故，若和战之迹，则亦无从回护，虽身存而名已丧，无如之何。……[2]

张对李鸿章之批评，姑置不论，而由其函中所云，则李鸿章当时处境之危，盖可略见。张固昔日李鸿藻之亲信门生，关系甚深者，故特为此函，以为乃岳说项也。

七月初九日（8月28日），李鸿章终于入京陛见，上距马关归来，已四月有余矣。德宗对之，亦仍积憾未已，终解其直督北洋之任，翁同龢《日记》记当时情形曰：

---

〔1〕参看《交涉史料》卷44，页30下（3215），《王鹏运折》；卷45，页11下（3282），宗室会章等三人联衔折；页29下—30上（3351），洪良品等七人联衔折；页32下—33下，王鹏运折；卷46，页2下—4上（3372），余联沅等九人联衔折；页26下—27上（3386），附件二，《洪良品片》；卷47，页1上—3上（3390），李桂林等十三翰林联衔折；页3上—4上（3391），余联沅折；页6下—9上（3393），丁立钧等六十八翰林联衔折；页10下—11上（3400），《徐相折》。
〔2〕见《涧于集·书牍》卷6，页10下—11上，《致李兰孙师相》。

七月初九日……是日李鸿章到京请安，与枢臣同起召见。上先慰问：受伤愈否？旋诘责以：身为重臣，两万万之款，从何筹措？台湾一省，送予外人，失民心，伤国体。词甚峻厉，鸿章亦引咎唯唯，即命先退。翰林院代递六十八人连衔折，劾李鸿章……有旨，李鸿章留京，入阁办事，王文韶授直隶总督北洋大臣。……[1]

李鸿章之所以未致获罪，而仅止于解任留京者，似颇赖太后以至李鸿藻等之维持也[2]。然而，从此军政大权不复在握，亦不复为政海中重心之所寄矣。

此后，则在京继续与日使议约。九月二十二日（11月8日），收回辽东半岛之约议竣，签字。仍照三国调停之议，由中国加赔三千万两，而日军则于换约（十月十三日［11月29日］互换）后，三个月内，退出辽东。随又继续谈判商约[3]。而国内大政兴废，几全无由预闻矣。李亦慨然有引退之思，尝与吴汝纶言之，吴则劝其不必。其十二月十二日（1月27日）致李函，论之甚详。略曰：

> ……前承燕语：拟俟日本商约定议后，即欲请老南归。某妄意：吾师近日所处，与前不同。前时当大有为之任，而迫以不能有为之势，徒为不知己者诟厉，不如遽释重负，以自适其适。近则贵而无位，高而无名，向之忌嫉诋谋者，亦已志得意满，而相安于无事。似可无烦乞去，转涉悻悻者之所为。又况位尊望重，有道大莫容之虑，设有间里小事，牵涉府中厮养，复遇孙佩南之

---

〔1〕 见《翁日记》册34，页72上一下。
〔2〕 太后维护李鸿章，前文已屡有论及，此外恭、庆、礼诸王对李皆无甚成见者。李鸿藻则凤为太后所亲信，又与张佩纶信札往还甚勤（参看《涧于集·书牍》及《涧于日记》），对李鸿章当亦不为已甚，观翁同龢甲午十一月初二《日记》所谓："太后……论兵事，斥李相贻误，而深虑淮军难驭，以为暂不可动，礼邸、高阳颇赞此论……"（册33，页119上）亦颇可为证。
〔3〕 议约情形可参看王芸生《六十年来中国与日本》卷3，页79—97、166—176。

流，故与相持，非计之得也。某愚见，为函丈熟筹，以为不如养安京辇，师长百僚，平时虚与委蛇，追东山绿野遗躅；一遇险难，群公错愕相顾之会，犹可时出绪余，解纷排患，自效其忠荩为国之素。此公私两益之策也[1]。

后来，李鸿章之出处进退盖大致与此相符合。以其为外人所重，于国际间尚有声望，故所受命经办者，亦大都有关外交之事务。中日商约未竟，而有奉使赴欧之命。载誉归来后，又入值总署，将近二年。随后一度出治黄河，及出任两广总督，亦欲借其与英人肆应，以防康有为也。终于庚子难作，上距乙未，又已五载，犹赖其在国际上之声誉，以出而收拾大局，订立和约。再任北洋，重安中国[2]，于暮年残景之中，放一异彩，可幸亦可哀矣！

北洋军队，于和议大成之后，即议裁并改编，提高素质。五月十九日（6月11日）上谕令刘坤一等筹议整编。二十四日（6月16日）又令刘坤一会同李鸿章、王文韶将津、沽、山海关一带驻军"详细斟酌，分别裁并，奏明办理"。刘坤一等会商以后，遂于闰五月初三日（6月25日）复奏，主张此后军队应并为大枝，以成劲旅。对于军队之整编，则以为"久在关津之得力淮军尚多，诚善用之，则就熟驾轻，事半功倍"。而尤推许聂士成，欲拨二十五营至三十营，归其统率。再以章高元、贾起胜、吴宏洛等淮军二十余营隶之。而沿海炮台，亦仍由昔日淮系将领分守，其胡燏棻之定武军十营，及炮队若干，则划为北洋大臣亲兵。至于湘军，则以为水土不服，地域不宜，应一律全裁。此点刘坤一尤主之。关外诸军，则以宋庆所部毅军（或称豫军）为主力，留二万人，驻锦州，其余则除关外八旗练军酌留若干之外，皆逐步遣

---

〔1〕见《吴挚甫尺牍》卷中，页41下，《上李傅相》。
〔2〕参看《清史稿》，页1368·3，《列传》198，《李鸿章传》后段。关于李出任两广与防康、梁有关，当时言者甚多，兹所据者为罗惇曧《拳变余闻》（见左舜生《中国近百年史资料初编》，页556—557）及《十朝诗乘》卷23，页22下。

撤归并[1]。

奏上，下督办处核议。昔日之主战人士，对此偏重淮军之计划，自大为反对[2]。而督办处于闰五月十三日（7月5日）复奏上，则已将刘坤一等原案大加修改，主张湘、淮、毅三军，各留三十营，而由魏光焘、聂士成、宋庆三人各为总统。湘军驻山海关，淮军驻津沽，毅军驻锦州。此外炮台守军，及北洋亲兵等，则汰弱留强，力加整顿[3]。其主稿者，则翁同龢也[4]。奏上，依议，于是北洋军队之系统，较之战前，亦大不相同。昔日淮、练诸军六七十营，今则仅存其半，宋庆所部，则由八营之数，扩至三十，而湘军亦加入北洋海防系列，成鼎足之势，不复如昔日之独重淮军矣。

此外，胡燏棻之定武军十营，人数虽较少，以训练方法最新，亦颇为当时重视。至十月间，胡燏棻奉命督办津芦铁路事宜，遂交由袁世凯接统，人数亦增至七千人，经袁大加整顿之后，军容一新，精壮冠于一时，遂于湘、淮、毅之外，别树一帜，成为北洋诸军后起之秀矣[5]。

乙未和后，"西北回乱"又起，于是前敌诸军整编之际，亦颇多西调者[6]。董福祥之甘勇，在当时亦颇以精壮著，此时遂又调回原防，为剿回主力[7]。湘军则魏光焘亦奉命率军西行，寻授陕西巡抚[8]。其山海关防务，则由陈湜率部接统，人数则减为二十营[9]，至丙申（光

〔1〕参看《刘忠诚奏疏》卷24，页1上—4下，《裁并关津防营折》。关于刘坤一尤主撤湘军，参看《刘忠诚书牍》卷11，页63下—64上，《致李中堂、王制军》。

〔2〕参看《交涉史料》卷45，页32下—33下（3355），《王鹏运折》。此一点今所及见之材料较少，《交涉史料》中仅此一篇，《军机处档案》中，未知如何，然由前后事实总括观之，知其必然，王鹏运此一折亦略可代表当时清流主战人士之意见也。

〔3〕参看《实录》卷369，页5下—6上及《翁日记》册34，页55，上闰五月十三日。

〔4〕参看《翁日记》册34，页53上、54上，闰五月初七日、初九日、初十日诸记。

〔5〕参看《容庵弟子记》卷2，页5下—8上及《梦蕉亭杂记》卷2，页2上—下。

〔6〕参看《实录》卷367（乙未五月）以下有关上谕。谕多，不列举。

〔7〕参看《清史稿》，页1443·3—1444·1，《列传》242，《董福祥传》。

〔8〕参看《实录》卷376，页9下及卷375，页3下。

〔9〕参看同上书，页16上。

绪二十二年）四月，陈湜病故防次，于是因王文韶之建议，经督办处之核准，终于又将北洋之湘军全部裁撤[1]。而北洋大枝部队，遂为淮、毅及袁世凯之新建陆军矣。丁酉年（光绪二十三年）底，德占胶澳后，中枢又扩编董福祥军，调出甘肃，东驻陕、晋一带[2]。至戊戌（光绪二十四年）政变后，董军亦奉调来京畿[3]，于是至政变以后，京师内外遂成武卫前、后、左、右、中五军之数。聂、董、宋、袁之外，荣禄合神机营等自成中军，而又以大学士、军机大臣管理兵部，受命总师五军[4]，而北洋兵权遂全移荣禄之手。至庚子以后，诸军败散，局势又变，袁世凯于辛丑和约后，调直督北洋之任，于是北洋新军渐取诸军而代之，以成清末民初之局矣。

至于海军，从此则一蹶不振，虽于丙申（光绪二十二年）春间，分在英、德订购新式快船（巡洋舰）海圻等五艘，皆于戊戌年（光绪二十四年）到华成军[5]，然而威力则远逊昔日，且沿海良港如威、旅、胶、澳，皆为人据，盖已不足云海防矣。

北洋诸军战后之整编，于九月初大致就绪[6]，至十一月初，辽东日军撤尽，刘坤一亦销差入京[7]。随奉命与张之洞各回江鄂本任[8]。北洋事权，遂归于新任总督王文韶一人。

---

〔1〕参看《实录》卷377，页14上。
〔2〕参看《实录》卷413，页7上及页18下。荣禄折内又请扩编袁世凯军为一万人，但后来未成事实。丁酉（二十三年）十二月荣禄曾奏请扩充新建陆军为一万人，上谕允准（见《实录》卷413，页18下）。次年四月袁奏请缓募千人，留饷银充子弹厂费用，上谕允之（见《实录》卷418，页3上）。然其余二千人，后来似又未曾扩充，观《容庵子弟记》所引袁氏后来奏疏，一再言所部仅七千人（参看卷3，页15下及卷2，页14上）可知，然倚畀之殷可见。
〔3〕参看《实录》卷419，页6下。
〔4〕武卫五军成立于戊戌十月，皆归荣禄节制。参看《清史稿》，页133·1，《本纪》24，《德宗本纪》及页1412·2，《列传》224，《荣禄传》。又《荣文忠公集》卷2，页21上，《行状》亦可参看。
〔5〕参看《清史稿》，页541·1、543·1，《兵志》7，《海军》。
〔6〕参看《刘忠诚奏疏》卷24，页53上—53下，《撤留事定请销差开缺折》。
〔7〕参看同上书，页62上一下，《遵旨入都恭报起程日期折》。
〔8〕参看《实录》卷380，页2下。

王文韶固与翁同龢有旧者也，自甲午年底奉帮办北洋之命，寻即署任直督北洋，主战人士当时颇冀其有为，以彻底铲除李鸿章一系之势力。然渐乃对之失望，盖王之见解主张，竟常与李一致，而不同于主战人士[1]。凡所措施，亦大多因仍旧贯，于是不满之声纷起。翁同龢于乙未三月间，与其戚季邦桢（时在津，任长芦盐运使）书，即已对王有微词。其函略云：

> ……裁兵节饷之议，首举畿疆，非不知缓急，实欲去积弱朽蠹之军耳。大府必迟回，将士必力争，局员必坚护，愿诸君子箴膏肓，起废疾也。……[2]

此所谓"积弱朽蠹之军"，揆之主战人士一向言论，知其必指淮军无疑，而大府则指王文韶也，亦惟淮军，乃足使大府迟回，将士力争，局员坚护也。

翁同龢乙未五月初四日《日记》，亦尝记云："……晚，丁叔衡来谈，意在以李鉴堂易北洋，或刘岘庄亦可，而深诋夔石之无能。"[3]

鉴堂即李秉衡字，当时始终为清流主战人士满意之疆臣，在北方亦仅此一人而已。

至七月初九日（8月28日），中枢实授王文韶直督北洋之任，上谕词气亦极可反映德宗与昔日主战人士之态度与希望，其辞曰：

---

〔1〕例如乙未三月二十日，马关签约之际，王文韶电京，言各国干涉事云："……总之各国即有后议，必在签约以后，约事未定，必无人挺身而出，事机甚迫，不堪再起波澜……"（见《清季史料》卷108，页26上，王文韶电）又如四月初关于决和战之电，措词亦甚软（参看上章第二节）。御史王鹏运于乙未十月间疏劾王文韶实授北洋后，竟一无更张。参看《交涉史料》卷48，页23上—24上（3471），此亦足反映其与李鸿章相近，而不同于主战人士也。

〔2〕见《翁常熟手札》，页倒数7下—6下，与季士周之函。

〔3〕见《翁日记》册34，页44下。

王文韶本日已明降谕旨，调补直隶总督，并兼充北洋大臣矣。直隶地方，积弊已深，凡吏治军政一切事宜，均应极力整顿，至外洋交涉事件，尤关紧要，如从前有办理未协，应行更改之处，务当悉心筹划，不避嫌怨，因时变通。用人一道，最为当务之急，地方官吏，各营将弁，及办理洋务各员，如有阘茸贪污，巧滑钻营者，即着严行甄劾，毋稍瞻顾。该督膺此重寄，务当体念时艰，力图振作，一洗从前积习，方为不负委任。……[1]

语气之间，对李鸿章过去措施之不满，并示意王文韶可以大事变革，皆极显然。

然王为沈桂芬弟子，对李，固不似清流主战人士之深具成见也，故其所为，仍大都因成规，用旧人[2]。自乙未以至戊戌维新之前，为时三载，于大局日艰之下，犹颇能安定地方，并稍有建树也[3]。

王解任入枢府，而荣禄代，政变以后，荣亦入枢，而裕禄代，此后不久而义和团起矣。

第二节　中枢政况

甲午战争，中国虽败，而清流人士则已于战争期间再起，翁同龢、李鸿藻皆重入军机。恭亲王亦再主政，甲申（光绪十年）政变以前之枢廷旧人，皆卷土重来，于是十年来孙毓汶掌握大计之时代，遂随战争以俱逝。

和局既定，孙毓汶遂立即于五月初九日（6月1日），请病假一月。至闰五月初四日（6月26日）假期将满时，遂告病，请开缺，太后未许，只准假一月。至六月初五日（7月26日）假满，又再请开缺，于

---

〔1〕见《实录》卷372，页7下—8上。
〔2〕参见《清季史料》卷108，页26上所引《王鹏运折》，列举王文韶所用李鸿章旧人甚多。
〔3〕参看《清史稿》，页1412·3，《列传》224，《王文韶传》。

是德宗已知太后无意挽留，遂立予照准[1]。

孙毓汶请假以后，其重要助手徐用仪，此时在中枢乃益孤立，翁同龢即尝与之动色相争者两次，第二次尤甚。徐愤极，遂亦称病，请假十日。翁寻亦自悔，知过失在己，遂访孙毓汶请调停，己亦访徐问疾，以示歉意，于是十日之后，徐又销假视事[2]。然此时前，言者已纷起猛劾，必欲去之而后已。德宗亦甚恶之，于征得太后同意后，终于六月十六日（8月6日）令徐退出军机总署。上去孙之开缺，才十日尔。翁同龢《日记》记其经过情形曰：

> 闰五月二十二日……是日，会侍郎及七御史连衔皆劾猛乌分界事，专攻嘉兴，语极重。余于奏对时，颇为剖析也。
>
> 二十四日……是日兰孙始入，筱云销假。上问李鸿藻疾平否？未问徐用仪也。……
>
> 二十六日……照常入，御使张仲炘封奏未下，旋内侍传徐公不必见起，固心讶之矣。既入，上手奏，命诸臣看，则弹徐公以俄款九三扣一事，谓故意将百数十万畀俄，并参同官何以不举发，当分赔云云。臣力辩，徐用仪错误实有，不得诬为故意，语极多，上意解。乃命再专电询许使：合同如何写法？
>
> （六月）十一日……入时，事已下，留王鹏运封奏未下，先召臣至养心殿，谕今日有弹章，数语即出，入至小屋则传谕徐某不必上……见起时，宣示此奏，则专劾徐用仪比附孙某，与李相相表里，兼及借款忿争事，谓同僚和解，靦颜再出，无耻之甚云云。邸及李相力争，谓此人实无劣迹，余亦为申辩，而上怒未回，令

---

[1] 参看《翁日记》册34，页45下、52下、60下—61上，五月初九、闰五月初四、六月初五诸记。德宗受翁同龢影响，对孙、徐辈根本无好感，而又无权自专，故知孙之准假以及后来之准辞，必皆出太后之裁决（参看随后正文关于徐用仪之一段），如依德宗之意，恐早已罢斥矣。

[2] 参看同上书，页48上，五月十九日及页54下、55上一下、56上、57下，闰五月十二、十三、十五、十八、二十四诸记。

姑迟数日入直，静候十五日请懿旨也。唯唯而退。……

十五日……上诣西苑皇太后前请安。

十六日……命徐用仪退出军机处并总理衙门[1]。

所谓"嘉兴""筱云"，皆指徐用仪也。由上所引，颇可见言官搁拾种种理由，必欲去之之意，以及德宗对彼反感之甚。王鹏运一折今犹存于清光绪朝《中日交涉史料》[2]，孙、徐二人为清流所深恶，亦颇可由以具见也。

此后，徐用仪乃专任闲散之吏部侍郎矣，直至戊戌政变后，始再入总署，而终殉于庚子年之朝局混乱[3]。

徐用仪退出军机总署之同日，而侍郎钱应溥奉命入军机，翁同龢、李鸿藻奉命入总署[4]。钱昔曾在曾国藩幕府，又久为军机章京，亦颇与翁同龢交厚者[5]，自是军机诸大臣中，翁遂俨成重心矣。

翁、李之入总署，最早实出恭亲王之意，翁则力拒不肯，终于恭邸成功，中枢旨下，此后翁等亦不得不肆应洋人，深尝个中况味矣[6]。

甲午惨败，创痛深巨。士大夫经此教训，一般对时势之认识，颇多较前有进，风气因之渐开，中外议论颇多主行新政，用西法以求自强，而德宗之态度亦由此渐趋于维新矣[7]。闰五月十三日（7月5日）上

---

〔1〕 参看《翁日记》册34，页57上一下、57下—58上、62下—63上、64上一下。

〔2〕 参看《交涉史料》卷46，页12下—13下（3382）。

〔3〕 参看《清史稿》，页1459·1，《列传》253，《徐用仪传》。

〔4〕 参看《实录》卷371，页1下—2上。

〔5〕 参看《清史稿》，页1415·2，《列传》226，《钱应溥传》，其与翁同龢交厚情形，可由《翁日记》中散见之。

〔6〕 参看《翁日记》册34，页62下、63下—64上、下，六月初十、十四、十六诸记，以后翁在总署办交涉事务，参看乙未六月十六日以后，直至戊戌四月（册34后半—37前半）日记。

〔7〕 康有为第三次上书，即在此时。德宗阅之，颇为赞许，闰五月二十七日之上谕（见后正文所引）发出时，曾附抄当时言者之有关折片，康之条陈亦其一。参看赵丰田《康长素先生年谱稿》（见《史学年报》2卷1期，页191）。

谕令内外诸臣保荐人才，亦着重："其有奇才异能，精于天文、地舆、算法、格致、制造诸学，必试有明效，不涉空谈，各举专长，俾资节取。"[1]闰五月二十七日（7月19日）更宣谕全国内外诸臣曰：

> 自来求治之道，必当因时制宜，况当国事艰难，尤应上下一心，图自强而弭隐患。朕宵旰忧勤，惩前毖后，惟以蠲除痼习，力行实政为先。叠据中外臣工条陈时务，详加披览，采择施行，如修铁路，铸钞币，造机器，开矿产，折南漕，减兵额，创邮政，练陆军，整海军，立学堂，大抵以筹饷练兵为急务，以恤商惠工为本源，皆应及时举办。至整顿厘金，严核关税，稽查荒田，汰除冗员各节，但能破除情面，实力讲求，必于国计民生两有裨益。着各直省将军督抚，将以上诸条，各就本省情形，与藩臬两司暨各地方官尽心筹画，酌度办法，限文到一月内分晰复奏……[2]

视此，中枢似颇有意大规模推行新政矣。此后，则言者益踊跃，而张之洞、胡燏棻、盛宣怀，条陈自强大计诸疏，尤综括全局，为一时所传诵[3]。西政西学之讲求，较之战前，诚不可同日语，铁路、邮政、矿务、商务、学堂、书局，一时并有兴办[4]。军队之编练，亦颇注意于去旧更新，追步西洋，而袁世凯、聂士成等尤力[5]。

然朝野之风气虽开，认识虽增，但新政之付诸实行者，乃远不如

---

〔1〕参看《实录》卷369，页12上。

〔2〕参看《实录》卷368，页23上—下。

〔3〕张之洞折出于张謇手笔，见《张季子九录·政闻录》卷1，页12下—23下，《代鄂督条陈亡国自保疏》，但其中脱漏一段（关于铁道者），参看《交涉史料》卷46，页13下—22上（3383）。胡燏棻折见《中东战纪本末》卷2，页23上—31下；盛宣怀折同上书续编卷1，页24上—27上。

〔4〕关于乙未战后至戊戌政变以前中国之新政建设以及议论，《中东战纪本末》搜集最多，可参看。

〔5〕参看《实录》卷369，页9下，督办军务王大臣奏请将东三省军改练洋操；卷382，页1上，王文韶奏聂士成军营制照旧，训练全改西法，至袁世凯军，则营制亦从西法。详本章下节。

论议原则时之简单顺利。盖创办新事业，在在需款，战后经济至为拮据，国家财政未经彻底改革，固决不足以担负此无数之开办费也。而况新政人才亦至为缺乏，内外政事又积重难返，故推动一事，往往障碍重重，枝节横生，以致迁延日久，不能大见成效[1]。前述种种，大率仅开其端，或小规模之试验成功而已[2]。以与当时国际局势之危迫，客观情势之需要相衡，盖诚微不足道也。

当时能有转移全局之权力者惟有慈禧太后，然斯时，太后则又退居颐和园中，度其逸乐生活，而于幕后遥执政柄，对于新政改革之迫切需要，实仍隔膜。德宗则仍往返大内、西郊之间，秉承太后意旨行事，仅得于太后所未顾及之处，略行己意而已[3]。枢臣之中，恭亲王以其声望地位，虽仍领袖群伦，而年迈多病，锐气略尽。惟翁同龢以一身任军机、总署、户部及督办军务处诸要职，最为德宗所亲信，自乙未迄戊戌，为时近三载，于朝政之影响最大。然其经验认识，犹是传统旧路，惟以廉介自矢，期于得人而治而已，别无挽救危局之具体办法，故三载之间，未闻有所成就。吴汝纶在乙未九月时，与友人书，即尝慨乎言之曰：

> ……近来执政诸公，无御侮之才，惟以汲引廉洁自好之士为务，意谓拔本塞源，端在于兹，不知法令繁碎，束缚人才，贤者无可表见，又况强邻环伺，自非高视远览，驰域外之观，岂易坐谈宏济？咫尺之士，焉能为有无轻重哉？……[4]

而英使欧格讷解任归国前之临别赠言，则尤露骨。翁同龢《日记》曾

───────────────
〔1〕例如当时决心兴办之芦汉铁路，其间所经之种种周折困难，即是一显明例子。参看《中东战纪本末》3编，卷1，页86下—88下，《盛宣怀疏》。
〔2〕参看《中东战纪本末》2、3两编中诸有关办理新政奏疏，疏多，不列举。
〔3〕参看《翁日记》自乙未至戊戌间，颇可得一般印象。
〔4〕见《吴挚甫尺牍》卷1中，页37下，《与桐城令龙赞卿》。

记其大略云：

> 恭王爷为中国第一执政，又国家之尊行也，今日之事，舍王
> 孰能重振哉？自中倭讲和，六阅月而无变更。致西国人群相訾议。
> 昨一电曰：德欲占舟山。今一电曰：俄欲借旅顺。由是推之，明
> 日法欲占广西，又明日俄欲占三省，许之乎？抑拒之乎？且中国
> 非不可振也，欲振作，亦非至难能也。前六个月，吾告贵署曰：
> 急收南北洋残破之船于一处，以为重立海军根本，而贵署不省。
> 又曰：练西北一枝劲兵，以防外患，而贵署不省。今中国危亡已
> 见端矣！各国聚谋，而中国至今熟睡未醒，何也？且王果若病，
> 精力不继，则宜选忠廉有才略之大臣，专图新政，期于必成，何
> 必事事推诿，一无所就乎？吾英商贸易于中者，皆愿中国富强无
> 危险，吾英之不来华者，借贸易以活者，亦愿中国富强无危险，
> 故吾抒真心，说直话，不知王爷肯信否？即信，所虑仍如耳边之
> 风，一过即忘尔，此吾临别之言譬如遗折，言尽于此[1]。

外人对中国政府之印象，以及甲午战后中国国际地位之危，以至于中
枢诸人之不足有为，由此一段谈话，盖亦可窥其大略矣。

而当时内外重臣所认为挽回颓势之一重要政策，则为联络俄国以
抗日本，于是遂有丙申（光绪二十二年）四月李鸿章在俄京所定之中
俄密约，允俄人修铁路于东三省，而奠定其控制东北之形势。甲午以
后，各国在华竞争益烈，德、俄两国最为活跃，而态度亦最横，租借
港口久有酝酿，至丁酉（光绪二十三年）七月，德、俄谅解成，是年冬，
德国遂有以武力强占胶州湾，迫中国租港口，让利权，俄国继之，而英、
法诸国又继之。于是势力范围任人划定，而瓜分之说一时大起，中国

---

[1] 见《翁日记》册34，页92下—93下，九月十四日。

政府自知力不能逮，惟有屈从[1]。而忧时之士感栗危惧，深怵亡国灭种之痛，于是维新运动一时大起，继之以义和团运动，皆风靡一时，二者虽背道而驰，而其意在救亡则同也。

枢垣大政情形略如上述，而北洋军事大权，则渐转入太后亲信人物荣禄之手。战争虽终，军务督办处并未随之撤销[2]，恭、庆两王之外，荣禄与翁、李、长麟同为会办，战后军队之调度整编，荣皆与有力。既以步军统领负责京师治安，闰五月初五日（6月27日）又奉派为阅兵大臣，六月二十一日（8月11日）复兼任兵部尚书[3]。袁世凯之接统新军，荣禄亦颇有力[4]，以后更颇加笼络，屡屡保奏[5]，袁由此扶摇直上，而亦供听指挥，遂终肇戊戌之祸。

甲午冬季爆发之宫廷矛盾，及其演成主战人士与太后之直接冲突，前章已有述及，此后则仍继续酝酿发展，而帝、后两党亦渐次形成，遂终演为戊戌八月之大政变矣。宫廷间事苦于隐讳难明，而外间传说纷纭，又难凭信，故此时事态演变之究竟，无从详知，然即就其一二表面化之事件，亦可略窥其迹，阐述如下：

乙未十月十七日（12月3日）上谕云：

> 朕敬奉皇太后宫闱侍养，夙夜无违，仰蒙慈训殷拳，大而军国机宜，细而起居服御，凡可以体恤朕躬者，无微不至，此天下臣民所共知者也。乃有不学无术之徒，妄事揣摩，辄于召对之时，语气抑扬，罔知轻重，即如侍郎汪鸣銮、长麟，上年屡次召对，信口妄言，迹近离间。当时本欲即行宣播，因值军务方棘，恐致有触圣怀，是以隐忍未发。今特明白晓谕，使诸臣知所儆惕，户

---

[1] 关于乙未和后，至戊戌间外交大事，参看《六十年来中国与日本》第3卷及《翁日记》册34乙未六月十五日以后，直至册37戊戌四月底前半段。所述大率据此二者。
[2] 军务督办处直至戊戌四月始撤销，见《清史稿》，页132·2，《本纪》24，《德宗本纪二》。
[3] 参看《实录》卷369，页6上及卷371，7下。
[4] 参看《清史稿》，页1412·2，《列传》224，《荣禄传》及《容庵弟子记》卷2，页2上。
[5] 参看《容庵弟子记》卷2，页8上、9上及《梦蕉亭杂记》卷2，页2上—4下。

部右侍郎长麟、吏部右侍郎汪鸣銮均着革职，永不叙用。此系从轻办理，嗣后内外大小臣工，倘敢有以巧言尝试者，朕必加以重罪。尔诸臣当知忠孝一原，精白乃心，弼余孝治，有厚望焉[1]。

翁同龢《日记》记此事云：

> （十月）十七日……见起，递折毕，上宣谕吏部侍郎汪某、户部长某离间两宫，厥咎难逭，着革职永不叙用。臣等固请，所言何事而天怒不可回？但云：此系宽典，后有人敢尔，当严谴也。三刻退，拟旨，未到书房，午初始散，子密到都虞司饭，同访柳门，未值，遂归……柳门候余久，伊甚坦白，可敬也。
>
> （十一月）二十日……午正访柳门长谈。
>
> 二十二日……晚柳门来，深谈，灯后去，有味哉！其言也[2]。

子密为钱应溥字。汪鸣銮自甲午以来固颇为德宗所亲信[3]，又与翁同龢关系甚深者也。长麟事迹虽不能详，当亦近之，能任会办军务之差，才力地位自亦不同平常。一旦皆遭罢斥，自必出太后一党之构害[4]，而由太后授意者，德宗不肯明言，当亦有难言之隐也。而事发前二日，珍、瑾二妃则奉懿旨先复位号[5]，至十一月十二日（12月27日）受册宝礼[6]，则颇似太后与德宗间有一种妥协，而以汪、长二人为牺牲也。此自非德宗本心，然碍于太后，亦不得不然而已。

次年二月而文廷式亦得罪。二月十七日（3月30日）上谕曰：

---

〔1〕见《实录》卷378，页2下—3上。
〔2〕见《翁日记》册34，页107上、116下、117上。
〔3〕参看《碑传集补》卷5，页10下，《汪鸣銮墓志铭》（叶昌炽作）。
〔4〕同上。
〔5〕参看《翁日记》册34，页108上，十月二十日。
〔6〕参看同上书，页114上—下，十一月十二日。

御史杨崇伊奏：词臣不孚众望，请立予罢斥一折。据称：翰林院侍读学士文廷式，遇事生风，常于松筠庵广集同类，互相标榜，议论时政，联名执奏，并有与太监文姓结为兄弟情事等语。文廷式与内监往来，虽无实据，事出有因，且该员于每次召见时，语多狂妄，其平日不知谨慎，已可概见。文廷式着即革职，永不叙用。并驱逐回籍，不准在京逗留。此系从轻办理，在廷臣工务当共知儆戒，毋得自蹈愆尤[1]！

翁同龢《日记》记之曰：

　　十七日……昨杨崇伊参文廷式折，呈慈览，今日发下，谕将文廷式革职，永不叙用，驱逐回籍。见三刻始退……闻昨日有内监寇万才者，戮于市。或曰盗库，或曰上封事，未得其详。杨弹文与内监文姓结为兄弟，又主使安维峻言事，安发遣，敛银万余送行[2]。

则是文廷式之得罪，全出太后之意也，至戊戌政变爆发，又特下密旨查拿解京[3]，盖恨之深矣。而文廷式又甲午以来极受德宗赏识，又牵涉宫廷关系较多者也。

　　此等事之发生，盖皆帝、后两党暗斗之结果，而太后翦除德宗羽翼之步骤也。太后与德宗之间，自甲午以来，虽政见常异，而以多年母子关系，以及家庭礼法关系，固不必即有心自分畛域[4]。然外廷

---

〔1〕见《实录》卷386，页2上。

〔2〕见《翁日记》册35，页17下，二月十七日。

〔3〕见《实录》卷426，页14上—下。

〔4〕参看《刘忠诚补过斋文集》卷1，页8上—9上，《慈谕恭记》中甲午十二月二十一日及乙未十二月初二日两次见太后时，太后所谈与德宗关系种种，虽不必尽然，当亦不致全诬。至于由德宗一方面，则甲午十二月间惩办安维峻，及戊戌时与杨锐之密诏（见《清史稿》，页1457·1—2，《列传》251，《杨锐传》），亦可具见。

派系之竞争，以及因时局日危而促成之新旧政治路线之冲突，又往往驱使朝臣各有所归，以致使帝后之间亦增猜疑。

翁同龢为帝党之重要领袖，同时亦为太后多年来所信任之老臣。彼虽心向德宗，并常不以太后为然，而对于处理帝后间关系，则亦甚持重，颇尽力调护其间，并压抑康有为等之锐进[1]。故帝党人士虽遭打击，而彼一时犹得无事，惟介乎二者之间，地位之困难，则亦与日俱增。当时比较能震慑朝局，以勉力维持内外廷之平静者，为恭亲王。彼于此三年中，颇以其声望地位，力持大体，尽心调和于帝后两党之间，直至戊戌四月彼逝世之前。虽康有为领导之维新运动已大为活跃，中枢则犹大体无事[2]。而逝世后不及二旬，翁同龢即遭罢斥[3]，于是中枢人事随之更动，王文韶奉召入京，继翁之任，兼为军机户部总署[4]，而荣禄则以大学士出督直隶，直接指挥北洋诸军[5]。此后则帝后两党乃各走极端，于是康有为、谭嗣同等锐进之士皆蒙召用。百日维新之后，遂继之以政变勃发，德宗幽囚，康、梁走海外，六君子弃市，维新运动大受压抑，乙未战后之新风气一时全泯，反动势力弥漫内外，于是立大阿哥事起，继之以义和团、八国联军，直至辛丑以后，始再雨过天青，重谋新政，而时势则益非矣。

---

〔1〕翁同龢之心向德宗，不以太后举措为然，常流露于其日记中。其努力调护其间，于第五章第五节所述宫廷问题中亦可见出。其压抑少壮人士之锐进，半由其思想保守，半亦由其惧康等之"狂"与"居心叵测"也（参看《日记》册38，页2下，戊戌正月初三日及册37，页53上，四月初七日）。故后来闻政变，又慨然有"臣若在列，必不任此逆猖狂若此"之语（见《日记》册38，页66上—下，己亥十一月二十一日）。

〔2〕恭亲王执政，前后数十年，对洋务颇事讲求，在当时为先进，然对康有为等更进一步之维新做法则甚不赞成，故恭亲在时，康终不得进用（参看《燕京学报》第25期，页59—106，陈鋆《戊戌政变时反变法人物之政治思想》，页61—62及梁启超《戊戌政变记》卷1，页15—16、24、25）。盖当时深知政局情形者，如恭，如翁，如张之洞等，皆知康一旦得势，必肇大祸也（参看程明洲《张文襄公传稿》，页22上—23下）。

〔3〕参看《实录》卷418，页18上及《翁日记》册37，页60上—下，四月二十七、二十八日。

〔4〕参看《实录》卷418，页19上；卷419，页6上—下。

〔5〕参看《实录》卷418，页19上；卷419，页6下。

第三节　新兴势力之崛起

甲午战争告终，内外局势皆变，于是新兴势力应运而兴：其一，则康有为领导之变法维新运动；其又一，则袁世凯所领导之北洋新军；此外，则孙文所领导之革命排满运动，亦开始在国内谋武装起事。康、袁两支势力，不久即为全国所瞩目，而孙之革命运动则直至庚子以后，始大兴焉。

康有为出身于中国士大夫之传统文化中[1]，以原籍广东南海，为与欧美各国交往最早之地区，故颇得风气之先。光绪五年（时年二十二岁）即已开始讲求西学，颇涉猎译本西书，又一度游香港，亦甚受影响，始知西人治国有法度。后三年，游京师，应顺天乡试不售，归，过上海，又大购西书读之。同时亦博涉中国经史旧学与经世之书，益以康氏本人之颖悟过人，富于创见，故早于光绪十年，即已开始综中西之学，以为著述。光绪十四年，再入京应顺天乡试，仍不售。至十一月，遂为首次之上书，亟言时危，请变法[2]。其言论，及今视之，对于国际情势之通晓，对西政西学常识之丰富，盖诚非甲午时攘臂言战之一般清流士大夫所能望其项背者矣。所上书，卒为当轴所格，未得达。然是后则渐露头角，颇与京朝士大夫纳交，而尤与盛昱、沈曾植、黄绍箕等善。此后乃又回粤讲学，生徒日盛，而著述亦日丰，颇兼综中西之学，以授门人，开一时之风气。光绪十九年，在粤中乡试。次年（甲午）与弟子梁启超入京应恩科会试，不第而归。乙未二月，再与梁启超等入京应会试。

到京不久，即逢马关和约之签订，举朝纷起愤争，康等获悉较早，

---

〔1〕本文有关康有为之事实，主要依据赵丰田作《康长素先生年谱》（见《史学年报》第2卷第1期，页173—240），以下不注出处者，皆据此文。其兼有参照他书者，详下诸注。

〔2〕原文见张伯桢《南海康先生传》，页8下—14上。

遂与梁启超等大事活动，发动湘、粤两省入京会试举人，首先上书，请拒和。其他各省举人亦纷起应之[1]，于是康等进一步联结十八省举人，集会于松筠庵，再度联名上书。由康有为主稿，请拒和、迁都、变法三事，[2]署名者甚众，于四月初八日（5月2日）递都察院。是时，则和约已经批准，书未得达，然已辗转传诵于士大夫之间矣。

和约终于批准互换，会试榜发，康亦中二甲进士，授主事。至五月间，再作第三次之上书，言变法及用人行政之本[3]，终得由都察院进呈，德宗见之，颇为嘉许。于是康随又为第四次之上书，言西国致强之道，及中国变法应行之大端[4]，又不得达。欲归，为友人陈炽、沈曾植等所劝留，乃退而别谋他途，创一报，言新政及中外大事[5]，商之送《京报》人，每日刊送附张，随《京报》附送于京朝士大夫，亦颇有相当影响。至七月间，遂与陈炽、沈曾植、丁立钧、王鹏运、袁世凯、沈曾桐、文廷式、张孝谦、徐世昌、张权、杨锐等创立"强学会"于京师，以为政党嚆矢。每十日一集会，是为中国有新式会社之始[6]。康并自为序文，述其源起，大意谓：列强环伺，

---

[1] 各省举人所上书，今犹可于《交涉史料》中见之，参看卷40，页5下—20下（3047）；卷41，页7下、12下—17下（3072），附件三—六；卷41，页38上—51下（3081），附件七—十五；卷42，页18上—34下（3095），附件五—十；卷43，页22上—28下（3118），附件四—七；卷44，页5上—10下，附件一—二。

[2] 原文见杨邓《中国近代史参考资料》（1947年读书出版社，上海、重庆），页320—349，第6辑《戊戌政变》一，《上皇帝书》第二。

[3] 原文未获见，想当于《南海先生七上书记》（上海大同译书局，光绪二十四年）或《南海先生四上书记》（梁启超辑，见《西政丛书》慎记书庄本，光绪二十三年）中有之。

[4] 原文见梁启超《戊戌政变记》卷6，页3—22。

[5] 此报初名《万国公报》，盖借广学会所出《万国公报》之名以为隐蔽也，后改《中外记闻》。参看《戊戌政变记》卷6，页23；TIMOTHY RICHARD, *Forty-Five Years in China*, pp.254—555, Ch.12, §2；黎秀伟《李提摩太先生传》（燕大历史系毕业论文抄本），页56下，第七章《维新运动》。

[6] 参看《南海先生诗集》（梁启超手写，辛亥年即宣统三年影印），《汗漫舫诗集》卷2，页35上—下；《戊戌政变记》卷6，页23；《中东战纪本末》卷8，页46下；张之洞《上海强学会序》后之编者按语。其创立于七月间，参看《李提摩太先生传》，页70上—71上，第七章注[56]所引赵丰田《梁任公先生年谱长编初稿》第一册，页39上—51下。原书尚未出版，无由获见。

国势岌岌，举地球守旧之国，今已消亡迨尽。中国倘不振作，亡国立待，兹愿合群力，以讲求救亡之道云云[1]。后又集款设强学书局于城南，专提倡新知识[2]。会既立，京城士大夫颇闻风景从，大臣中如翁同龢、孙家鼐等皆颇支持之[3]。加入者日多，声势一时颇起。而同时则谤议亦随之而兴，盖自乙未和后，清流士大夫自身因认识之相异，又开始分化为新旧两派矣。

九月，康南下，因梁鼎芬之介绍，谒张之洞于南京，议立强学会分会，张颇赞同，并允出领导[4]。嗣以论孔子改制问题，议不合，于是张又变计[5]，而强学会则已箭启皆发，筹备将成，张则拒不列名，惟助以一千五百金而已[6]。十月，分会成立于上海，一时名士如梁鼎芬、张謇、黄绍箕、汪康年、黄遵宪等皆入会焉[7]。然至十二月初，北京强学书局即为御史杨崇伊所劾，称：

　　……近来台馆诸臣，于后孙公园赁屋，创立强学书院，专门贩卖西学书籍，并抄录各馆新闻报，刊印中外纪闻，按户销售。犹复借口公费，函索外省大员，以毁誉为要挟，请饬严禁[8]。

───────────────

〔1〕原文见《戊戌政变记》，页24—25。

〔2〕强学书局之设，乃由强学会发展而成，盖由一集会讨论之团体，进而为一有经常工作之团体矣。其工作可由后引正文御史杨崇伊参劾语中见之，并参看《时务报》（梁启超等主编）卷1，页7上一下，《都城官书局开设缘由》；《缘督庐日记钞》卷7，页23上、23下、24上、24下、25上，乙未十一月初四、十二、十二月初七、十八及丙申正月二十四日。

〔3〕参看《中东战纪本末》卷8，页47下，《上海强学会序》后编者按语及《翁日记》册34，页122下，十一月初七日。

〔4〕参看《戊戌政变记》卷6，页23，云张之洞捐五千金，而《康长素先生年谱》则云张及刘坤一、宋庆、聂士成等皆各捐数千金（参看《史学年报》2卷1期，页192）。

〔5〕参看《南海康先生传》，页20下。

〔6〕参看《张文襄公年谱》卷5，页6上。

〔7〕参看张謇《啬翁自订年谱》（见《南通张季直先生传记》末附）卷下，页40；《中东战纪本末》卷8，页46下—47上，《上海强学会序》后编者按语。

〔8〕见《实录》卷381，页8上一下。

疏上，旨令都察院查禁[1]。于是遂遭解散[2]。会中人虽"汹汹有烦言"[3]，翁同龢虽不以为然[4]，然亦无可如何也。

此后，康则返广东，讲学于两粤，生徒益众。又与何穗田创《知新报》于澳门。在桂林因唐学崧、岑春煊等之支持，立圣学会。至丁酉（光绪二十三年）秋间，又至上海，创办女学。梁启超等则于丙申（光绪二十二年）七月在上海创办《时务报》，次年入湘，时湘抚陈宝箴亦力开风气，创南学会，开时务学堂，聘梁氏主讲[5]。而谭嗣同等亦创办《湘报》于长沙。上海、天津等地，亦多有学堂及书局、杂志之创办。一时讲新学，结社团，办教育，出刊物，如雨后春笋，皆足使此支新兴势力日渐滋蔓，对于当时知识分子之启蒙作用，诚不可谓小也。

丁酉（光绪二十三年）冬间，胶案起，予中国士大夫之刺激益深。而康有为所大声疾呼之变法救亡主张，遂益受人重视。康于胶案起后，即又驰至北京，数上书论国事，请变法。同时与京中同志，昔日会友，各自因籍贯以组织学会。

康所领导之粤学会，首于丁酉（光绪二十三年）年底组成，继之以林旭领导之闽学会，宋伯鲁、李孟符等领导之关学会，杨锐领导之蜀学会，皆于次年组成。而春间又适逢会试，各省举人纷纷入京，于是康等又于三月二十七日（4月17日）创立保国会于粤京会馆，集数百人开会，自为演说，"痛陈道光以来屡次失败之原因，在我之政治、学术皆不如人，并举四十日内，外国要挟逼迫者二十事，故满座为之

---

[1] 见《实录》卷381，页8上—下。

[2] 按：梁启超记此事云在十一月查禁（参看《戊戌政变记》卷6，页26及《李提摩太先生传》，页70下—71上，第七章注[56]）。今据上引《实录》及翁同龢、叶昌炽等日记改为十二月（参看《翁日记》册34，页122下，十二月初七日；《缘督庐日记钞》卷7，页24上，乙未，十二月初七日）。

[3] 参看《翁日记》册34，页124下，十二月十四日。

[4] 参看同上书，页122下，十二月初七日。

[5] 参看《戊戌政变记》卷7，页15—20、24—29，附录二。

感动"[1]。以后又一再集会，草定章程。继之，而地方性之保滇会、保浙会亦起，声势一时又大起。同时谤议亦大盛，而"保中国不保大清"之传说[2]，尤使满人反感。

适于此时，恭亲王死（四月初十，即5月29日）[3]。于是康有为等认为时机已至，遂大事活跃，力促变法。至四月二十三日（6月11日）定国是之诏遂下，而百日维新开始矣。四月二十八日（6月16日），康有为因徐致靖之荐，奉旨召见于颐和园。

百日维新，表面如火如荼，实皆纸上文章。而当时比较开明通达、赞助新政之大臣，对于康之孔子改制学说，亦几一致不能同意[4]。疆吏中之重心人物张之洞，且特着《劝学篇》，以矫维新人士过激之论，而京中则新旧僵持之局已成。维新诸健者，皆书生，更事少，愤太后之大权在握，挟制德宗，致不能有为，又惧太后一党或将先下手以不利于己，于是铤而走险，乃有联袁世凯谋发动政变，诛锄后党之举。终为袁所卖，而一败涂地。

太后既再出训政，于是反动势力大起，变法维新诸健将，或诛死，或斥革，余则噤不敢声。康、梁则走海外，创保皇党，鼓吹新政，与太后作殊死斗。辛丑以后，国内开始在张之洞、袁世凯等领导之下，再谋新政。于是抑压两载有余之知识分子、新兴势力，遂又重新抬头，随新政之扩展，而迅速成长。科举废，学堂开，新军立，铁路兴，举

〔1〕见《康长素先生年谱》（《史学年报》2卷1期，页196）。康之演说全文见《中国近百年史资料初编》，页501—508。
〔2〕此传说最早源于御史文悌之《劾康有为疏》所谓："……奴才于其立保国会后，曾又与面言，恐其实生君乱阶，令其将忠君爱国合为一事，幸勿徒欲保中国四万万人，而置我大清国于度外……"（见《中东战纪本末》3编卷1，页93上，《特参党诬荧听之言官，并沥陈主事劣迹折》，全文由页91上至95下）。
〔3〕恭王四月初十日死，参看《实录》卷418，页4下—5上。
〔4〕例如张之洞乙未年与康初见，即因不同意孔子改制之说，而与康相左，后谭嗣同办《湘学报》倡素王改制之说，张又分电湖南学使江标、巡抚陈宝箴驳之（见程明洲《张文襄公传稿》，页22下—23上），惟所引二电但云《文襄全集》不载，而未注出处，不知何据。此外赞同新政之人如孙家鼐、陈宝箴等皆尝请毁《孔子改制考》一书，参看《康长素先生年谱》（《史学年报》2卷1期，页202）。

国风气丕变。然中枢大政，则日益使人心失望，清统治者于此举国望治殷切、热盼改革自强之际，虽亦勉求适应时势，为前所未有之举措，但较之客观要求，则仍相去甚远。益以当时全世界民族主义之日趋热狂，又益以宣统以后亲贵用事，排斥汉人，遂使昔日主张变法维新者，亦渐趋于革命。于是同盟会之声势日盛，而保皇、立宪诸派人士，亦渐次与之合流，辛亥革命遂终于水到渠成。

当变法维新运动起伏激荡、哄动一时之际，以袁世凯为首之北洋新军，亦于沉默中，埋首努力，脚踏实地，逐步发展，风格全异于前者，而终于羽毛丰盛之后，成为决定中国命运之一支主力。

袁为河南项城人[1]，亦世家子，咸丰九年生。正当捻军大起、家乡结寨自卫之时，本生父保中在籍办团防，嗣父胞叔保庆则多年从袁甲三（世凯从祖父）、毛昶熙等军中，又颇与淮军将领刘铭传、吴长庆等善。世凯八岁出嗣，十五岁而嗣父丧，以后遂至北京，先后随从叔保龄、保恒读书数年，后两应乡试不第，愤，尽焚所作诗文，从此绝意科举。幼年本善武事，至是遂于光绪六年入参吴长庆军幕，随赴朝鲜定壬午（光绪八年）之乱，颇习劳苦，敢任事，为吴所倚任，时年仅二十四，随吴驻韩二年。甲申（光绪十年）中法战起，吴奉调回国，仍留兵三营驻韩，袁则留任总理营务处，兼统一营。会朝鲜又有甲申之变，又率部平之，声名日显。请假归津，李鸿章亦颇称赏之。乙酉（光绪十一年）中日《天津条约》后，双方撤驻韩兵，于是袁以道员奉委驻韩，总理交涉商务事宜。此后留韩又将十年，与日、韩及欧美诸国相肆应[2]，才气纵横，大权独揽。甲午战起，奉调回国，遂与周馥跋涉关外，任后方转运事宜，目睹敌我之优劣悬殊，尝电盛宣怀，议改革战术，在当时盖亦为军事上之先进也。

乙未四月，始交卸回天津。旋应督办军务处招，赴北京。至则

---

〔1〕关于袁世凯之事迹，主要依据沈祖宪、吴闿生编纂之《容庵弟子记》，以下不注出处之事实皆据此书，据他书者详下各注。
〔2〕关于袁世凯在朝鲜之活动，参看王信忠书，页91—124。

颇与名公巨卿相结纳，李鸿藻尤激赏之[1]。荣禄、翁同龢亦相推许[2]。同时又颇与清流少壮人士相交往，并与康有为、文廷式、沈曾植、丁立钧等共同创立强学会[3]，声誉亦因之颇起。终由李鸿藻创议[4]，荣禄等之支持，令袁特练一军，而先令拟定计划呈览。于是袁以其过往经验，手缮数千言，上之，主张仿效德国，并提高士兵待遇，以收实效。酝酿二月有余，始定议[5]，照袁所拟计划办理。十月二十日（12月6日），督办处奏请令胡燏棻督修天津至卢沟桥铁路，上谕允之[6]，后二日即奏请以袁世凯接统定武军，更加以扩充以成新建陆军。略曰：

>……查欧洲各国专以兵事为重，逐年整顿，精益求精……中国自粤捻削平以后，相沿旧法，习气渐深，百弊丛生，多难得力。现欲讲求自强之道，固必首重练兵，而欲迅期兵力之强，尤必更革旧制。去岁冬月，军事方殷之际，曾请速练洋队，蒙派胡燏棻会同洋员汉纳根在津招募开办，嗣以该洋员拟办各节，事多窒碍，旋即中止。另由胡燏棻练定武军十营，参用西法，步伐号令，均极整齐，虽未尽西国之长，实足为前路之导。今胡燏棻派造津芦铁路，而定武一军接统乏人，臣等公同商酌，查有军务处差委，浙江温处道袁世凯，朴实勇敢，晓畅戎机，前驻朝鲜，甚有声望，其所拟改练洋队办法，及聘请洋员合同，暨新建陆军营

---

〔1〕李鸿藻之激赏袁氏亦可由张佩纶与李函中见之，参看《涧于集·书牍》卷6，页11上—12上，《致李兰孙师相》后半。

〔2〕翁同龢之推许，可由《翁日记》中见之，参看册34，页82上，八月十一日所谓："……袁慰廷来辞，谈洋队事。点心去。此人不滑，可任也。"陈夔龙《梦蕉亭杂记》所谓"当奏派时，常熟不甚谓然。……"见卷2，页2上，恐非实情。

〔3〕参看《缘督庐日记钞》卷7，页18下，乙未六月初九日及《南海先生诗集》卷2，页35上—下。

〔4〕参看《梦蕉亭杂记》卷2，页2上。

〔5〕翁同龢《日记》于乙未八月十一日始记袁世凯练洋队事，册34，页82上。至十月初三日，记督办处定议，册34，页100上。十月二十二日而上谕下（见正文）。

〔6〕参看《实录》卷378，页7上。

制饷章，均属周妥。相应请旨，饬派袁世凯督练新建陆军，假以事权，俾专责任，先就定武十营，步队三千人，炮队一千人，马队二百五十人，工程队五百人为根本，再加募步马各队，足七千人之数，即照该道所拟营制饷章，编伍办理。每月约支正饷银七万余两，至应用洋教习、洋员，由臣等咨会德驻使，选商聘订，果能著有成效，当拟逐渐扩充……[1]

奏上，当日上谕下，照准，谕云：

据督办军务王大臣奏：天津新建陆军，请派员督练一折，中国试练洋队，大抵参用西法，此次所练，系专仿德国章程，需款浩繁，若无实际，将成虚掷。温处道袁世凯既经王大臣等奏派，即着派令督率创办，一切饷章，着照拟支发。该道当思筹饷甚难，变法匪易，其严加训练，事事核实，倘仍蹈勇营习气，惟该道是问，懔之！慎之[2]！

上谕既下，于是袁即日出都，前往津南之小站，接统定武军。至则首先修缮昔日淮军（盛军）之旧营垒，更加扩充之。基础初定，即遣员分往淮、鲁、徐、豫各处，开具格式，选募步兵壮丁。另遣员往关外，选募骑兵及购马匹，又请督办军务处重行发给新式枪炮，以求划一。壮丁装备皆具，于是开始重行编组，于十一月初成军，所聘德国诸军事教官亦次第到营，于是按照计划，彻底训练，数月之后，成绩颇著。

当时军中干部，则颇选用淮军、毅军旧人（例如龚之友、姜桂题等），而天津北洋武备学堂出身者，尤多为下级干部，后来随新军之扩充，多成一时将帅，分布及于全国，即民国初年所谓之北洋系军阀是也。

---

〔1〕见《容庵弟子记》卷2，页6上—下。
〔2〕见《实录》卷378，页9上—下。

文员之入幕襄办军务者，则以徐世昌为首要。徐、袁早在光绪四年即订交于河南，由袁之资助，始得入京，应顺天乡试，中壬午科（光绪八年）举人。至丙戌（光绪十二年），遂成进士，入翰林，授编修，颇郁郁不得志。乙未夏，袁入京，遂邀徐同往小站，任参谋营务处，在营多所策划，颇为袁所倚信。与营中诸将亦多相契，遂成后来北洋一系之长老。后来因袁与张之洞之保举，遂一帆风顺，终于清末身膺将相之任，而袁于宣统时之蹶而再起，终篡清室，亦颇赖其力焉[1]。

　　袁世凯之进用，初颇赖李鸿藻之提携，而小站练兵之后，虽有成效，亦颇招地方人士之忌，数月之间，津门人士，啧有烦言[2]。而张佩纶早已于乙未七八月间，即已函李鸿藻，指责袁之不可信，对李之目其为奇才，表示异议[3]。至是，李乃讽其同乡御史胡景桂劾之。于是丙申（光绪二十二年）四月十六日（5月28日），上谕令荣禄查办，荣到小站，对袁军之整肃精壮，印象颇深。归，颇加护持，遂得无事，而此后荣、袁关系遂日密[4]。而袁同时又因徐世昌，以及自身与强学会之关系，亦颇与京中清流士大夫相结纳[5]，故左右逢源。至丁酉（光绪二十三年）六月底，遂升任直隶按察使，仍统新军。是年底，德占胶州。次年，各国继之，纷起强租海口，国势益危。而中枢对袁之倚畀亦日殷[6]。是时，则恭亲王死，翁同龢罢，荣禄出督

----

〔1〕徐世昌之事迹，可参看沃丘仲子作《徐世昌》（民国七年上海崇文书局印本，有作者识语，据以知其所述，似可靠，并可借以订正《容庵弟子记》中有关徐氏部分之误），页6—20，第3至5章，第3章徐氏初起之时代（页6—10）尤有关。
〔2〕参看《梦蕉亭杂记》卷2，页2上。
〔3〕参看《涧于集·书牍》卷6，页11上—12上，《致李兰孙师相》后半。
〔4〕参看《梦蕉亭杂记》卷2，页2上。
〔5〕参看《康长素先生年谱稿》光绪二十四年第19条（《史学年报》1934年2卷1期，页207）、20条（页208）。
〔6〕丁酉（光绪二十三年）十二月荣禄曾奏请扩充新建陆军为一万人，上谕允准（见《实录》卷413，页18下）。次年四月袁奏请缓募千人，留饷银充子弹厂费用，上谕允之（见《实录》卷418，页3上）。然其余二千人，后来似又未曾扩充，观《容庵子弟记》所引袁氏后来奏疏，一再言所部仅七千人（参看卷3，页15下；及卷2，页14上）可知，然倚畀之殷可见。

直隶，统率北洋诸军，而变法维新亦开始施行于中朝，帝后两党之冲突日亟，袁则一向介乎其间，两俱相结，又身统精兵，故尤为双方争取之对象[1]。七月底，袁奉召入觐，陛见，即奉旨超授侍郎，而随即有谭嗣同之造访，密谋诛荣禄，围颐和园。事至此时，袁乃不得不于帝后两党之间，有所抉择，而袁于审度利害之余，遂终归于太后一党。回津之后，即泄之于荣禄，于是政变随作[2]。维新人士大遭打击，从此恨袁刺骨，而袁亦益为荣禄所信任，并善事太后[3]。于是一帆风顺，至己亥（光绪二十五年）十一月遂奉署理山东巡抚之命，寻实授。乃率其武卫右军（戊戌政变后改称，受荣禄节制）前往，至则严行剿办义和团，驻重兵于胶济线，以防德人，又自筹款，整编山东勇营为二十营，凡一万人，全改新式训练，称武卫右军先锋队。迨八国联军事起，则参与东南之互保，山东遂得无事。

辛丑（光绪二十七年）九月，李鸿章病卒于北京，时和约犹未大定，中枢远在西安，京畿一片残破，外兵分驻要地，环顾宇内，非袁之才力不足以继李鸿章担此善后重任。于是上谕下，袁遂升任直隶总督北洋大臣。

到任之后，首从事于善后、内政、外交诸大政之处理，使复常轨。此后在任六载，于举国风靡，竞行新政之时，亦颇为之领袖，而尤注意于北洋新军之扩充与改进。昔日淮练残余，渐次裁并，新军六镇，则逐次成立，编制训练，一手经营，军中干部，尤多旧属，精强众多，皆冠全国。光绪三十三年，内调入军机，声势益张。宣统嗣位，摄政王监国，虽遭罢斥，而潜力犹在，故辛亥一出，亡清室乃易如反掌。

---

〔1〕荣禄之优遇袁世凯可由《梦蕉亭杂记》中见之（参看卷2，页3上）。帝党之拉拢袁氏，参看《康长素先生年谱》光绪二十四年第19条（《史学年报》2卷1期，页207）及王照《方家园杂咏二十首并记事》，页6下—7上。

〔2〕袁世凯之入觐及戊戌政变之爆发情形，参看袁氏之《戊戌日记》（见《中国近百年史资料初编》，页493—500）及梁启超之《谭嗣同传》（见《戊戌政变记》卷5，页21—22）。

〔3〕参看《梦蕉亭杂记》卷2，页4上—下。

民国二年，平二次革命，亦不甚费力，苟非后来内部分化，则此一支新兴势力之前途，正未可轻视，而分崩离析之后，犹把持民国命运，至十年之久也。

康、袁以外之第三支新兴势力，则孙文所创始之革命运动是也。孙出生于广东滨海之香山县（今中山县）翠亨村，家世业农，生活颇艰，故长兄早年即往海外，谋生于檀香山，后生活渐富裕，归，遂携乃弟往海外，就学于檀岛之教会学校，时年十四岁。后三年，归国，则思想已甚新，以不敬偶像，被逐离村，遂入医学校于广州、香港，而是时则开始具革命思想矣[1]。夫以孙氏之幼年生活及所受教育，与当时士大夫子弟之生活方式与所受教育相比较，其思想见解之格格不入，自为当然，而亦惟有与传统思想文化关系较远之人如孙氏者，始能倡为革命之论、民国之说也。

乙酉（光绪十一年）中法战后，孙即决志从事革命[2]，时年仅二十，方卒业于医学校也。常往来于港澳一带，颇事宣传，而附和者，数人而已。医校同学中有郑士良者，为三合会首领，亦甚倾服孙之革命理论，故颇因其关系以结纳会党中人，为革命之准备。

甲午战起，以为时机可乘，乃再赴檀香山，创立兴中会，谋发动华侨为助，而鼓吹数月，收效甚少。次年遂与少数同志归，谋乘清廷军事失利之际，袭取广州，为革命根据地。筹备数月，不幸事败，负责运械入城之陆皓东殉，其余同志，则或死，或被捕，或亡走，时乙未九月间也。

此后孙与其党人皆亡命海外，辗转于日本、檀岛、美洲、欧洲诸地，继续号召革命，而自乙未迄庚子，五年之间，甚少进展。孙氏尝记当时之困难情形曰：

---

〔1〕关于孙之幼年生活，参看胡去非编《孙中山先生传》（民国三十年，上海商务，《万有文库》本），页1—8，第一章。

〔2〕本文有关孙氏事迹主要依据孙氏自著《中国革命之经过》（又名《有志竟成》），见《中国近百年史资料初编》，页623—649，而补以本页注〔1〕所引胡著《孙中山先生传》。

……日本有华侨万余人，然其风气之锢塞，闻革命而生畏者，则与他处华侨无异也。吾党同人有往返于横滨、神户之间，鼓吹革命主义者。数年之中，而慕义来归者，不过百数十人而已，以日本华侨之数较之，不及百分之一也。向海外华侨之传播革命主义也，其难固已如此，而欲向内地以传布，其难更可知矣。内地之人，其闻革命排满之言而不以为怪者，只有会党中人尔。然彼众皆知识薄弱，团体散漫，凭借全无，只能望之为响应，而不能用为原动力也。由乙未初败以至庚子，此五年之间，实为革命进行最艰苦之时代也。……适于其时，有保皇党发生，为虎作伥，其反对革命，反对共和，比之清廷为尤甚，当此之时，革命前途黑暗无似，希望几绝，而同志尚不尽灰心者，盖正朝气初发时代也。……[1]

观此，则可知革命排满之运动，在庚子以前，犹未成熟，尚不为一般人所重视。孙氏之痛斥保皇党，盖正足反映其有相当影响于当时也，革命党所能争取者，会党人士与少数华侨而已。

　　庚子以后，人心则渐变，郑士良等起事于惠州一带，虽仍遭失败，而民间舆论则颇有同情者矣。辛丑以降，国内风气日开，出洋留学者大增，熏染各国民主风教之后，思想亦大都趋向于革命。革命党得此泉源，声势乃突飞猛进，知识分子之参加者日多，而革命团体亦非仅一兴中会矣。至光绪三十一年（1905 年乙巳）夏，而革命同盟会遂正式成立于日本，公举孙为首领，黄兴副之。于是革命运动统一，一年之内，会员由数百人增至万人，国内武装起事日多，此伏彼兴，动荡及于全国，而各省新军尤为革命党人活动之中心。盖以清廷当时用人行政之倒行逆施，敷衍欺骗，遂使保皇党、立宪派之论据全失，而人心乃益向革命，又加以外国之同情与暗助，于是辛亥武昌一发，而响

---

〔1〕见《中国近百年史资料初编》，页 630，《中国革命之经过》。

应遂遍全国，迨北洋军事势力与南方革命势力之妥协成，满清帝国遂迎刃而解矣。

民国肇建，此两大新兴势力则由合而分，经十余年之激荡，北洋一系终于式微，而革命运动又进入新阶段，以迄于今焉。

结　论

　　以甲午战争为中心，中国内部局势演变之过程，已见上述。综结言之，甲午以前三十年间，左右大局之政治势力，主为湘军、淮军、清流及满人统治集团四大集团，其中李鸿章所领导之淮军一系，与洋务运动深相结合，声势尤大，亦最与代表传统作风之清流势力相凿枘。甲午一战，日军打击之于外，清流打击之于内，乃使此一支势力大为沦落，政治地位丧失殆尽矣。

　　甲午以后，淮军式微，清流亦因康梁维新运动之起而大为分化，于是政局形势全失平衡。而戊戌、庚子诸变相继皆起，是时，稍能对大局有发言权，并成为安定势力者，惟刘坤一领导之湘军而已。戊戌废立之谋，终能打消，颇赖彼之持正，庚子东南互保，又以彼为领袖，盖非偶然也。

　　迨至辛丑以降，袁世凯羽毛丰盛，各省新军以次皆起，湘军亦渐归淘汰，而革命势力起于海外，又实借新军而发扬滋长，于是南北之形势成，而辛亥革命之基础定矣。

　　故曰，甲午一战，就中国国内局势言之，亦实为近代史上划时代之大事也。

参考书目

《**大清历朝实录**》(附《宣统政纪》《大清历朝实录总目》),共4485卷。
　　伪满康德四年(1937年),伪满洲国务院影印本。

　　　　本文主要引用《德宗景皇帝实录》(共597卷,卷首4卷,
　　世续、陈宝琛等纂修),并稍引用《穆宗毅皇帝实录》(共374卷,
　　卷首4卷,宝鋆、沈桂芬等纂修)。

《**清光绪朝中日交涉史料**》88卷。民国二十一年(1932年),北平
　　故宫博物院编。

《**军机处奏折**》,北平故宫博物院文献馆藏。据馆中人云,为《军
　　机处档案》中遗落出者(《档案》现在南京,未获参阅),此部
　　奏折中甲午年者颇不少,且皆编《光绪朝中日交涉史料》时所未
　　见,甚可参看。

《**清季外交史料**》第一集,光绪朝,218卷,王亮(希隐)编。民国
　　二十一—二十二年(1932—1933年),北平黄岩王氏铅印本。

　　　　此书在电报方面较《清光绪朝中日交涉史料》完备,篇目亦
　　较清楚。另有《清季外交史料索引》12卷,及附《光宣两朝条
　　约一览表》(民国二十二年即1933年印,版本同上),甚便检索,
　　此外则皆不及《交涉史料》。

《**清史稿**》536卷,赵尔巽、柯劭忞等合纂。民国三十一年(1942年),
　　联合书局影印重版,精装上下二厚册。

《清史列传》80 卷，清国史馆编。民国十七年（1928 年），上海中华书局铅印本。

《翁文恭公日记》40 册，翁同龢作。民国十四年（1925 年），上海涵芬楼影印，起咸丰八年直至光绪三十年绝笔。

此书为本文之首要参考资料。

《翁松禅致张啬庵手书》一册，翁同龢作。张啬庵即张謇。张氏扶海垞收藏，民国二十七年（1938 年），长沙商务印书馆影印。

此书为甲午战争初期有关中国内部政局之重要史料。

《翁松禅相国尺牍真迹》12 册，翁同龢作。民国十五年（1926 年），上海中华书局影印三版。

《翁常熟手札》一册，翁同龢作。庞洁公收藏，民国二十五年（1936 年），上海商务印书馆影印本。

《李文忠公全集》165 卷，计分：《奏稿》80 卷，《朋僚函稿》20 卷，《译署函稿》20 卷，《蚕池教堂函稿》1 卷，《海军函稿》4 卷，《电稿》40 卷。李鸿章撰，吴汝纶辑。光绪乙巳即三十一年（1905 年），金陵刊本。

此书为本文之首要参考资料。

《李文忠公尺牍》32 册，于式枚拟稿，李鸿章斧正。民国五年（丙辰，1916 年），上海商务印书馆影印合肥李氏藏本，起光绪十一年（乙酉）迄光绪二十五年（己亥），与《李文忠全集·朋僚函稿》正相衔接。

《刘忠诚公遗集》67 卷，计分：《奏疏》37 卷，《书牍》17 卷，《电奏》2 卷，《公牍》2 卷，《电信》3 卷，《补过斋文集》4 卷，《补过斋诗集》1 卷，附录联语 1 卷。刘坤一撰。宣统元年至三年（1909—1911 年），新宁刘氏家刻本。

《张文襄公全集》229 卷，计分：《奏议》72 卷，《电奏》13 卷，《公牍》36 卷，《电牍》80 卷，《劝学篇》2 卷，《辅轩语》2 卷，《书目答问》4 卷，《读经札记》2 卷，《古文》2 卷，《书札》8 卷，《骈文》2卷，《诗集》4卷，《抱冰堂弟子记》1卷，《家书》1卷。
张之洞撰。民国丁丑即民国二十六年（1937年），北平楚学精庐
刻本。

　　本文未用《电奏》及《电牍》二部，而以《张文襄公电稿》（许
同莘编，民国九年铅印本）66卷代之。

《张文襄公年谱》10卷，许同莘编著。民国己卯即民国二十八年（1939
年），武汉舍利函斋印本。

《张文襄公传稿》1册，程明洲撰。民国三十五年（1946年），北平
燕京大学研究院论文抄本。

《周悫慎公全集》39卷，周馥撰。民国十一年（1922年），秋浦周
氏校刻本。

　　此书共分十种，本文仅参考《玉山文集》2卷、《玉山诗集》
4卷及《周悫慎公自著年谱》2卷等三种。

《吴挚甫尺牍》5卷，《补遗》1卷，《谕儿书》1卷，共7卷，吴汝
纶作。宣统庚戌（二年，1910年）初版，国学扶轮社石印本。

《桐城吴先生日记》16卷，吴汝纶作，子闿生编。民国戊辰即民国
十五年（1926年），莲池书社印本。

《谕折汇存》22卷，光绪二十七年（1901年），上海慎记书庄石印本。

《续碑传集》86卷，缪荃孙辑。宣统二年（1910年），江楚编译书局刊本。

《碑传集补》60卷，卷首、末3卷，闵尔昌辑。民国二十年（1931年），
燕京大学国学研究所铅印本。

《缘督庐日记钞》16卷，叶昌炽作，王季烈辑。民国二十二年（1933
年），上海蟫隐庐石印本。

《陆文慎公年谱》2卷，陆宝忠自订。民国十二年（1923年）刊本。

《坚正堂折稿》2卷，褚成博撰。光绪三十一年（1905年）自刻本。

《李忠节公奏议》16卷，李秉衡撰。民国十九年（1930年），辽宁
作新印刷局铅印本。

《嘉定、长白二先生奏议》4卷，夏震武辑。宣统二年（1910年），

京师刊本。内分：《嘉定先生奏议》上下卷，徐致祥撰；《长白
先生奏议》上下卷，宝廷撰。

《吴愙斋先生年谱》1册，顾廷龙编著。民国二十四年（1935年），
北平哈佛燕京学社印本。

《张季子九录》80卷，张謇撰。民国二十年（1931年），上海中华
书局印本。

本文仅参考其《政闻录》19卷、《文录》19卷、《诗录》
10卷及《张季子年谱》2卷。

《南通张季直先生传记》（附《年谱》《年表》）1册，张孝若撰。
民国十九年（1930年），上海中华书局印本。

《涧于集》20卷，张佩纶撰。丰润涧于草堂家刊本。

此书共分六种，先后三次刊印，计《奏议》6卷，民国七年（1918
年）刊；《诗集》4卷，民国十年（1921年）刊；《文集》2卷，《书
牍》6卷，《电稿》1卷，《译署函稿》1卷，皆民国十三年（1924
年）刊。

《涧于日记》14册，张佩纶撰。丰润涧于草堂石印本。

按此书为家存者，计共14册，前后无序跋及卷首，不审是
否残缺，亦不悉出版年月。版心注有干支纪年，第1册起戊寅（光
绪四年）迄庚辰（光绪七年），第2册至14册则由乙酉（光绪
十一年）迄乙未（光绪二十一年），其光绪八年至十年者无。

《东方兵事纪略》5卷，姚锡光撰。光绪丁酉即二十三年（1897年），
武昌刊本。

《中东战纪本末》16卷，分三编，初编8卷，二编4卷，三编4卷，
林乐知（美国人）、蔡尔康合编。光绪二十三年至二十四年（1897—
1898年），上海图书集成局排印本。

此书取材甚杂，往往未可轻信，然其节录或译出之中外使馆
官电，或抄录当时奏折，皆颇可征信。

《甲午中日战争纪要》1册，参谋本部第二厅第六处编。民国二十四

年（1935 年）印本。

此书所记，纯为军事方面之得失胜败，甚为详实，后附大宗图表极有助益于了解双方军力及战况，惜皆不注出处，为一大缺憾。

《花随人圣庵摭忆》1 册，黄濬（秋岳）作。民国癸未即民国三十二年（1943 年），北平黄氏家印本。

此书多论晚清掌故，且多引录不经见之笔记及函札等，甚可参看。

《容庵弟子记》4 卷，沈祖宪、吴闿生编纂。民国二年（1913 年）校印本。

此书为辛亥以前袁世凯之略传，其中颇多为袁氏讳（例如戊戌政变即全阙），然就其所引叙之有关上谕、奏折、函电等言，则仍多可信也。

《庸庵全集十种》47 卷，薛福成撰。

此书主要参考其中《庸庵文编》4 卷，光绪丁亥即十三年（1887年）自刻本；《庸庵文续编》2 卷，光绪己丑即十五年（1889 年）自刻本；《庸庵文外编》4 卷，光绪癸巳即十九年（1893 年）自刻本；《庸庵海外文编》4 卷，光绪乙未即二十一年（1895 年）刊本。

《庸庵笔记》6 卷，薛福成撰。民国十五年（1926 年），上海扫叶山房印本。

《梦蕉亭杂记》2 卷，庸庵居士（陈夔龙）撰。民国乙丑即十四年（1925年）自刻本。

《曾文正公全集》140 卷，曾国藩撰。光绪二十九年（1903 年），上海鸿宝书局石印本。

此书共分十六种，本文主要参考其中《奏稿》30 卷、《书札》33 卷及《曾文正公大事记》（王定安撰）4 卷等三种。

《左文襄公年谱》10 卷，罗正钧撰。光绪二十三年（1897 年），湘阴左氏校刊本。

《湘军志》16卷，王闿运撰。光绪十一年（1885年），成都墨香书屋刊本。

《祺祥故事》1篇，王闿运撰。民国己卯即二十六年（1937年），邓氏五石斋精印本，见《旧闻拾零》上册。

《越缦堂日记》51册，李慈铭作。民国九年（1920年），上海商务印书馆影印本。

《筹办夷务始末》260卷。民国十八—十九年（1929—1930年），北平故宫博物院影印本。

　　本文曾参考同治一朝者。

《刘壮肃公奏议》10卷，卷首1卷。铅印本，有光绪三十二年（1906年）桐城陈澹然叙（于北京）。

《四朝佚闻》2卷，金梁撰。民国丙子即民国二十三年（1934年），复东印刷局铅印本。

《康长素先生年谱稿》，赵丰田撰。见《史学年报》1934年2卷1期，页173—240。

《南海先生诗集》4卷，康有为作，梁启超手写。宣统三年（1911年），南海康氏影印本。

《南海康先生传》1卷，张伯桢撰。民国十七年（1928年）排印，《沧海丛书》本。

《中国近百年史资料初编》2册，左舜生选辑。民国二十年（1931年），上海中华书局六版。

　　本文主要参考其中恽毓鼎著《崇陵传信录》（页454—488）、袁世凯《戊戌日记》（页493—500）、康有为《保国会演说辞》（页501—508）、孙文《中国革命之经过》（页623—649）。

《方家园杂咏二十首并纪事》1册，王照（小航）作。民国戊辰即民国十五年（1926年）刻本。

　　此书颇据传闻，未可轻信，然其亲身经历之记载，则似可信。

《戊戌政变记》8卷，梁启超撰。广智书局铅印本。

《徐世昌》1册，沃丘仲子撰。民国八年（1919年），上海崇文书局三版。

《李提摩太先生传》1册，黎秀伟撰。民国三十年（1941年），北平
　　燕京大学毕业论文抄本。

《戊戌政变时反变法人物之政治思想》，陈絷撰。见《燕京学报》第25期，
　　页59—106。

《孙中山先生传》1册，胡去非编撰，吴敬恒校。民国十九年（1930年），
　　上海商务印书馆《万有文库》本。

《六十年来中国与日本》前3卷，王芸生撰。民国二十一年（1932年），
　　天津大公报馆印本。

《太平天国史纲》1册，罗尔纲撰。民国二十六年（1937年），上海
　　商务印书馆初版本。

《中日甲午战争之外交背景》1册，王信忠撰。民国二十六年（1937年），
　　北平清华大学研究院毕业论文丛刊本。

《甲午中国海军战绩考》，张荫麟撰。见《清华学报》，民国二十四
　　年（1935年）一月，页1—35。

《左文襄公在西北》1册，秦翰才撰。民国三十四年（1945年），重
　　庆商务印书馆初版本。

《增校清朝进士题名碑录附引得》1册，房兆楹、杜联喆合编。民国
　　三十年（1941年），北平哈佛燕京学社印本。

《十朝诗乘》24卷，龙顾山人（郭蛰云〔则沄〕）纂。民国二十四年
　　（1935年），闽侯郭氏栩楼刊本。
　　本文曾参考其卷15—24。

《弢楼遗集》3卷，张士珩撰。民国壬戌即十一年（1922年）京师刻本。

《袁忠节公手札》2册，袁昶作。民国二十九年（1940年），长沙商
　　务印书馆影印本。

《张靖达公杂著》1卷，张树森撰。宣统二年（1910年），合肥张氏
　　武昌刊本。

《陈文忠公奏议》2卷，陈宝琛撰。闽县罗江陈氏藏版，民国庚辰即

二十九年（1940 年），北平文楷斋刻本。

《清朝续文献通考》320 卷，刘锦藻编纂。民国二十五年（1936 年），
　　上海商务印书馆《万有文库》之《十通》本。

《瓶庐诗钞》4 卷（附《诗余》1 卷、《文》1 卷），翁同龢作。江苏
　　开文印刷所铅印本。

《春冰室野乘》1 卷，李岳瑞（孟符）撰。宣统三年（1911 年），上
　　海广智书局铅印本。

《时务报》30 册（附书 8 种），梁启超等主编。铅印本，合装 6 册。

《近世人物志》1 册，金梁编。民国甲戌即二十一年（1932 年）自印本。

　　　此书汇集翁同龢、李慈铭、王闿运、叶昌炽四家日记中有关
　　人物之记载，因人而成篇，并附注出处，虽其间颇不免错误及阙略，
　　然据以检索原日记，犹多所获。本文之作，颇借以稍作四家日记
　　之引得也。

《开国五十年史》1 册，日本大隈重信主编，中文本。明治四十二年
　　即宣统元年（1909 年），东京开国五十年史发行所印本。

　　此书成于众手，执笔者皆当代名人，颇可参看。

The International Relations of the Chinese Empire，by H. B.
　　Morse, Kelly and Walsh Ltd., London, 1910(Vol. I), 1918 (Vol. II、
　　III) with 8 Appendixes.

Pulling Strings in China，by W. F. Tyler, Constable and Co., London,
　　1929.

　　本文曾参考其第二、三、四等三章。

Forty–Five Years in China，by Timothy Richard（李提摩太），T.
　　Fisher Unwin Ltd., London, 1916.

　　本文曾参考其第八至十二章。

再版后记

　　石泉先生的《甲午战争前后之晚清政局》初版于 1997 年 11 月，距今已有二十五年。此次再版，我们将其收入"当代学术"丛书，并对全书做了审慎的校订。首先，重新编排了注释，将各章节后注改为页下脚注，适当规范了注释格式。其次，比对作者 1948 年燕京大学毕业论文手稿，订正了初版时少量误植，予以改回。手稿中的少数词语，如"本文"，为作者当年撰写学位论文时的专指用语，未作改动，以存原貌。我们还以三联初版为基础，查核征引文献的原始版本，修订了少数文字错讹。

　　此次再版，旨在使这部经典之作臻于完善，并以全新面貌奉献给读者朋友，敬祈指正。

三联书店编辑部

2022 年 8 月

生活·讀書·新知 三联书店 刊行

生活·讀書·新知 三联书店 刊行

"当代学术" 第三辑

生活·讀書·新知 三联书店 刊行